인류의 기원과 진화
제3판

인류의 기원과 진화 제3판

2016년 3월 15일 초판 1쇄 펴냄
2024년 12월 27일 3판 1쇄 펴냄

지은이 이선복

책임편집 김천희
표지·본문디자인 김진운
마케팅 유명원

펴낸이 윤철호
펴낸곳 (주)사회평론아카데미
등록번호 2013-000247(2013년 8월 23일)
전화 02-326-1545
팩스 02-326-1626
주소 03993 서울특별시 마포구 월드컵북로6길 56
이메일 academy@sapyoung.com
홈페이지 www.sapyoung.com

ISBN 979-11-6707-168-2 93900

인류의 기원과 진화

제3판

이선복

사회평론아카데미

책을 내며

이 책은 2016년 초판에 이어 2018년에 발간된 졸저를 다시 다듬고 고친 증보판이다. 여러 해 전 이 책을 준비하고자 생각하게 된 것은 초판 서문에서 밝혔듯, 고인류학을 가르칠 전공자가 단 한 명도 없는 형편에서 고고학 전공자를 비롯해 인류의 기원과 진화에 대해 알아야 하거나 혹은 알고자 하는 이들에게 최소한의 정보나마 전달해 주기 위함이었다.

고인류학은 서구뿐만 아니라 소위 제3세계권의 여러 나라에서도 연구가 활발히 이루어지고 있다. 그렇지만 우리나라에서 고인류학은 일반인의 관심에서 멀리 떨어져 있는 생소한 학문임은 물론이려니와, 심지어 고인류학과 가장 가까운 학문인 구석기고고학 전공자 중에서도 고인류로는 어떤 종이 있는지조차 제대로 모르고 있는 이가 수두룩하다. 사정이 이런 만큼, 지금 중고교나 대학 교과서에 실린 관련 내용이 얼마나 시대에 뒤떨어져 있을지는 굳이 말할 필요가 없을 것이다.

처음 책을 준비하며 품었던 생각은 누구나 간편하고 쉽게 관련 내용을 이해할 수 있도록 주요한 사항만을 정리해 문고판 형식의 소책

자로 출간하려는 것이었다. 그러나 방대한 자료와 연구 성과를 그렇게 짧은 분량으로 소개하는 것은 필자의 능력을 벗어나는 일임을 곧 깨닫게 되었다. 특히 독자들의 이해를 위해 여러 기초 개념이나 용어를 설명하는 과정에서 그 내용은 자연히 길어져 문고판으로는 감당할 수 없는 분량이 되었다. 또 초판이 간행되고 불과 2년 뒤에 재판을 내야만 했던 것도 필자의 무능으로 내용에 스민 오류를 바로잡아야 했을 뿐만 아니라, 그만큼 새로운 사실이 많이 밝혀졌기 때문이었다.

2018년에서 다시 여러 해가 지나며, 하루가 다르게 축적된 새로운 정보와 지식을 정리해 소개하는 책은 진작에 나왔어야 했다. 그러나 필자는 그새 정년퇴직을 맞았고, 그러한 소개는 후배들의 몫이라고 여기며 태평하게 시간을 보내고 있었다. 그러던 중, 어느 구석기 유적 발굴 현장을 견학하는 자리에서 만난 전북대 이형우 교수로부터 이 책을 강의교재로 사용하고 있는데 언제 새로운 판을 낼 것인지 하는 문의를 받았다. 정년 이후 학계와 거리를 두고 게으르게 살고자 했지만, 부족한 내용이나마 이 책이 후학들에게 도움이 되고 있음을 알고는 뜨끔한 생각이 들었다. 그에 따라 다시 새 자료를 찾아보고 연구 성과를 정리하며 원고를 작성하다 보니, 원고 분량도 점점 길어지게 되었으며, 그 내용도 고인류학 연구 성과 전반을 소개하는 입문서 성격도 어느 정도 갖게 되었다.

책의 본문은 크게 두 부분으로 나뉜다. 1장에서 3장은 고인류학 연구의 바탕을 이루는 기본 개념과 사람과 영장류의 관계 및 인류 등장과 진화의 배경을 다루고 있다. 그 내용의 상당 부분은 초판과 2판에서 이미 다룬 것이며 전체 골자도 크게 다르지 않지만, 여러 사항에 대해 세부적인 설명을 추가하거나 다듬어 보았다. 나머지 4장에서 10장은 현재까지 알려진 최초의 인류로부터 시작해 2020년대에 들어와 새로 발견된 고인류에 이르기까지, 그간 알려진 다양한 고인류를 소개하고자 했다. 그 내용은 2024년 12월까지 발표된 문헌들을 참조한 것인 만큼, 연구의 최신 성과를 이해함에 도움이 되리라 생각한다.

  그런데 이 책을 고인류학 입문서라고 부르기에는 연구의 모든 분야를 제대로 다루지 못하고 있으며 부족한 점이 매우 많다. 예를 들어, 주어진 고인류 화석을 동정하는 구체적인 방법이나 화석 부위의 기능적 해석에 필요한 여러 방법론이나 분석 기법 등은 필자가 감당할 수 있는 주제가 아니며, 이 책은 다만 고인류학이 인류의 기원과 진화와 관련해 어떠한 연구 성과를 이루었는지 그저 주마간산 격으로 소개할 뿐이다. 학문으로서의 고인류학 전반을 제대로 소개하는 책은 고인류학을 체계적으로 공부하고 연구하는 전문가의 손으로만 쓰여질 수 있다. 필자로서는 다만 이런 학문이 있으니 제발 우리 사회에서도 관심을 기울여 주십사 거듭 호소하고자 할 따름이다.

  필자가 전공한 구석기고고학도 전문 연구자가 손꼽을 정도이지만, 고인류학의 경우에는 단 한 사람의 전공자도 국내에서 찾을 수 없다. 서울대학교 제자 중 두 사람이 고인류학을 공부하기 위해 유학을 떠났지만, 연구 여건이 갖추어지지 못한 상황에서 귀국하지 못한 채 유학국에서 전문가로 남아 활동하고 있을 수밖에 없는 실정이다. 고인류 화석이 일찍부터 발견된 중국에서는 100년의 연구사를 자랑하고 있다. 당연히 많은 연구 인력이 자체적으로 육성되고 있으며 또 많은 젊은 연구자들이 자국에서 혹은 미국과 독일 등지에서 전문가로 활동하고 있다. 고인류 화석이 발견되지 않고 있는 일본에서도 지난 60여 년 동안 고인류학 전문가들이 대를 이어 배출되고 있으며, 아르디피테쿠스나 호모 에렉투스와 플로레시엔시스 연구에서 반드시 인용해야만 하는 결과를 발표하는 등, 고인류학 연구에 크게 기여하고 있다.

  우리나라는 지난 수십 년 동안 세계사에 드물 정도로 눈부신 사회 경제적 발전을 이루었고 세계를 휩쓰는 여러 장르의 문화 수출국이 되었다. 그렇지만, 많은 수가 필요하지는 않더라도 국내에 단 한 사람의 고인류학 전문가도 없다는 사정은 무언가 잘못된 일이다. 중국이나 일본에서 고인류학 전공자가 배출되기 시작하던 때, 두 나라의 여러 사정은 21세기 현재의 대한민국과 비교할 수 없을 정도로 모든 사회경제적 여건이 훨씬 뒤떨어져 있었음은 굳이 말할 필요도 없다. 부족하고 부끄러운 내용이나마, 이 책이 고인류학에 대한 사회적 관심이 조금이라도 커지는 데 도움이 될 수 있기를 바라 마지않는다.

2024. 12.
필자

제2판을 내며

이 책 초판이 대한민국학술원에서 우수학술도서로 선정된 덕분에 재고가 일찍 소진되어 다시 인쇄해야 한다는 소식을 전해 듣고, 지난 1년여 동안 새로 발표된 중요한 사실 한두 가지를 보완하고 몇 군데 거슬리는 표현을 고쳐 새로 인쇄를 하면 어떨까 생각하였다. 그런데 초판 발간에서 그리 긴 시간이 지난 것도 아니지만, 막상 고치려 하니 특히 4장부터 생각보다 많은 부분을 정정하거나 내용을 추가하게 되어, 결국 초판 2쇄가 아니라 새로운 판으로 발간하게 되었다.

초판과 비교해 완전히 달라진 내용으로는 가장 오래된 석기나 호모 날레디 및 호모 사피엔스의 등장에 대한 설명 등이 있다. 즉, 2015년에 발견이 보고된 330만 년 전의 석기에 대해서는 그 연대가 의문시된다는 비판이 제기되었다. 한편 호모 날레디의 나이는 뜻밖에도 그리 오래되지 않아 30만 년 전 무렵으로 연대가 측정되었다는 발표가 나왔다. 그 직후에는 호모 사피엔스는 종래 생각했던 것보다 훨씬 오래 전에 등장해 30만 년 전 무렵에는 이미 아프리카 각지에 확산했고 동남아시에는 6~7만 년 전보다도 이전에 도착했다는 증거가 발표되었다. 이와 같은 내용은 모두 2017년에 알려졌는데, 호모 날레디의 연대와 모로코에서의 30만 년 전 호모 사피엔스 발견 보고는 6월에, 인도네시아 술라웨시 호모 사피엔스 자료는 8월에 발표되었다. 이러한 최신 연구 성과로부터 30만 년 전 무렵 지구상에는 호모 사피엔스와 최소한 서너 종의 고인류가 공존했음이 확실하다고 할 수 있게 되었다.

초판 발간 이듬해에 개정판을 내야 할 정도로 쉴 새 없이 발표되는 새로운 성과들은 인류의 진화와 관련해 전혀 몰랐던 사실을 알게 해주며 또 기존에 알려진 사실을 새로운 각도에서 생각하게끔 만들고 있다. 얼핏 보자면 초판과 개정판이 그리 다르지 않다고 여길 수도 있겠지만, 이 제2판에는 그러한 새로운 사실을 추가했으며, 과거 알려진 여러 사실에 대해서도 뉘앙스를 달리해 설명하기도 했다. 인류의 기원과 진화에 대한 지식은 질과 양에 있어 놀랍도록 빠르게 늘어나고 있는 바, 이 제2판의 내용도 얼마 뒤에는 다시 또 보완해야 할 것이다.

2018년 1월
저자

책머리에

영국의 BBC나 미국의 PBS 혹은 일본의 NHK 같은 해외 저명 공영방송에서는 역사적, 과학적 주제의 수준 높은 다큐멘터리나 기획물을 흔히 접할 수 있다. 그러한 프로그램에서는 사람이 언제, 어떻게 등장했는가, 즉 인류의 기원과 진화에 대한 주제가 중요하게 다루어지고 있다. 방송사가 많은 노력을 기울여 제작한 영상물은 화제가 되기 마련이며, 대학의 학습용 교재로도 널리 사용되고 있다.

그러나 유감스럽게도 우리나라의 사정은 그렇지 못하다. 인류의 기원과 진화에 대한 흥미와 관심은 세계 10위권이라는 경제력이나 과학기술 수준에 비해 놀라울 정도로 낮은 형편이며 식자 사이에서도 이 주제에 대한 이해도는 매우 낮다고 여겨진다. 언론매체나 인터넷에 반영된 대중적 관심은 예를 들어 일반인으로서는 이해하기 매우 힘든 중력파나 암흑물질에 대해서보다도 더 낮은 듯 느껴지기도 한다. 심지어 고고학이나 고대사 혹은 고생물학이나 의학 같은 유관분야 종사자 중에서도 그런 정보에 대해서 관심을 기울이는 이가 얼마나 될는지도 의심스럽다.

그러한 낮은 관심은 아마도 해당 주제와 관련된 정보가 제때 정확히 알려지지 못하고 있는 상황과 어느 정도 관계가 있으리라 여겨진다. 다시 말해, 심오한 천문학 이론의 구체적 내용을 굳이 모르더라도, 신문방송과 인터넷 매체가 새로운 발견과 주장을 요약 전달해 주고 있는 한, 사람들은 그런 주제에 대해 막연하게나마 '어디서 들은 것 같고' 따라서 '나름대로 이해'하고 있기 마련이다. 그러나 인류 기원과 진화에 대한 새로운 지식은 그렇지 못한 실정이다. 일반대중이 이해하기 어렵지 않을 수 없을 것이다

더구나 인류의 기원과 진화는 천문학이나 물리학과 달리 객관적인 공식이나 수학적 계산으로써 사실 여부의 증명이나 가설의 제시 혹은 현상의 설명이 가능한 분야가 아니다. 이 분야의 연구에서는 연구자 개인의 시각과 입장, 가정과 독단이 여과되지 않은 채, 주관적 판단과 자존심, 편견이 감정적으로 드러나는 경우가 심심치 않게 있다. 이러한 사정은 무엇보다도 '증거의 부재'와 '부재의 증거'를 구분할 수 없기 때문이다. 보존과 발견을 예측할 수 없는 화석 자료에 의존해 연구가 이루어지고 있는 한, 인류의 진화와 기원에 대한 설명은 지금까지 발견된 자료로부터 얻은 정보를 다양한 각도에서 분석해 이루어질 수밖에 없는바, 연구자의 시각과 관점에 따라 판이한 설명이 나타날 수 있기 마련이다. 그렇기 때문에 합리적 추론과 막연한 짐작 혹은 논리적 설명과 직관적 판단의 경계를 넘나드는 주장이 심심찮게 나타나고 있으며, 대중매체의 보도는 왕왕 그런 주장에 따라 춤추기도 한다. 하물며 이 분야의 연구전통이 전혀 확립되지 못한 우리 형편에서, 새롭고 중요한 발견에 대한 대중매체의 보도가 기껏해야 해외 보도 내용을 그저 문법적으로 틀리지 않게 번역하는 수준에 그치고 마는 것도 그리 이상한 일은 아니겠다.

전문가의 부재가 어느 한 분야에 그치는 문제는 아니지만, 인류의 기원과 진화를 다루는 고인류학 분야는 특히 심각한 형편이다. 고인류학의 자매학문이자 필자의 전공인 구석기고고학도 학문후속세대가 나타나지 않을 것 같다는 위기감을 느끼지만, 고인류학 분야는 아예 출

발선에 서지도 못한 형편이다. 정규과목으로 고인류학 강의가 개설되고 있는 대학도 찾을 수 없으려니와, 설령 개설하려 해도 강의를 끌고 나갈 수 있는 전문가를 구할 수 없는 것이 현실이다.

이런 사정 때문에, 인류 진화에 대해 국내에서 발간되고 통용되는 자료의 내용은 외람스러운 말씀이지만 1988년 간행된 졸고 〈고고학 개론〉에서 요약 소개한 내용과 다를 바 없다고 해도 과언이 아니다. 즉, 대학교재이건 초등학생용 학습교재이건, 인류의 기원과 진화를 다루는 내용은 인류가 오스트랄로피테쿠스, 호모 에렉투스, 네안데르탈 내지 옛 사피엔스를 거쳐 현대인으로 진화했다고 설명하고 있다. 그러나 물론 지금은 그렇게 단순하게 말할 수 없게 되었다. 지난 30년 동안 많은 사실이 새로 알려졌으며, 그 결과 설령 고인류학 전공자라도 일일이 따라가기 힘들 정도로 복잡한 주장과 이론, 가설과 설명이 제시되었다. 인접분야인 고인류학에 비교적 관심을 기울이고 있는 필자로서도 잠시 한눈파는 사이에 이루어지고 있는 새로운 발견과 설명 때문에 깜짝깜짝 놀라지 않을 수 없는 것이 오늘의 사정이다.

고인류학 전공자가 써야 마땅할 이런 책을 쓰겠다고 나선 것은 마치 선무당이 작두 타겠다고 나선 꼴과 진배없는 일이다. 그러나 고인류학 분야가 아직 제대로 싹조차 트지 못한 현실에서는 사정을 수박겉핥기 수준이나마 짐작하고 있는 이로서 새로운 정보와 지식 및 연구현황의 윤곽이라도 소개해야 할 책임을 느끼지 않을 수 없다. 한국어를 모국어로 사용하는 연구자가 인류의 기원과 진화를 체계적이고 자신의 독자적 관점에서 소개할 수 있기까지 얼마나 긴 시간이 흘러야 할지 모르겠지만, 설령 후대에 그 내용의 부실함과 잘못 때문에 질책을 받더라도 누군가는 현황을 소개해야 마땅하지 않을까 하는 생각에서 이 책의 출간을 생각하게 되었다.

원고를 시작할 때는 새로이 알려진 사항만을 간결하게 사전을 쓰듯 정리하고자 했다. 그러나 인류의 기원과 진화에 대해 통일된 설명이 등장하지 못하고 있는 이유를 설명하기 위해서는 진화 및 분류와 관계된 개념을 우선 소개할 필요가 있다. 이에 따라 책의 구성은 진화의 개념에서 시작해 인류 진화를 바라보는 관점과 시각 및 명명과 분류의 문제를 우선 다룬 다음, 인류 진화의 시간과 환경적 배경에 대한 내용을 간략히 설명하였으며, 이후 다양한 고인류에 대해 서술하게 되었다. 고인류에 대한 서술은 우리에게 익숙한 항목 단위별 서술, 즉 억지로 시대를 나누고 서로 연관된 여러 사항을 잘라서 하나씩 서술하는 방식을 택하였다. 그런 방식의 서술은 마치 한 겨울 앙상한 가지와 줄기를 스케치한 그림을 내주며 그로부터 한여름의 풍성한 나무를 상상하라고 강요하는 것에 다름 아니지만, 복잡한 사항을 단답식으로 정리하는 효과는 있을 것이다. 세월이 흐르며 인류의 진화에 대한 정보와 지식이 많이 바뀌었음에도 불구하고 중요한 기본개념이 크게 달라진 것은 그리 없기 때문에, 앞부분의 내용 일부는 전술한 졸저 7장과 8장을 발췌해 표현만 다듬어 옮겼다.

30년을 전공자가 나오기를 고대한 분야이기에 용감히 나선 것이니, 내용이 부족하더라도 독자 여러분의 너그러운 양해를 구하는 바이다.

2016년 2월
저자

차례

일러두기

— 본문에 사용된 그림과 사진의 출전 및 판권은 〈그림 목록 및 출처〉 항에서 밝혔으며, 따로 설명이 없는 것은 필자의 자료이다.

— 지명을 비롯한 외국어 어휘의 한글 표기는 국립국어원 외래어표기법을 따르되, 관행으로 굳어진 경우에는 관행을 따랐다(예: Turkana → 투르카나). 그러나 정확한 발음을 알 수 없거나 복수의 발음이 가능한 어휘는 영어권에서 널리 읽히는 바를 따랐다 (예: Burgos → 부르고스, Sterkfontein → 스터크폰테인).

— 중국 지명의 한글 표기는 한자의 우리말 발음에 이어 괄호 속에 국립국어원 외래어 표기법에 따른 중국어 발음 및 한자를 적었다. 예: 주구점(저우커우티엔; 周口店)

— 학명의 한글 표기는 예를 들어 오스트랄로피테쿠스처럼 관행으로 굳어진 경우가 아니라면 라틴어 읽기 방식을 따랐다. 예: Ardipithecus → 아르디피테쿠스, garhi → 가르히

1

고인류 연구의 기초 개념

고인류학의 시작

우리는 사람이 지구상에 처음 등장한 이래, 수많은 종류가 있었음을 알고 있다. 그리고 그 모습은 크게 바뀌어 왔다고도 알고 있다. 그렇지만 서양에서도 19세기 말의 평균적 지식인에게는 여러 종류의 현대인과 다른 모습의 사람들이 과거에 살았다는 것은 상상하기 힘든 생각이었다. 그러나 인류가 처음 등장한 이래 그 동안 나타났다 사라진 인류의 종류는 손가락으로 꼽기 어려울 정도로 많다고 지금 우리는 알고 있으며, 그 수는 계속 늘어나고 있다.

사람이 언제, 어떻게, 왜 등장했는가 하는 물음은 아마도 헤아릴 수 없이 많은 이가 가졌던 궁금증일 것이다. 근대 지성사에서 다윈이나 마르크스만큼 중요한 인물로서 진화론의 수용에 결정적 역할을 한 토마스 헉슬리는 1863년 발간된 『*Man's Place in Nature*』라는 잘 알려진 책의 제2장 "On the Relations of Man to the Lower Animals"을 다음과 같이 시작하였다. 즉, "사람이 자연계에서 차지하는 위치와 다른 모든 사물과의 관계를 밝히는 것이야말로 인류와 관련한 질문 중의 질문으로서, 다른 모든 질문의 바탕이자 동시에 그 어떤 질문보다도 더욱 흥미로운 문제"라고 한 것이다(그림 1).[1]

그렇지만 이 중요한 질문에 대한 답으로서 19세기 말까지는 주로 그저 종교나 철학 차원의 해석을 제시함에 그쳤을 뿐, 사람의 기원을 알려면 자연에서 발견되는 화석을 비롯한 과학적 증거가 필요하다고 생각하는 이는 찾기 어려웠다. 두말할 나위 없이 사람이 존재하는 이유와 의미에 대한 형이상학적 설명은 그 자체로서 매우 중요하며, 이에 대한 사색은 인류의 지성적 지평을 크게 넓혀주었다. 그렇지만 그 어떤 철학적, 종교적 해석도 그 자체로서 자연계에서 유기체로서의 사람이 나타난 배경과 이유 및 과정을 설명할 수 없다.

"사람이 언제, 어떻게, 왜 등장했는가?"라는 질문에 대한 설명은 고인류학(古人類學; palaeoanthropology)이 자리를 잡으며 본격적으로 연구되기 시작했다. 고인류학은 진화론을 기반으로 하며 화석을 비교해부학적으로 연구함으로써 인류의 진화를 연구하는 학문이라고 정의할 수 있다. 고인류학은 인류가 남긴 문화적 자취를 연구하는 구석기고고학과 더불어 발전하며 20세기 들어 인류의 기원과 진화에 대한 진지하고 이성적인 설명을 제시하기 시작했다.

그런데, 고인류학의 연구 대상이 되는 고인류란 명확히 정의된 학술용어가 아니며, 그저 과거에 살던 인류라는 뜻의 일반명사에 불과하다. 다시 말해, 이 말은 고인류학이 다루는 연구 대상의 시간적 한계는

1　헉슬리(Thomas Henry Huxley; 1825-1895)는 당대의 저명한 생물학자이자 비교해부학의 권위자였으며, 1860년 옥스퍼드대학에서 열린 반진화론자 윌버포스(Samuel Wilberforce)와의 토론에서 그를 압도함으로써, 다윈의 진화론이 널리 받아들여질 수 있는 결정적 계기를 제공했다고 평가된다(그림 1 참조). 인용문 원문은 다음과 같다.

"The question of questions for mankind – the problem which underlies all others, and is more deeply interesting than any other – is the ascertainment of the pace which Man occupies in nature of of his relations to the universe of things."

그림 1. 영국 옥스퍼드대학교 자연사박물관 앞에 서 있는 진화론 토론회 150주년 기념비와 박물관 내에 있는 다윈과 헉슬리 상.

그림 2. 린네 입상. (영국 옥스 퍼드대학교 자연사박물관. 2016. 3. 30. 촬영)

모호하다는 뜻이기도 한데, 예를 들어 수천 년이나 수백 년 혹은 심지어 불과 수십 년 전에 살던 사람의 유해도 연구 대상이 될 수 있다. 그렇지만, 고인류학의 연구 대상이 되는 고인류란 주로 화석으로 남은 옛사람으로서 대체로 홀로세가 시작하기 전까지 살던 모든 인류를 가리킨다고 암묵적으로 이해되고 있다.

고인류를 비롯해 살아있는 생물뿐 아니라 과거에 살았던 생물의 분류와 상호관계의 과학적 연구는 18세기에 린네가 생물 분류학을 창시함으로써 시작되었다 (그림 2). 그렇지만, 린네의 연구도 현대적 관점에서 보자면 그리 '과학적'이 아니었던 부분도 많았다. 특히 그러한 문제는 바로 인류의 기원과 진화를 생각하며 빼놓을 수 없는 침팬지나 고릴라를 비롯해 사람과 가장 가까운 관계에 있는 동물들에 대한 분류에서 잘 드러난다.

사람은 침팬지, 고릴라나 원숭이 등과 함께 생물 분류에서 린네가 창시한 분류 단위인 'Primate', 즉 영장류로 묶이고 있다. 현대 생물학에서 '영장류'는 중생대와 신생대의 경계 무렵 처음 등장했다고 여겨진다. 대략 7,400에서 6,300만 년 전 사이에 처음 등장한 영장류에서 현대인에 이르기까지, 다양한 영장류를 하나의 분류 단위로 묶을 수 있는 것은 이에 속하는 개체들이 크기나 생김새에서 차이가 있더라도 기능적으로 서로 밀접하게 연관된 일련의 형질적 특징을 공유하고 있기 때문이다.

린네는 1735년 간행된 『*Systema Natura*』에서 영장류를 다음과 같은 특징을 갖고 있는 동물이라고 하였다. 즉, 영장류는 아래위로 앞니 4개, 좌우상하로 4개의 송곳니가 있고, 가슴에는 젖꼭지가 2개이며, 사람의 팔을 포함해 운동성이 좋은 앞다리와 뒷다리가 몸통 가장자리에 있어 다양한 자세를 취할 수 있으며, 납작한 타원형의 손발톱을 갖고 있다는 것이다. 그는 또 일부 영장류는 동물성 먹이도 먹지만 주로 식물성 먹이를 먹는 특징도 있다고 했다.

이러한 영장류를 그는 크게 '*Homo*'와 '*Simia*', '*Lemur*' 및 '*Vespertilio*'로 분류했다. 이 넷은 각각 사람, 고등영장류인 원숭이와 유인원, 원시 영장류인 레무르원숭이, 그리고 박쥐를 가리킨다. 박쥐를 영장류에 포함한 그의 분류를 두고 오늘날에는 누구나 잘못이라고 생각할 것이다. 그러나 이보다 더 어처구니없는 것은 '*Homo*'를 '*Homo sapiens*'와 '*Homo troglodytes*'라는 두 종으로 분류한 것으로서, '*Homo troglodytes*'란 반은 사람, 반은 원숭이 모습으로 동굴에 산다는 전설 속의 괴인과 오랑우탄을 묶어 하나의 종으로 분류한 것이다.

그런데 사실 이러한 '비과학적' 결론을 내린 '위대한' 과학자는 한둘이 아니다. 예를 들어, 천문학자 케플러도 『*Kanones Pueriles*(어린이를 위한 올바른 성경)』이라는 책에서 지구는 기원전 4997년 4월 27일 만들어졌다고 썼고, 현대물리학의 기초를 놓은 뉴턴도 유사한 말을 했다고 한다. 시대를 막론해 당대 최고의 과학자들이라고 해서 대중의 믿음과 속설, 기대심리에서 벗어나기는 어려운 일이며, 인류의 기원과 진화에 대해 나타났다 사라진 수많은 주장이나 학설 역시 그러한 한계를 벗어날 수 없었다.

이러한 배경을 생각할 때, 이미 19세기에 유럽에서 네안데르탈 화석이 보고되었으며 자바에서도 에렉투스 화석이 발견되었지만, 20세기가 되어서야 비로소 인류의 진화에 대한 과학적 연구가 본격적으로 시작한 것은 그리 놀라운 일이 아닐 것이다. 서양에서도 20세기 이전에는 인류의 진화에 대한 과학적 접근이 나오지 않았던 만큼, 근대적 학문체계가 존재하지 않던 동아시아 세계에서는 과학적 지식을 기초로 한 인류의 기원과 진화에 대한 논의는 더욱 나올 수 없었다. 예를 들어, 우리에게도 익숙한 고인류 유적인 중국 북경 근처의 주구점(저우커우티엔; 周口店) 일대는 과거 오래전부터 진귀한 약재인 '용골'(용의 뼈) 산지로 잘 알려진 곳이었으나, 1921년 이곳에서 산출된 동물화석 중에 고인류 화석 조각이 포함되어 있음을 스웨덴 학자 안데르손이 확인함으로써 비로소 고인류 유적임이 알려진 것이다.[2]

본격적인 고인류학 연구는 1920년대 들어서 본격적으로 이루어지기 시작한 셈이다. 즉, 1924년 남아프리카에서 오스트랄로피테쿠스가, 또 1929년 주구점에서 호모 에렉투스 머리뼈 화석이 발견되며, 고인류 화석과 현대인 및 각종 영장류를 해부학적으로 비교하는 연구가 활성화되어, 인류의 기원과 진화에 대한 논의는 서서히 불이 붙기 시작했다. 이후 많은 고인류 화석 발견이 뒤따르며, 60년이 지난 1980년대 말부터는 오스트랄로피테쿠스보다 앞선 시기에 살던 고인류 화석도 발견되기 시작했다. 이러한 새로운 화석의 발견은 인류의 등장과 진화란 종래 생각했던 것보다 훨씬 복잡한 과정이었음을 알게 해주었다. 더구나 기술의 발달로 돌덩어리 상태의 고인류 화석과 그 화석이 발견된 '흙'에서도 유전자를 추출하고 분석할 수 있게 됨에 따라, 과거에는 도저히 알 수 없던 정보도 쌓이고 있다. 그에 따라, 특히 우리 현대인이

....

2   안데르손(Johan Gunnar Andersson; 1874-1960)은 스웨덴의 지질학자이자 고생물학자이며 고고학자로서, 1914년 중국 정부의 초청으로 처음 중국에 와, 여러 해 동안 각지에서 지질학과 고고학 조사를 하였다. 주구점 이외에도 그는 중국 신석기시대 앙소(양샤오[仰韶])문화를 발견하는 등, 근대적 중국 고고학 탄생에 큰 역할을 하였다. 그가 1926년 스톡홀름에 설립한 극동고대박물관(Museum of Far Eastern Antiquities [Östasiatiska museet])의 공식 간행물인 『Bulletin of the Museum of Far Eastern Antiquities [BMFEA]』는 냉전이 끝나기 전까지 동아시아 고고학의 정보 교류에 큰 역할을 했으며, 1934년 영어로 간행된 그의 책 『Children of the Yellow Earth: Studies in Prehistoric China』는 1958년 '중국 선사시대의 문화'라는 이름으로 번역되어, 1970년대까지 고고학 강의 교재로도 사용되었다.

속한 '사람속'을 구성하는 여러 종 사이의 진화나 계보 관계 및 호모 사피엔스의 이동과 지역화 과정에 대해서도 조금씩 더 잘 알 수 있게 되었다. 고인류학 연구에 필요한 여러 방법과 자료분석기법은 계속 발달하고 있으며, 그에 따라 새로운 연구 영역이 개척되고 있는바, 인류의 과거에 대한 지식은 계속 새로워질 것이다.

진화의 뜻

신생대 말 인류가 등장한 것은 지구에 생명체가 등장한 이래 오랜 세월에 걸쳐 끊임없이 진행된 생물 진화의 결과이며, 현대인은 최초의 고인류로부터 여러 변화의 과정을 거쳐 나타났다. 장시간 동안 일어난 그러한 변화의 과정은 다른 모든 지구상의 생명체에서 볼 수 있는 바와 다름없이 진행되었다. 그러므로 인류의 첫 등장과 그 이후 현대인에 이르기까지의 과정을 이해하려면, 우선 생물의 진화란 무엇을 뜻하는 것이며 어떻게 일어나는지 이해할 필요가 있다.

진화란 무엇인가라는 질문에 대한 상식적인 답은 유기체가 시간이 지나며 모습이 바뀌는 과정이나 그 결과라는 말이다. 이것은 틀린 설명이 아니다. 그러나 그렇다고 해서 맞는 답이라고 할 수도 없다. 왜냐하면 진화란 단지 주어진 생명체의 외형에서 일어난 변화를 가리키는 것이 아니기 때문이다. 더 정확한 답으로서, 진화란 한 세대에서 다음 세대로 넘어가며 발생하는 생물학적 모집단의 유전적 구성의 변화를 가리킨다. 즉, 진화란 개체의 외형 변화 그 자체를 가리키는 것이 아니라, 그런 변화가 나타날 수도 있고 그렇지 않을 수도 있지만, 궁극적으로 그러한 변화가 일어나게끔 만드는 유전자 모집단의 변화를 뜻한다.

즉, 생물 개체 겉모습의 변화는 진화를 판단하는 중요한 근거이긴 하지만, 그런 변화가 없다고 진화가 일어나지 않는 것은 아니다. 겉모습의 변화와 상관없이 진화는 일상적으로 일어나고 있다. 진화가 일어나지 않는다는 것은 모든 세대는 유전자 구성이 완전히 일치한다는 뜻으로서, 주어진 어느 세대라도 유전자 구성은 그 이전이나 그 이후의 모든 세대와 동일하다는 말이다. 그렇지만, 사람을 포함해 양성생식을 하는 모든 생물은 개체의 유전자를 부와 모로부터 반반씩 물려받기 때문에 그런 일은 일어날 수 없다. 단성생식을 하는 생물도 돌연변이의 발생 등으로 세대마다 서로 다른 유전자를 갖게 된다. 즉, 모든 생물은 개체 수준에서 유전자가 계속 변하며, 그런 개체들이 모인 집단 전체의 유전자 구성을 뜻하는 유전자 모집단의 성격도 끊임없이 변화하기 마련이다. 그러므로 진화는 늘 일어나고 있다고 할 수 있다.

그러한 진화는 예측할 수 없이 일어난다. 왜냐하면 어느 유기체 집단의 경우이건, 그에 속하는 모든 개체가 지닌 생물학적, 행태적 특성을 파악할 수 없는 한, 그 집단 전체에서 일어나는 유전자 구성의 변화는 파악할 수 없기 때문이다. 그러므로 진화는 사전에 그 결과를 예측할 수 있는 사건이 아니라, 비유하자면 마치 바둑 경기를 복기함으로써 승패를 결정한 한 수를 이해하는 것처럼 사후적으로 설명하고 이해할 수 있는 과정이라고 할 만하다. 따라서 진화가 발생한 이유는 파악하기 쉽지 않다.

그런데 다행스럽게도 어느 생물학적 집단에서이건 유전자 모집단 구성에서 일어나는 변화는 단지 네 가지 요인에 의해 발생한다. 그러므로 진화의 과정이나 결과가 아무리 복잡하고 예측 불가능하다고 해도, 그러한 변화가 발생한 이유를 어느 정도 객관적으로 파악할 수 있다. 진화를 유발하는 그러한 네 가지 요인이란 선택(selection), 돌연변이(mutation), 이주(migration) 및 표이(漂移; 유전자 표이[genetic drift])라는 기제로서, 이 넷은 독자적으로 작용하거나 둘 이상이 함께 작용해 진화를 일으킨다.

이 네 가지 기제 중에서 가장 중요한 것은 바로 선택이다. 선택이란 개체가 생산하는 2세의 숫자가 같지 않기 때문에 발생하기 마련인 유전자 구성의 변화를 일컫는다. 자연계에서 모든 개체가 같은 수의 2세를 생산하지 않는 한, 선택은 필연적으로 또 일상적으로 발생하기 마련이다. 그러한 자연계에서 일어나는 선택, 즉 자연선택(natural selection)으로 진화가 일어나는 것은 인공적 선택의 과정인 육종 과정을 생각해 보면 이해할 수 있다. 즉, 사람들이 여러 세대에 걸쳐 특정한 형질을 지닌 개체만을 계속 골라 길러 나감으로써 새로운 품종이 만들어지듯, 자연계에서도 우세를 차지하는 개체의 유전자가 점점 더 세력을 키우게 되며, 그에 따라 종의 유전자 구성은 당연히 바뀌게 된다.

다시 말하자면, 특정 개체가 다른 개체보다 더 많은 2세를 생산하는 개체 사이의 차등적 재생산의 결과, 해당 개체의 유전자는 다음 세대의 유전자 모집단에서 상대적으로 더 높은 비율을 차지하게 된다. 그러므로 더 많은 후손을 낳은 특정 개체의 유전자는 바로 다음 세대뿐만 아니라 그 이후 세대의 유전자 구성에도 중요성이 커질 가능성이 높아진다. 그러므로 차등적 재생산이 여러 세대를 거치며 거듭 반복되면 먼 후대에는 유전자 모집단의 구성이 완전히 달라진다.

한편, 자연선택의 개념이 소개되며, 일본에서는 선택되지 못하면 결국 사라질 수밖에 없다는 뜻에서 자연도태라는 용어를 그 대역어로 사용하였는데, 이것은 아직도 우리나라에서 널리 사용되고 있다. 그렇지만, 자연도태는 제국주의와 파시즘이 판치던 20세기 초 열강 중심 세계관이 반영된 적절하지 못한 용어이다.

다음으로, 돌연변이는 유전물질의 성격이 모종의 물리화학적 영향을 입어 변하는 현상을 가리킨다. 돌연변이의 발생과 결과는 예측할 수 없으며, 어떤 생물에서도 정상적 환경에서 발생할 수 있다. 돌연변이가 발생했을 때 나타난 결과는 다음 세대로 유전되어 진화의 발생에 일정한 역할을 한다. 그렇지만, 돌연변이가 발생했다고 그 자체로서 반드시 진화가 일어나는 것이 아니다. 돌연변이는 다만 해당 종의 유전자 급원에 새로운 유전물질을 추가함으로써 진화의 방향을 유도하는 역할을 한다. 즉, 돌연변이로 나타난 새로운 특성은 그대로 유전되는 것이 아니라 그 자체가 선택의 대상이 되는데, 대부분 다음 세대로 유전되지 않고 사라진다. 이 말은 예를 들어 돌연변이로 기형적 모습으로 태어난 개체의 기형이 후대로 전해질 확률은 거의 없다는 뜻이다. 다만, 집단을 구성하는 개체 수가 작거나 모종의 환경적 요인 때문에 선택이라는 기제가 작동하지 않는다면, 돌연변이는 진화의 방향을 유도하는 중요한 역할을 할 수도 있다. 그렇지만, 이러한 극단적 상황은 거의 발생하지 않는다.

세 번째로, 이주란 문자 그대로 집단에 새로운 개체가 들어오거나 성원이 빠져나감으로써 발생하는 유전물질의 도입 혹은 제거를 뜻한다. 만약 새 유전물질이 들어오면 그것은 선택의 대상이 되며, 집단과 개체의 생존에 상대적으로 유리한 것만 선택적으로 후대로 전해진다. 그렇지만 새 유전물질이 기존의 것을 압도할 만큼 대량으로 들어오면 그 자체 그대로 수용됨으로써 유전자 급원의 성격을 급격히 변화시키게 된다. 이런 경우에 이주는 진화를 일으키는 직접 요인이 될 수 있다. 반대로, 유전물질이 유출되는 상황에서는 개체들이 집단을 떠나게끔 한 이유가 해당 집단의 유전적 성격을 결정하는 선택 요인으로 작용하게 된다.

이주가 인류 진화에 끼친 영향의 정도는 잘 알 수 없다. 그러나 홀로세에 들어와 일어난 인구집단의 활발한 이주와 그에 따른 주민구성과 문화 변화는 유전자 연구에서 잘 드러나고 있다. 예를 들어, 청동기 시대 이래 한반도 주민의 일본열도로의 이주와 그로 인해 발생한 주민구성과 문화 변화는 이주가 인류의 진화에 어떤 역할을 했는지 잘 보여준다.

끝으로, 표이란 위의 세 이유로는 설명하기 어려운 불규칙하며 예측할 수 없는 모든 변화를 포괄적으로 가리키는 개념이다. 인류 진화와 관련해 표이의 좋은 사례로는 호모 에렉투스(*Homo erectus*)에서 찾아볼 수 있다(제9장 참조). 즉, 인도네시아의 에렉투스는 중국의 에렉투스보다 눈 옆 관자놀이 부위 단면의 폭이 상당히 좁은데, 딱히 그 이유를 설명할 수 없는 이 차이는 유전자 표이 때문에 발생했다고 일컬어진다.

에렉투스의 사례에서 보듯, 표이란 모집단과 실제 연구 대상으로 선정된 표본 사이에 보이는 차이 혹은 모집단을 구성하는 하위 소집단들 사이에 보이는 차이를 설명함에 있어 흔히 동원되는 개념이다. 즉, 그 대상이 무엇이건 표본 조사를 통한 모집단의 특성 연구에서는 어떤 경우에도 모집단에서 추출한 표본의 특성이 모집단과 완전히 일치할 수 없다. 이것은 생물학적 집단에서도 마찬가지로서, 만약 모집단과 표본 사이에 어떤 특성에서 상당한 차이를 볼 수 있으나 그 이유를 알 수 없다면, 그 차이는 표이 때문에 발생했다고 부른다. 그런데 통계의 법칙상, 모집단과 표본 사이의 차이는 표본 크기가 클수록 줄어들기 마련이다. 그렇다면 인류 진화와 관련해 관찰할 수 있는 표이 현상이란 실제 발견된 화석이 매우 적은 수인 만큼 표본으로서의 대표성이 매우 낮다는 사실을 뜻하는 것일 수 있다.

한편, 고인류 화석에서 관찰할 수 있는 표이 현상을 발생시킨 중요한 요인의 하나로는 새로운 유전물질의 이입을 생각할 수 있는데, 그런 일은 수시로 발생했을 것이다. 그러한 표이가 언제 어떻게 발생하는지 예측하는 일은 불가능하며, 그 결과로 발생하는 유전자 급원의 구성 변화도 예측할 수 없다. 그에 따라 표이는 궁극적으로 한 종에 속하는 여러 종내집단(intraspecies population) 사이에 다양성이 커지게끔 만든다. 즉, 표이가 발생하면, 해당 종내집단의 특정한 성격이 두드러지게 되며 그에 따라 종내집단 사이의 차이가 점점 더 커지게 된다. 그러므로 표이는 궁극적으로 새로운 종의 등장에도 영향을 끼치게 된다.

진화의 단위

에렉투스의 사례처럼, 전체적으로는 유사하지만 멀리 떨어져서 발견된 화석에서 차이가 관찰된다면, 그러한 차이의 발생 원인은 잘 알기 어렵다. 더구나 그러한 개체들이 속한 집단 사이의 진화적 관계에 대한 설명은 더욱 어렵다.

그런데, 진화란 개체 차원에서 일어나는 변화를 말하는 것이 아니라, 앞서 언급한 대로 집단 내에서, 즉 종 단위에서 발생하는 현상이다. 유기체 개개의 차원에서는 물론이려니와, 주어진 생물학적 종의 유전자 급원은 끊임없이 구성이 변화하기 마련이며, 그 결과 종은 영속적으로 번영하거나 소멸한다. 그러한 진화의 발생은 무작위적이지만, 그 결과는 그렇지 않다. 진화는 개체 하나하나에서 무작위적으로 일어나며 개체에 영향을 끼치지만, 그 결과의 합은 개체가 아니라 종 전체에 영향을 끼친다. 즉, 진화는 개체가 아니라 종이라는 집단 차원에서의 변화를 뜻한다.

그렇다면 진화의 설명과 연구 대상의 기본단위인 종을 분류하는 기준은 무엇일까? 예를 들어, 치와와와 진돗개처럼 너른 지역에 분포하는 종 사이에는 외형이 크게 다른 개체와 종내집단이 있는데 그것들을 하나의 종으로 묶는 이유는 무엇일까? 혹은 비슷하게 생긴 동물들을 다른 종으로 분류하는 이유는 무엇일까?

이러한 질문에 대해 우선 기억해야 할 중요한 점은 종이란 생물체의 외형에 따라 정의되지 않는다는 사실이다. 일반적으로 종은 '생물학적 종 개념(Biological Species Concept; 약칭 BSC)'을 따라 이루어진다. BSC에 따라 종을 정의하는 중요한 기준은 생물학적 재생산이다. 즉, 하나의 종은 그에 속하는 개체 사이에서는 생물학적 생산력이 있는 2세를 낳거나 낳을 수 있지만, 다른 종에 속한 개체와는 생식이 가능하지 않거나 혹은 가능하더라도 생물학적 생산력이 없는 2세가 태어나는 개체들로 구성된다. 따라서 유전적 변화는 종을 구성하는 하나의 종내집단에서 다른 종내집단으로 퍼져나갈 수 있지만, 종에서 종으로 퍼질 수는 없다. 그러므로 진화는 종내집단이 아니라 종을 단위로 일어난다. 한편, 종은 과거에도 존재했으며, 과거의 종은 혈연관계를 통해 현재의 종과 연계될 수 있다. 이렇게 시계열을 이루며 조상-후손 관계를 맺고 있는 일련의 종을 하나로 묶어 계보(lineage)라고 한다. 따라서 하나의 종이란 한 계보의 특정 시점의 모습이라고 생각할 수 있다. 또한 계보의 정의상 당연한 말이지만, 계보와 계보 사이에서 생물학적 재생산은 일어나지 않는다.

이러한 생물학적 종 개념에 따라 종을 분류하는 것은 살아 있는 유기체를 대상으로 한다면 그리 어렵지 않겠지만, 사라진 종에 대해서는 화석에서 유전자를 추출하는 기술이 발전한다고 해도 계속 문제가 아닐 수 없다. 그렇지만, 종을 구성하는 개체들은 같은 종의 성원을 짝으로 삼아 2세를 생산하므로 계속해서 서로 더 닮은 모습을 띠게 될 가능성이 높을 것이다. 고인류학 연구에서는 이러한 가정을 바탕으로, 개체의 행태나 종의 유전적 특성을 파악할 수 없더라도 화석의 외형과 구조를 기준으로 종을 판별할 수 있다고 여기고 있는 것이다.

그렇지만 이런 관찰을 통한 고인류 종의 판정은 단순한 일이 아니다. 고인류 화석은 뼈와 이빨이라는 경질 조직의 유해지만, 극히 예외적인 사례를 빼고는 개체의 전체 골격이 어떤 모습인지 알 수 있을 정도로 발견되지 않는다. 그에 따라 파편으로 발견되는 증거의 평가와 분류는 쉽지 않은 문제이다. 이러한 자료 보존의 문제도 문제지만, 과거 존재했던 종에 속한 개체들이 형태적 특성에서 서로 어느 정도 차이가 있었는지 알기 어렵다는 더 큰 문제가 있다. 이것은 모집단의 규모가 아주 제한적이거나 혹은 충분한 규모의 표본을 확보할 수 없는 한 어쩔 수 없는 연구의 한계이기도 하다.

하나의 종이 일정한 시기에 걸쳐 존속하는 동안 시간의 흐름에 따라 혹은 거주하는 지역의 특성에 따라 개체의 형태에는 어느 정도 차이가 발생하기 마련이다. 따라서 개체가 어느 종에 속하는지 확인하고 판별하는 동정 과정에서는 해당 종의 형태적 변이가 어느 정도의 폭에 걸쳐 있는지 파악하는 일이 중요하다. 그러나 고인류 화석은 극소수에 지나지 않으므로, 특정 고인류 종에 속하는 개체들의 형태적 차이가 어느 정도의 범위에 걸쳐 있었는지 판단하기는 쉽지 않다.

이러한 어려움 때문에, 화석 동정과 기타 연구를 위해 현대인이나 현생 영장류의 신체 자료를 바탕으로 고인류 종에 따른 형태 변이의 범위를 설정하기도 한다. 즉, 새로 발견된 화석의 특징이 그렇게 설정한 기준 이내에서 특정 종의 고인류와 유사하다면 이것을 해당 종으로 판정하는 것이다. 그러나 이러한 방식의 연구가 반드시 옳다고 할 이유는 없다. 또 설령 그런 연구를 하려 해도, 예를 들어 현생 개체에서 발견할 수 없는 특징이 있다면 적용할 판단의 기준을 구할 수 없다. 이러한 상황이므로, 연구자가 여러 조건과 사정을 나름대로 참작해 주관적으로 '적절한' 판정을 내린 사례는 흔히 있었다. 하나의 화석을 연구자에 따라 서로 다른 종으로 분류한 사례는 뒤에서 보듯 심심찮게 있었는데, 참고할 만한 근거 자료가 드물수록 그런 일은 더욱 자주 일어나곤 했다.

종의 발생

최초의 생명체를 제외한 모든 생물학적 개체는 반드시 부모를 갖고 있으며, 이런 사정은 종에 있어서도 마찬가지로 모든 종은 반드시 어떤 다른 종에서 기원하기 마련이다. 그렇게 하나의 종에서 새로운 종이 등장하는 것을 가리켜 종 분화(speciation)라고 한다. 종은 어떤 이유가 있으므로 분화하는데, 그 시작은 환경에 대한 적응을 통해 개체의 형질이 변화함으로써 비롯된다. 궁극적으로 분화를 유발하는 그러한 변화를 적응적 변화라고 하는데, 그러나 적응적 변화가 일어났다고 바로 종이 분화하는 것은 아니다.

종의 분화는 적응적 변화로 인해 아직 그 자체만으로는 진화라고 할 수는 없으나 아무튼 중요한 변화가 일어난 다음에 일어난다. 이 종 분화가 일어나기 전 단계의 변화 내지 그러한 변화가 발생하는 현상을 선적응(pre-adaptation)이라고 한다. 즉, 종의 분화는 선적응을 거친 다음의 단계로서 발생하는 진화 과정이다. 선적응의 사례로는 인류의 등장 과정에 있었던 변화를 들 수 있다. 후술하겠지만, 인류는 원래 열대 삼림지대에서 살던 고등영장류 중 일부가 기후 변화로 만들어진 새 환경에 적응해 지상에서 살기 시작한 결과 등장했다고 흔히 일컬어진다. 그러나 지상에서 생활을 시작하며 곧 인류로 진화한 것은 아닌데, 이 지상에서의 생활은 인류 등장에 필요했던 하나의 선적응 과정이라고 할 수 있다.

종의 분화는 어떤 때에는 매우 빠르게 또 다양한 방향으로 일어날 수 있는데, 그러한 급격한 종의 진화 과정을 적응방산(adaptive radiation)이라고 한다. 적응방산은 어떤 종이 새로운 환경조건의 지역을 차지하게 되거나 지역 내에서의 경쟁 상대가 사라졌거나 하는 등의 이유로 자원 이용의 기회가 갑작스레 늘어나는 상황에서 발생할 수 있다. 이런 경우에는 자원 이용의 기회가 늘어남에 따라 개체 수가 급격히 늘어날 뿐 아니라, 적응 양식이 다양한 많은 수의 소집단으로 분화하게 된다. 그러한 분화가 개체의 보존과 확산에 긍정적으로 작용한다면, 각 소집단은 궁극적으로 새로운 종으로 분화하게 되어 결국 여러 다양한 종이 만들어진다. 이런 과정에서 새로 만들어지는 종의 수는 일정하지 않으며, 어느 특정 계보는 다른 계보에 비해 더 많은 수의 종을 만들어 내기도 한다. 이러한 계보를 유력계보(speciose)라고 하는데, 예를 들어 '오스트랄로피테쿠스속'과 '사람속'을 비교하면 후자가 전자에 대한 유력계보라고 할 수 있다.

종의 발생이 이루어지는 과정, 즉 종 분화는 크게 두 가지 관점에서 설명할 수 있다. 우선, 새로운 종은 하나의 계보 내에서 이루어지는 점진적 진화를 통해 발생한다고 볼 수 있다. 이러한 관점을 단계통(單系統) 진화론(phyletic gradualism)이라고 하며, 그렇게 동일 계보 내에서 일어나는 점진적 진화를 단계통 진화(anagenesis; phyletic evolution)라고 한다(그림 3).

단계통 진화는 종종 연구의 편의를 위해 사용되는 개념이기도 하다. 즉, 주어진 어떤 계보에서는 시간의 흐름에 따라 많은 변화가 이루어지게 되므로, 그 계보를 여러 시간적 단위로 나누어 살펴보는 것이 시간의 흐름에 따라 축적된 진화적 변화를 이해함에 편리한 방편이 될 수 있을 것이다. 이때 인위적으로 나눈 각 단위 사이에서 상당한 차이를 인지할 수 있다면 그 각각을 계보를 구성하는 하나의 종으로 명명할 수 있을 것이다. 왜냐하면 그렇게 하지 않는다면, 외형상 서로 큰 차이가 있는 먼 과거의 개체와 후대의 개체를 동일종으로 다루어야 하는 문제가 발생하기 때문이다. 따라서 단계통 진화가 실제로 발생하는 진화적 현상이지만, 계보를 나누고 구분된 단위를 명명하는 것은 주관적 판단에 따라 이루어질 여지가 상당히 클 수 있다. 학사를 살펴볼 때, 오랫동안 인류화석의 분류와 종의 명명에서 상당한 혼란이 있었으며 아직도 혼란이 가시지 않고 있는 것은 인류 진화 과정의 상당한 부분은 단계통 진화의 과정이었기 때문, 즉 시간의 흐름에 따라 하나의 종이 점진적으로 변화해 나온 과정이었기 때문이라는 점에 기인한 바 크다고 할 수 있다.

단계통 진화와 대비되는 설명으로 종은 계보의 분화를 통해 발생한다고 여길 수 있는데, 그러한 계보의 분화를 가리켜 분기적(分岐的) 혹은 분지적(分枝的) 진화(cladogenesis)라고 한다. 하나의 계보가 나뉘며 둘이나 그 이상의 종이 새로 만들어지면, 이것들은 그로부터 만들어져

그림 3. 단계통 진화(위)와 분지적 진화(아래)의 모식도. 분지적 진화에서는 단일종 A가 지닌 ○, +, × 세 속성의 빈도가 시간의 흐름에 따라 변화해, +, ○를 지니는 B와 ○, ×를 지니는 C로 나뉜다. 단계통 진화에서 종의 구분은 ○, +, × 세 속성의 빈도가 상대적으로 크게 변하는 시점을 기준으로 시간종으로 나눌 수도 있고, 혹은 시간적 위치와는 상관없이 속성의 우세한 정도, 즉 형태적 특징에 따라 형태종으로 나눌 수도 있다.

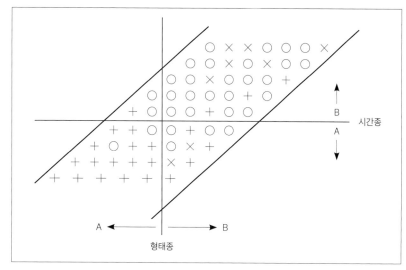

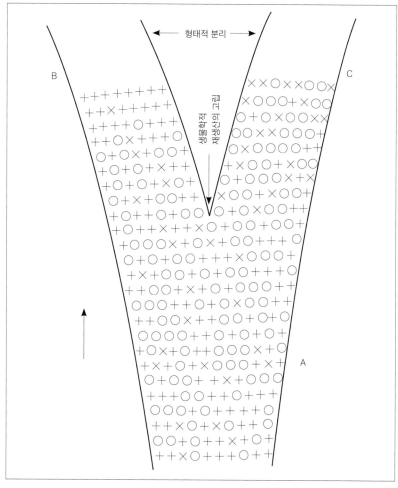

나갈 새로운 계보의 조상이 된다. 분기적 진화의 발생을 설명하는 유력한 이론으로는 '평형상태 붕괴론(punctuated equilibrium model)'이 있다. 이 이론에 따르자면, 일정한 지리적 범위 내에 집단이 몰려 있는 조건에서, 오랫동안 진화적 변화가 일어나지 않던 안정기가 끝나며 일련의 진화적 사건이 폭발적으로 발생하게 됨으로써 새로운 종들이 상대적으로 짧은 시간 동안 대거 등장한다는 것이다.

　분기적 진화는 진화적 변화가 상당히 오래 계속 축적된 다음 일어나는데, 종내집단들이 지리적으로 서로 떨어져 있어 고립되었을 때 발생한다. 종내집단이 고립된 상태에서는 각 집단 내에서 유전자 선택이나 표이가 진행된 결과 개체의 형질이 서로 크게 다른 상태로 변할 수 있다. 이런 일이 발생하면, 다른 종내집단에 소속된 개체 사이에서 태어난 2세가 유전적으로 생물학적 생산력을 갖지 못하게 되거나, 서로 다른 집단에 속한 개체의 신체 형태가 변하거나 교미기 혹은 교미를 위한 준비행위에서 차이가 발생해 교미 자체가 불가능해지거나, 염색체 염기서열의 재배치로 유전자형(遺傳子型; genotype)의 대대적 변화가 발생하거나 함으로써, 종내집단 사이에서 생물학적 재생산이 이루어질 수 없게 될 수 있다. 그렇게 됨으로써 결국 종내집단은 완전히 다른 집단으로 분리되어 새로운 종이 나타날 수 있다.

　분기적 진화를 발생시킨 이유가 무엇이건, 새로운 종의 발생은 집단 사이의 생물학적 재생산이 완전히 불가능해졌을 때, 즉 집단과 집단 사이의 신체적 접촉이 완전히 차단되었을 때 이루어진다. 그러므로 분기적 진화는 지리적으로 넓은 범위에 걸쳐 거주하며 다양한 자원을 이용하는 종에서는 발생하기 어렵다. 왜냐하면 이러한 종의 종내집단 사이에는 접촉이 빈번하게 일어날 가능성이 크기 때문인데, 호모 사피엔스는 분기적 진화가 이루어지기 어려운 좋은 사례라고 할 만하다. 그에 비해 인류의 등장, 즉 사람과 유인원의 분화는 분기적 진화의 전형적인 예이다. 이를 비롯한 고등영장류의 분화는 특히 유전자형이 급속하고도 대대적으로 변화함으로써 일어났을 가능성이 있다고 여겨지는데, 인류의 계보는 마이오세 말 유인원 계보와 분리된 이래 서로 전혀 다른 진화의 과정을 겪어 오늘에 이른 것이다. 이 말은 즉, 유인원과 사람 사이에는 양자를 진화적 관계로 이어주는 소위 '잃어버린 고리(missing link)'란 존재하지 않는다는 뜻이다.

분류와 명명

앞서 고인류 화석의 연구는 자료가 단편적이라는 점과 더불어 특정 종에 나타나는 형태 변이의 정도를 알기 어렵다는 문제를 안고 있다고 하였다. 이러한 문제로, 어떤 연구자는 자그마한 차이를 기준으로 유사하게 보이는 화석들을 서로 다른 종으로 나누기도 하며, 반면 어떤 연구자는 상대적으로 큰 차이라고 해도 그것은 한 종에서 나타날 수 있는 변이의 범주에 속한다고 판단해 서로 다른 듯한 모습의 화석들을 한 종으로 묶을 수도 있다. 즉, 고인류학 연구에서는 화석을 대상으로 종을 동정하고 계통을 정리함에 있어 화석을 되도록 자세히 나누어 보려는 입장이 있는가 하면, 웬만한 차이라도 크게 하나의 테두리로 묶어 보려는 입장이 있다. 이 두 관점은 각각 나름의 논리적 근거를 펴며 오랫동안 대립적 관계를 유지하고 충돌하기도 하는데, 각각을 가리켜 흔히 '나누는 이(splitter)' 대 '묶는 이(lumper)'의 입장이라고 한다.

'나누는 이' 대 '묶는 이'의 입장은 주어진 화석에서 관찰되는 특징을 다른 화석에서 보이는 유사하거나 연관된 특징과 관계없는 단절된 특징으로 파악할 것인가 아니면 그러한 특징 모두는 변이의 연속선상에 있다고 보는가 하는 관점의 차이에서 기인한다. 두 입장은 생물의 분류와 관계된 모든 분야의 연구에서 찾아볼 수 있는 대립적 관점이지만, 고인류학 연구에서는 특히 우리에게 주어진 자료가 극히 적다는 사실로 더욱 날카롭게 느껴지고 있다. 이 두 입장 중 어느 쪽을 취하는가에 따라, 화석의 동정과 명명 및 분류체계 내에서의 위치와 계보 설정 같은 자료 분석 차원에서의 연구뿐만 아니라, 인류의 진화 과정 전반에 대한 설명도 크게 다를 수 있다. 사정이 이러므로 인류의 진화 과정에 대한 설명이나 화석의 동정과 명명 혹은 종 사이의 관계 설정에 대해 통일된 의견을 보기 어려운 것은 그리 놀라운 일이 아니다.

그런데 고인류학 연구자가 어떤 관점을 따르건, 그가 제시한 화석 분류체계라던가 진화에 대한 설명은 결국 연구자 자신이 가장 그럴듯하다고 여기고 있는 가설일 뿐 증명된 사실이라고 하기는 어렵다. 따라서 나름대로 정당한 근거 위에서 논리적으로 제시된 주장이라면, 하나의 화석을 전혀 다르게 해석한다고 해도 잘못은 아니며, 오히려 서로 다른 해석과 토론이야말로 인류 진화의 실상 파악에 가까이 다가갈 수 있도록 도움을 주는 일이다.

아무튼 화석의 동정과 명명은 종과 종 사이의 진화적 상관관계를 바라보는 연구자의 입장과 밀접하게 관계되는데, 연구자가 주어진 화석을 새로운 종으로 분류한다면 그 종과 다른 종들과의 진화적 관계를 설명해야 한다. 이러한 설명에서는 종과 종 사이의 조상-후손 관계와 분기 관계를 설정하고, 가장 가까운 공동조상(the most recent common ancestor)에서 갈라져 나온 여러 분류군(taxon)을 묶어 하나의 분기군(clade)을 설정하는데, 이러한 분류 작업을 분기군 분석(cladistic analysis)이라고 한다. 앞서 종에 대해 말했듯, 분기군 설정도 조상이 같으면 후손들의 모습은 상대적으로 비슷할 것이라는 가정 위에서 이루어진다. 즉, 여러 분류군이 공유하는 형태적 유사성을 기준으로, 분류군 사이의 차이와 상관관계 파악을 위한 필요충분 속성을 평가함으로써 하나의 분기군으로 묶거나 다른 분기군으로 분류하게 된다.

분기군 설정에서 중요한 속성을 공유하는 분류군들을 자매분류군

그림 4. 분기군 개념 모식도.

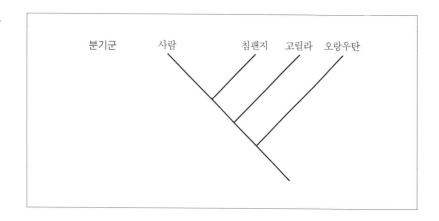

(sister taxa)이라고 부르는데, 각 자매분류군은 또 다른 자매분류군을 갖고 있으며, 그런 친연관계는 끝없이 이어지게 된다. 따라서 하나의 분기군은 최소 두 개의 분류군으로 구성되며, 다시 여러 분기군은 상위의 분기군으로 묶일 수 있다. 그러므로 궁극적으로 모든 유기체는 하나의 분기군으로 묶어 생각할 수도 있다. 그러한 관계는 〈그림 4〉에서 보는 바와 같은 진화 과정에서 여러 군의 파생 과정을 보여주는 분기도(cladogram)로써 일목요연하게 나타낼 수 있다.

그런데 분류를 보다 자세히 하려고 하면 할수록, 즉, '과'보다는 '속', '속'보다는 '종', '종'보다는 '아종' 수준에서 분류를 시도하면 할수록, 연구자의 견해에 따라 분류 결과는 점점 더 큰 차이를 보여주게 된다. 그러므로 분기도 작성에서도 상대적으로 하위에 있는 분류군을 기본 단위로 삼아 보다 자세한 내용의 분기도를 작성하려면 할수록, 작성자의 관점과 입장에 따라 분기도는 더 큰 차이를 보여주게 된다. 이런 현상은 자료의 희소성이 큰 문제인 만큼 고인류 연구에서 특히 두드러지게 볼 수 있다.

한편, 분류를 위한 관찰에서 볼 수 있는 유사한 신체적, 형질적 특성이 반드시 유전적 관계를 반영하는 것은 아니다. 그러한 특성을 개체나 개체가 속한 집단이 독자적으로 획득했을 가능성은 늘 있기 마련이므로, 분기군 분석은 모든 특성을 유전적 관계로 파악한다는 점에서 약점을 갖고 있다. 이 유사한 획득형질의 문제를 가리켜 소위 이차적 유사성(convergence)의 문제라고 하며, 그러한 유사성을 유발한 진화를 가리켜 수렴진화(convergent evolution)라고 한다. 수렴진화는 예를 들어 동아시아의 주먹도끼가 유럽-아프리카-인도의 아슐리안 석기공작과 공통의 문화적 기반에서 등장한 것인지, 아니면 그와는 상관없이 독자적으로 만들어진 것인지 하는 것과 같은 문화진화의 해석과 논쟁에서도 큰 문제가 되고 있지만, 화석을 다룸에 있어서는 더욱 어려운 문제가 된다.

한편, 가장 최근의 공동조상으로부터 물려받은 것은 아니지만 두 종이 공통적으로 그러한 획득 형질을 갖고 있을 수도 있는데, 이러한 현상을 이체동공(異體同功; homoplasy)이라고 한다. 이체동공의 한 예는 모든 고인류와 현대인으로 구성된 '사람족'의 이빨에서 찾아볼 수 있다. 즉, '사람족'에 속하는 몇몇 종은 각 종이 존속했던 시점이나 진화적 계보 관계가 서로 다르지만, 어금니의 법랑질(에나멜)이 두텁게 발달했다는 공통된 특징이 있는데, 이 특이 형질은 유사한 적응의 결과 얻게 된 특성이다. 이체동공은 분기군 분석을 어렵게 만들 수 있는 문제인데, 화석에서 유전자를 추출해 분석하는 것이 가능해지며 비교적 가까운 과거에 살던 고인류에 있어서는 극복할 가능성이 조금씩 보이지만 아직 그 성과는 미미하다.

진화의 계통 관계를 설명하고자 하는 분기군 설정에 따르는 이러한 어려움과 논란 때문에, 종이 소속한 계보나 분기군과 상관없이 개체의 외형에서 드러나는 행태적 특징이나 형태적 유사성을 기준으로 삼아 다양한 종을 묶고 나누어 봄으로써 진화 관계에 접근해 보려는 시도도 해볼 만할 것이다. 그러한 방식으로 상이한 종을 묶었을 때 만들어진 군을 가리켜 그레이드(grade)라고 한다. 그레이드와 분기군의 차이란 예를 들자면 한 학급의 학생을 주소지로 구분하는 것이 분기군이라면 그레이드는 키나 몸무게로 구분하는 것과도 같다고 비유할 만하다. 주소지에 따른 분류가 학생들의 거주 배경을 말해 준다면, 후자는 영양이나 발육 상태를 말해 줄 수 있을 텐데, 분류의 목적이 무엇인가에 따라 양자는 각각 나름대로 유용한 기준일 것이다. 이와 마찬가지로, 그레이드 분류는 집단의 적응양식이나 생태환경을 설명함에 도움을 줄 수 있다.

그런데 그러한 '기능적' 특징, 즉 그레이드 설정의 기준이 되는 특성을 관찰할 수 있다는 사실과 그런 특성이 어떻게 발생했는가를 설명한다는 것은 전혀 다른 차원의 문제이다. 이러한 특성의 발생에 대한 설명은 종의 진화 과정을 말해 주는 분기군 분석이 이루어지지 않는다면 시도하기 어려울 것이다. 그러므로 분기군 분석은 인류의 진화 과정을 이해하기 위해 필수적인 기초연구라고 할 수 있다.

한편, 우리가 고인류 화석을 대상으로 그 종을 설정한다면, 해당 종의 특징을 설명하기 위해서는 종의 가장 대표적인 화석을 제시할 필요가 있을 것이다. 그러한 대표 화석을 흔히 표준화석(type specimen)이라고 부른다. 즉, 종의 설정과 종에 대한 설명은 그러한 표준화석을 기준으로 이루어지며, 종의 특징은 종의 표준화석과 떨어져 생각할 수 없는 것이다.

그런데 학술용어로서 표준화석을 가리키는 어휘로는 여러 가지가 있다. 즉, 종의 명명 및 발표와 표준화석 지정이 어떤 시점에 어떻게 이루어졌는가에 따라, 종을 대표하는 표준화석은 'Holotype', 'Syntype', 'Lectotype', 'Paratype', 'Paralectotype' 및 'Neotype'이라고 부르게 된다. 많은 경우에 표준화석은 이들 중 'Holotype'을 뜻하는데, 이것은 종의 원 명명자가 지목한 하나의 대표 화석을 가리킨다. 한편 명명자가 'Holotype'을 지정하지 않았다면, 같은 급으로 종을 대표한다고 볼 수 있는 복수의 표준화석은 'Syntype'이라고 부르게 된다. 또 'Syntype'으로 지목된 화석 중 어느 하나가 시간이 지나 종을 대표하는 표준화석으로 지목받는다면 이것은 'Lectotype'이 된다. 'Paratype'이란 종이 명명될 때 'Holotype'으로 지정받지 않았으나 그에 못잖은 대표적 화석을 가리키며, 'Paralectotype'은 'Lectotype'으로 지정되지 않은 화석 중에서 대표적인 화석이라고 부를 만한 것을 가리키는 말이다. 마지막으로 'Neotype'은 종이 명명되고 'Holotype'이 지정되었지만, 시간이 흘러 화재 등으로 지정된 'Holotype'의 실물이 사라졌을 때 새로 지정된 표준화석을 가리킨다. 앞으로 서술할 고인류 종의 설명에서는 이러한 여러 용어의 의미와 상관없이 그저 가장 대표적 화석이라는 뜻으로 표준화석이라는 어휘를 사용할 것이다.

2

사람의 위치

자료의 한계

화석을 포함한 모든 동물의 신체와 그 유해의 연구는 대상 자료의 형태적 특징을 살펴 이것이 속한 종과 나이와 성별의 판정으로부터 시작한다. 이것은 고인류 화석의 연구에서도 마찬가지로, 이 절차를 가리켜 종, 연령 혹은 성별의 동정(identification)이라고 일컫는다. 그런데 하나의 종에 속하는 모든 개체의 모습은 판박이로 같지 않으며, 개체별로 여러 형태적 요소가 조금씩 다르기 마련이다. 또 그러한 차이의 범위는 종에 따라, 그리고 같은 종이라도 개체의 나이나 성별 혹은 시대와 지역에 따라 다르다. 그리고 그러한 형태 요소 변이의 분포 범위를 판단하는 것은 일반적으로 자료가 오래되면 오래될수록 점점 더 어려워진다.

　이런 문제 때문에, 새로 발견된 고인류 화석이 같은 시기의 다른 화석과 비교했을 때 관찰되는 차이가 같은 종 내에서의 변이인지 아니면 종이 다르므로 나타난 차이인지 판정하기 쉽지 않으며, 나아가 종의 동정도 쉬운 일이 아니다. 더구나 인류의 진화는 다른 동물들과 비교할 수 없는 빠른 속도로 이루어졌기 때문에, 진화 과정에서 신체 각 부위의 형태가 종 차원에서 어떻게 변했으며, 개체 차원에서의 변이는 어떤 범위에 걸쳐 있는지 판단하고 해석하는 일은 더욱 어렵지 않을 수 없다. 나아가 고인류 연구는 자료의 희소성이라는 제약을 받고 있다. 즉, 인류 진화의 연구란 매우 드물게 발견되는 자료로써 인류의 등장과 진화 과정을 설명해야 한다는 지난한 과제이다. 자료가 희소한 것은 기본적으로 고인류 유체가 화석으로 보존되는 일은 아주 특별한 조건에서만 일어나며, 또 그렇게 살아남은 화석이 발견될 확률도 매우 낮기 때문이다.

동물의 사체가 화석으로 보존되려면 지질환경이 화석 보존에 유리한 조건을 갖추어야 한다. 우선, 사체는 노출된 지상에서 풍화 등의 요인으로 소멸하지 않고 퇴적층에 비교적 온전한 상태로 포함되어야 한다. 또 퇴적 이후에는 지하수 활동이나 생물학적 요인으로 파괴되지 않고 보존되어야 화석으로 남을 수 있다. 동물의 사체가 지상과 지하에서 여러 생물학적, 지질학적 과정에도 파괴되지 않고 보존될 가능성은 매우 낮으며, 보존된 고인류 화석이 지상에 노출되어 발견될 확률은 극히 예외적인 조건을 갖춘 곳에서만 기대할 수 있다. 침식이 활발히 일어나는 환경에서는 화석의 보존을 기대할 수 없고, 침식을 피해 퇴적층 속에 잘 놓였더라도 토양 산성도나 기후와 식생 혹은 동물상에 따라 화석이 살아남는 정도가 크게 달라지기 마련이다. 심지어 퇴적 이후 물리적 압력으로 그 모습이 크게 뒤틀린 화석도 자주 발견된다 (그림 5). 그런 화석을 평가하며 연구자는 종종 혼란에 빠지게 되고, 변형되기 전의 모습을 어떻게 평가하는가에 따라 화석의 분류와 명명도 크게 달라질 수 있다.

인류의 기원과 진화에 대한 논의가 전통적으로 동아프리카, 남아프리카공화국, 서유럽, 레반트 등의 몇몇 지역을 중심으로 이루어져 온

그림 5. 2022년 중국 호북(후베이; 湖北)성 운양(윈양; 鄖陽)에서 발견된 호모 에렉투스 화석. 여러 지질학적 요인의 영향을 받아 퇴적층 내에서 변형되었다. 연대가 오래될수록 화석이 변형을 입을 확률은 그만큼 커진다. 윈양은 얼마 전까지 운현(윈시엔; 鄖縣)이라고 부르던 곳으로서, 사진의 화석이 발견된 곳에서 35m 떨어진 곳에서도 1989년과 1990년에 호모 에렉투스 화석이 발견되었다. 이것들은 일명 운현인(鄖縣人; Yunxian Man)으로 불려왔다.

것도 화석 보존과 발견에 유리한 조건을 갖추고 있기 때문이다. 이런 곳에서는 자연히 고인류 화석이 일찍부터 발견되었다. 최근에는 중국과 동남아시아에서도 고인류 화석 발견이 늘어나고 있는데, '북경원인'도 그렇지만, 화석은 주로 보존에 유리한 조건을 갖춘 석회암 동굴에서 발견되고 있다. 우리나라에서 고인류 화석을 찾아보기 어려운 것은 그러한 조건이 잘 갖추어지지 않았기 때문이다.

또 뼈는 부위에 따라 견고한 정도가 다르므로, 모든 신체 부위가 화석으로 남는 경우는 거의 없음을 이해할 필요가 있다. 머리나 이빨같이 다른 부위보다 단단한 부위는 보존될 가능성이 상대적으로 크지만, 크기가 작거나 상대적으로 단단하지 못한 갈비뼈나 손, 발 같은 부위는 드물게 발견된다. 부위에 따른 차등적 보존은 고인류의 행동양식을 이해함에 제약조건이 되고 있다. 예를 들어 발과 다리 같은 부위가 보존되지 않는 한, 뼈의 형태 분석을 통한 기능이나 걸음걸이의 변화라던가 그로부터 추정할 수 있는 전반적 행태 양식은 연구하기 어렵다. 예를 들어 고인류라고 추정할 수 있는 특징을 보여주는 700만 년 전의 두개골이 정말로 고인류의 화석이라고 단정하기 위해서는 해당 개체가 직립보행을 했음을 확인해야 하지만, 걷는 모습을 말해 줄 부위가 보존되지 않았다면 단지 추정만이 가능하며 논란이 계속되지 않을 수 없다.

　이렇게 종의 판정에 따르는 어려움과 자료의 희소성은 인류의 진화 과정을 자세하고 명쾌하게 설명하기 어렵게 만드는 일차적 이유가 되고 있다. 바로 이러한 문제로, 앞서 설명한 '나누는 이'와 '묶는 이'사이의 대립적 관점의 차이를 좁히는 일도 쉽지 않다. 그 결과, 시간과 공간에 따른 고인류 분포도는 아직도 채워야 할 빈칸투성이로서, 서로 다른 시간대에 속하는 화석 사이의 진화적 상관관계는 물론이려니와 동일 시간대에 속하는 것들 사이의 관계에 대해서도 누구나 동의할 수 있는 결론은 도출하기 쉽지 않다.

　개개 화석의 의미와 인류 진화 과정의 설명에 있어, 현재 상황은 연구자의 관점과 입장에 따라 제시된 다양한 가설과 해석이 서로 양보 없이 경쟁하고 있다고 할 만하다. 또 자료의 불완전성은 진화론을 부정하는 사람들에게 좋은 공격거리를 주고 있기도 하다. 그렇지만 증거의 부재가 부재의 증거는 아니듯, 화석이 발견되지 않는다고 진화가 사실임을 부정하는 이유는 될 수 없다. 지난 100여 년 동안 그랬던 것처럼, 새로운 증거는 앞으로도 계속 꾸준히 축적되며 인류의 진화 과정에 대한 우리의 이해도 조금씩 커질 것이다.

　이 장에서는 화석으로 발견되는 각종 고인류와 현대인으로 이루어진 '사람과'가 생물학적으로 가까운 여러 고등영장류와 어떤 관계에 있는지 간략히 살펴보겠다. 18세기 린네가 제시한 영장류의 분류는 비교해부학이 발달하고 보다 과학적 동물 분류체계가 자리 잡으며 사라진 지 오래이며, 1970년대가 되면 해부학적 연구를 통해 여러 고등영장류 사이의 생물학적 관계의 설정과 분류체계에 대한 일종의 정설이 확립되기에 이르렀다. 그러나 1990년대부터 유전자 분석 결과 새로운 사실이 발견되며 이 '확립된 결론'은 흔들리기 시작해, 21세기 들어서는 전혀 다른 분류체계가 만들어졌다. 아래에서는 먼저 그러한 변화의 이유를 살펴보겠으며, 이어서 사람을 포함한 영장류가 공유하고 있는 특징 및 다른 영장류에서는 볼 수 없는 사람만의 특징에 대해 생각해 보겠다.

고등영장류 분류체계

20세기 초까지는 고인류 화석이 매우 드물었고 더구나 발견 정황이나 퇴적의 맥락이 정확히 알려진 사례는 거의 없었다. 그러므로 사람을 비롯한 고등영장류의 분류와 진화 및 상호 관계에 대한 논의는 현생인류를 포함해 직접 관찰할 수 있는 영장류를 중심으로 이루어졌으며, 인류의 기원에 대한 논의는 아직 추정의 영역에서 크게 벗어날 수 없었다. 그러나 1950년대가 되면 인류의 기원을 말해 줄 화석 발견은 큰 뉴스거리가 되기 시작했고, 고인류 분류체계와 현생인류와의 관계도 차츰 정리되기 시작했다. 이로부터 한 세대가 지나 1970년대가 되면, 여러 고인류 종의 존재와 시간적 위치가 대체로 확립되었고, 다양한 고인류와 현생인류를 '사람과(Family Hominidae)'라는 분류군으로 확고하게 묶게 되었다.

이렇게 20세기 말 확립된 분류체계는 해부학적 증거, 즉 신체의 구조적 특징 비교를 바탕으로 제시된 것이다. 이에 따르자면, 영장류는 일차적으로 레무르원숭이 등의 하등영장류와 그에 대비되는 고등영장류로 나뉘고, 고등영장류는 다시 크게 넷으로 나뉜다. 이 네 고등영장류 군은 신대륙원숭이(New World Monkey; 소위 광비류[廣鼻類]), 구대륙원숭이(Old World Monkey; 소위 협비류[狹鼻類]), 유인원(Ape; Pongid) 및 사람(Human; Hominid)이다. 이 중에서 침팬지, 고릴라, 오랑우탄을 가리키는 유인원과 사람은 신대륙원숭이 및 구대륙원숭이와 여러 점에서 차이가 크지만, 둘 사이의 차이는 상대적으로 그리 크지 않다. 따라서 사람과 유인원은 영장류라는 '목(目)' 단위와 '과(科)' 단위

[표 1] 사람상과 분류체계 - 해부학적 기준

사람상과 (Superfamily Hominoidea; hominoid[s])
긴팔원숭이과 (Family Hylobatidae; gibbon, 긴팔원숭이)
긴팔원숭이속 (Genus *Hylobates*)
유인원과 (Family Pongidae; pongid[s], 유인원)
침팬지속 (Genus *Pan*)
고릴라속 (Genus *Gorilla*)
오랑우탄속 (Genus *Pongo*)
사람과 (Family Hominidae - hominid[s]; 사람, 모든 화석 및 현생인류)
오스트랄로피테쿠스아과(Subfamily Australopithecinae; australopithecine[s])
아르디피테쿠스속 (Genus *Ardipithecus*)
오스트랄로피테쿠스속 (Genus *Australopithecus*)
케냔트로푸스속 (Genus *Kenyanthropus*)
오로린속 (Genus *Orrorin*)
파란트로푸스속 (Genus *Paranthropus*)
사헬란트로푸스속 (Genus *Sahelanthropus*)
사람아과 (Subfamily Homininae - 일반명칭으로 hominine[s]이라 함)
사람속(Genus *Homo*)

사이의 분류단위인 '상과(上科; superfamily)'로 묶이게 되어, 모든 현생 및 멸종 인류와 유인원을 '사람상과(Superfamily Hominoidea)'로 분류하게 되었다. 그런데 일부 연구자는 긴팔원숭이(gibbon)가 유인원과 유사한 점이 많다고 여겨 '사람상과'에 포함시키거나 심지어 유인원으로 분류하기도 했는데, 이런 소수의견은 앞서 말한 바처럼 종의 분류나 진화적 친소 관계 설정은 연구자의 관점과 입장에 따라 다를 수 있음을 보여 주는 한 사례이다.

이러한 20세기 분류체계에서, '사람상과' 분기군은 [표 1]에서 보는 바와 같이 분류된다. 이 표에서는 되도록 많은 분류단위를 소개한다는 의미에서, '나누는 이'의 입장에서 제시된 여러 분류단위를 '속' 단위까지 나열하였다. 괄호 안에는 라틴어 학명에 이어 해당 분류군을 칭하는 영어 일반명칭을 적었고, 해당 분류단위를 가리키는 우리말 대역 명칭이 있다면 우리말 명칭도 함께 적었다. 영어 일반명칭 끝에 복수

그림 6. 2006년 10월 9일자 『Time』지 표지. '우리는 어떻게 사람이 되었는가'라는 제목 아래에는 '침팬지와 사람은 DNA의 거의 99%를 공유한다. 새로운 발견은 양자가 어떻게 그토록 닮았으며 또 그토록 서로 다른가를 밝혀 주었다'라는 부제가 달려 있다. 우리나라에서는 그다지 관심거리가 아니었지만, 표지 및 본문의 긴 내용은 사람과 침팬지의 유전자가 거의 99% 같다는 사실이 서구사회에 얼마나 충격적으로 받아들여졌는지 잘 말해 준다.

형 어미를 넣은 것은 대체로 단수형이 아니라 복수형으로 사용되는 경우가 많기 때문이다. 이러한 해부학적 분류체계에 대한 반대 의견은 들을 수 없었으며, 이것으로 사람과 고등영장류에 대한 분류가 완성되었다고 널리 여겨졌던 것이 20세기 말 학계의 일반적 생각이었다.

그런데, 1990년대부터 활발해진 유전자 연구는 이러한 생각을 송두리째 뒤집어 놓았다. 즉, 유전자 분석은 여러 영장류 사이의 유전적 상관관계, 다시 말해 진화의 계보가 외형적으로 드러난 신체적, 해부학적 차이와 유사성이 시사하는 바와 매우 다르다는 사실을 말해 주기 시작했다. 그에 따라 [표 1]의 분류체계를 대신할 새로운 체계가 만들어지게 되었다.

유전자 분석에서 알려진 무엇보다도 중요한 사항은 사람과 침팬지 사이의 관계가 가깝다고는 이미 생각했지만 종래 믿어왔던 것보다도 훨씬 더 밀접함이 밝혀졌다는 사실이다. 즉, 침팬지와 사람은 98.8%의 DNA를 공유하고 있음이 밝혀진 것이다(그림 6). 유전자 구성의 이러한 높은 유사성은 두 종이 생물학적으로 매우 밀접한 관계로서 피그미침팬지(보노보)를 포함한 모든 침팬지와 사람은 하나의 영장류 종을 공동조상으로 삼아 비교적 그리 멀지 않은 과거에 갈라졌음을 뜻한다. 그러므로 종래 생각했던 바대로 양자를 '과' 수준으로 나눌 수 없게 되었다. 그 대신, 양자는 '과'보다 한 단계 낮은 '아과(亞科; Subfamily)' 단위에서 같이 묶여졌고, 그 아래 단위로서 '속'보다 상위인 '족(族; Tribe)' 단위에서 갈라지는 것으로 분류하게끔 되었다. 그런데 사람과 침팬지의 외형과 기타 신체적 특징은 98.8% 같기는커녕, 상당히 큰 차이가 있음은 누구도 알 수 있다. 그러므로 이러한 분류를 의아하게 생각할 수 있겠으나, 예를 들어 다운증후군처럼 단 하나의 유전자만으로도 사람의 외형에 이상이 생길 수 있듯, DNA 구성에서 1.2%의 차이는 둘 사이의 외형과 행태를 완전히 다르게 만들 수 있는 차이이다.

한편, 침팬지와는 달리 고릴라는 유전자 구성이 사람-침팬지 군과 상당히 다르며, 이것은 고릴라가 후자와 일찍 갈라져 나왔음을 보여주고 있다. 즉, 둘 사이의 관계는 상대적으로 거리가 멀며, 고릴라와 침팬지를 과거처럼 유인원과로 함께 묶을 수 없음은 확실해졌다. 또한 오랑우탄은 비록 얼굴 형태가 침팬지나 고릴라보다 사람과 더 닮았으나, 사람-침팬지뿐 아니라 고릴라와도 일찍 갈라져 나가 상대적으로 더욱 먼 관계임도 밝혀졌다. 오랑우탄에 대한 이러한 진화 관계는 19세기에 헉슬리가 지적한 바를 연상시키는바, 그는 오랑우탄의 해부학적 특징을 볼 때 침팬지, 고릴라와 진화적으로 먼 관계일 것이라고 예상하였다. 21세기에 들어와 유전자 분석 결과를 반영해 만들어진 새 분류체계는 [표 2]와 〈그림 7〉에서 볼 수 있다.

새로 정의된 '사람과(Hominidae)'에 속하는 여러 분기군이 갈라진 시기를 말해 주는 화석은 발견된 바 없지만, 유전자 분석은 분기의 발생 그 자체뿐만 아니라 그 시점도 계산할 수 있게 해준다. 즉, 분기의 시점은 서로 진화적 상관관계가 있는 군 사이에 보이는 유전자 구성에서의 계량적 차이를 차이가 발생하는 속도로 나눔으로써 추정할 수 있으며, 이러한 방법을 흔히 'DNA 시계' 분석이라고 한다. 그런데 'DNA 시계'는 유전자 변화의 속도를 어떻게 계산하는가에 따라 계산 결과에 차이가 있을 수 있다. 즉, 예를 들어 Y-염색체를 대상으로 할 것인가 혹은 미토콘드리아DNA(mt-DNA)를 대상으로 할 것인가 혹은 동일 유전자를 대상으로 해도 그 표본을 어떤 집단에서 어떻게 채취했는가 또혹은 돌연변이의 발생 빈도를 어떻게 가정할 것인가 하는 여러 조건을 어떻게 설정하는가에 따라 분기 시점 계산에 필요한 상수로서의 유전자 변화 속도도 달라진다. 그러므로 분기 시점에 대한 연구자들의 의견은 완전히 일치하지 않고 있다.

그렇지만 아무튼 이러한 계산에 따르자면, 오랑우탄은 대략 1,900에서 1,500만 년 전 사이에 사람-침팬지-고릴라 군에서 갈라졌으며, 고릴라가 사람-침팬지 군에서 떨어져 나간 것은 늦어도 대략 1,000에서 800만 년 전 사이였다고 여겨진다. 한편, 사람과 침팬지의 분기 시점에 대해서는 1,300~1,200만 년 전부터 600~400만 년 전 사이에 이르기까지 여러 주장이 제시되었다. 그렇지만, 많은 이들은 양자의 분기가 대체로 930만 년에서 650만 년 전 사이에 이루어졌다고 보는 듯한데, 이 연대는 가장 이른 시기의 고인류라고 주장되고 있는 몇몇 화석의 연대 추정치와 겹치고 있다.

이상의 내용을 다시 요약하면, 유전자 연구는 사람과 침팬지는 과거 생각했던 것보다 훨씬 밀접한 관계에 있음을 밝혀주었다. 그에 따라 오랑우탄과 사람-침팬지-고릴라 군은 서로 다른 단위로 분류해야 하며, 고릴라와 사람-침팬지도 서로 다른 하부단위로 나누어야 하지만, 사람과 침팬지는 나눌 것이 아니라 적절한 수준에서 하나의 단위로 묶어 분류해야 한다는 주장이 힘을 얻게 되었다. 따라서 20세기에 해부학적 기준에 근거한 [표 1]의 '사람상과' 분류체계는 힘을 잃게 되었고, 이를 대체할 [표 2]와 같은 새 분류체계가 나타나게 되었다.

'사람상과' - 분류와 용어

유전자 연구를 통해 이루어진 사람과 유인원의 진화 관계와 분류학상의 위치에 대한 재평가는 자연계에서 인간의 우월적 지위에 대한 믿음을 다시 한번 크게 흔들었다고 할 만하다. 사람과 침팬지의 가까운 관계는 서양의 사상 전통에서 암암리에 끈질기게 유지되던 사람의 특별

[표 2] 1990년대 이래의 사람상과 분류

사람상과 (Superfamily Hominoidea; hominoid[s])

긴팔원숭이과 (Family Hylobatidae)

긴팔원숭이속 (Genus *Hylobates*)

사람과 (Family Hominidae; hominid[s])

오랑우탄아과 (Subfmily Ponginae; pongine[s])

오랑우탄속 (Genus *Pongo*)

고릴라아과 (Subfamily Gorillinae; gorilline[s])

고릴라속 (Genus *Gorilla*)

사람아과 (Subfamily Homininae; hominine[s])

침팬지족 (Tribe Panini; panin[s])

침팬지속 (Genus *Pan*)

사람족 (Tribe Hominini; hominin[s])

오스트랄로피테쿠스아족 (Subtribe Australopithecina; australopith[s])

아르디피테쿠스속 (Genus *Ardipithecus*)

오스트랄로피테쿠스속 (Genus *Australopithecus*)

케냔트로푸스속 (Genus *Kenyanthropus*)

오로린속 (Genus *Orrorin*)

파란트로푸스속 (Genus *Paranthropus*)

사헬란트로푸스속 (Genus *Sahelanthropus*)

사람아족 (Subtribe Hominina; hominan[s])

사람속 (Genus *Homo*)

사람종(Species *Homo sapiens*; 현대인)

성에 대한 믿음을 의심하지 않을 수 없게 한다.

　도구 제작, 사회생활, 언어를 비롯한 몇몇 중요한 '사람다운' 특징은 다른 동물은 갖고 있지 못한 능력으로서, 이것은 사람만이 다른 동물과는 다른 특별한 존재임을 말해 준다는 생각은 특히 기독교의 천지창조론이 끼친 영향과 더불어 오랫동안 당연한 사실로 받아들여졌다. 그렇지만 20세기 후반기 들어 그런 몇몇 문화적 특징이 사람에게만 고유

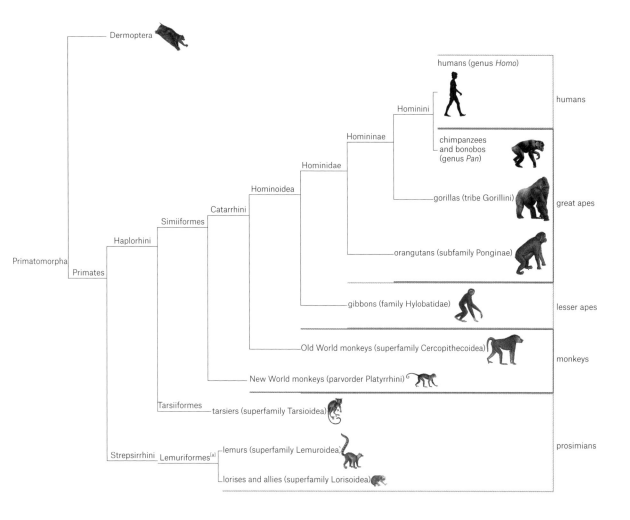

그림 7. 영장류 분류체계. 영장류(Primates; 영장목)는 날원숭이목(피익모목; Dermoptera)과 함께 영장중목(Primatophoma)을 구성한다.

한 것이 아님이 차례로 밝혀지며 사람이 특별한 존재라는 기존의 생각은 조금씩 무너지기 시작했다. 인간의 독보적 능력에 대한 그러한 일련의 재발견과 재인식의 연장선상에서, 유전자 분석은 사회문화적 특징뿐만 아니라 생물학적 존재로서 인간의 특성도 다른 동물과 다를 바 없이 장기간에 걸친 진화의 산물에 불과함을 말해 준 셈이다.

유전자 분석을 통해 새로 제시된 '사람상과'의 분류체계에서 특히 무엇보다도 중요한 것은 '사람상과'와 '사람과'의 정의와 개념이 크게 달라졌다는 점이다. [표 2]와 [그림 7]에서 보듯, '사람상과'를 구성하는 '과' 단위에서 '유인원과'가 사라진 대신, '유인원과'로 분류되던 오랑우탄, 고릴라, 침팬지는 모두 사람과 함께 '사람과'에 속하게 되었다. 그에 따라 '사람상과'는 이렇게 새로 정의된 '사람과'와 '긴팔원숭이과'로 구성된다.

'사람과'를 구성하는 분류단위에서 온 변화는 '속'보다 한 단계 높은 분류단위인 '아과'의 설정이다. 즉, 종래 '유인원과'에서 '속' 단위로 분류되던 오랑우탄과 고릴라는 각각 '오랑우탄아과(Subfamily Ponginae)'와 '고릴라아과(Subfamily Gorillinae)'가 되었다. 또한 서로 밀접한 관계인 침팬지와 사람은 이 두 아과에 대응하며 '사람아과(Subfamily Homininae)'로 묶여졌다. 즉, 새 분류체계에서 '사람과'는 '오랑우탄아과', '고릴라아과' 및 '사람아과'라는 세 개의 '아과'로 구성된 분류단위가 되었다. 따라서 '사람과'의 개념이 크게 확장되었다.

'사람아과'에 소속된 사람과 침팬지는 '아과'와 '속'의 사이인 '족'으로 편제되어, 각각 '사람족(Tribe Hominini)'과 '침팬지족(Tribe Panini)'으로 되었다. 즉, 현생인류와 화석인류가 하나의 분류군으로 묶인 것은 그대로 유지되지만, 이제는 사람의 분류학적 지위는 과거처럼 '사람과'가 아닌 '사람족'으로 분류되어, '과'보다 두 계급 아래 단위가 된 것이다. 그에 따라 종래 '사람과'를 구성하던 두 '아과'인 '오스트랄로피테쿠스아과'와 '사람아과'도 '족'의 하부단위인 '아족(亞族)'이 되어, 각각 '오스트랄로피테쿠스아족(Subtribe Australopithecina)'과 '사람아족(Subtribe Hominina)'이 되었다. 새 분류체계를 요약해 보여주는 [표 2]도 분류체계를 되도록 자세히 보여준다는 뜻에서 '나누는 이'의 관점에서 몇몇 '속' 단위 분류군을 열거하였다.

분류체계가 이렇게 변함에 따라 새로운 학명이 제시되었으며, 또 기존 학명의 의미가 바뀜에 따라 그에 대응하는 일반명칭도 바뀌지 않을 수 없게 되어 혼란이 일지 않을 수 없게 되었다. 무엇보다도 충격적인 변화로서, 'ape', 즉 '유인원'의 개념이 바뀌게 되었다. '유인원'이란 어휘는 원래 동아시아에서는 없었으며, 서구에서 들어온 'ape'를 '사람과 닮은 원숭이'라는 뜻으로 번역한 한자 어휘로서 만들어졌다. 또 유인원은 침팬지, 고릴라, 오랑우탄을 가리켜 왔으나, 새 분류체계에서는 이 셋으로 구성된 '유인원과'가 사라졌다. 즉, 사람과 침팬지가 '사람아과'로 묶여 '고릴라아과'와 '오랑우탄아과'와 함께 '사람과'가 되었으며, '사람과'는 '긴팔원숭이과'와 함께 '사람상과'를 구성하게 되었다. 그렇다면 사람을 침팬지나 고릴라, 오랑우탄과 다른 특별한 존재로 다루어 구별해야 할 근거는 사라졌거나 적어도 희박해진 셈이다. 즉, 사람의 지위가 이것들과 동격이 됨에 따라 '유인원'은 그 의미가 모호한 부적절한 용어가 되고 말았다. 그러므로 침팬지나 고릴라, 오랑우탄을 가리키기 위해 '유인원'이란 용어를 사용하기 전에, 이러한 개념상의 혼란을 정확히 이해할 필요가 있다.

또 모든 화석 및 현생인류를 포괄하는 사람의 분류단위가 '과'에서 '족'으로 한 단계 낮춰진 만큼, 사람을 가리키는 일반용어에도 상응하는 변화가 필요해졌다. 다시 말해 종래는 '사람과(Hominidae)'에서 유래한 '호미니드(hominid)'라는 용어가 통용되었으나, 그 대신 '사람족(Hominini)'에서 온 '호미닌(hominin)'이라는 용어가 사용되기 시작했다. 동시에, 새 분류체계에서 '사람과'는 사람, 침팬지, 고릴라, 오랑우탄이 모두 포함되므로, '사람과'에 소속되는 개체들을 가리키는 용어인 'hominid'는 사람과 함께 유인원이라 불리던 침팬지, 고릴라, 오랑우탄도 가리키는 말이 되었다. 마찬가지로, 과거의 '유인원과(Pongidae)'에서 유래한 '폰지드(pongid)' 역시 사용하기 어려운 용어가 되었다. 또한 '사람과'가 '사람족'이 되며 '오스트랄로피테쿠스아과(Australopithecinae)'와 '사람아과(Homininae)'가 각각 '사람족'의 '오스트랄로피테쿠스아족(Australopithecina)' 및 '사람아족(Hominina)'이 됨에 따라, '오스트랄로피테신(australopithecine)'과 '호미니네(hominine)'[3]를 대신해 '오

....

3   영어권에서는 'hominine'를 '호미나인'이라고 발음한다.

스트랄로피스(australopith)'와 '호미난(hominan)'이라는 용어가 나타나기 시작했다.

그런데 이러한 용어가 사용된 지 상당한 시간이 흘렀지만, 아직 완전히 정착한 것은 아니다. 일부 연구자들은 분류체계의 변화에도 불구하고 습관적으로 과거 방식대로 용어를 사용하고 있는데, 특히 화석인류를 지칭하며 'hominid'라는 용어가 드물긴 하지만 그대로 쓰이는 경우를 더러 볼 수 있다. 따라서 인류 진화와 관련한 문헌을 참조할 때는 그 발표 시점과 더불어 저자가 어떤 맥락에서 해당 용어를 사용하고 있는지 유의해서 살필 필요가 있다.

분류체계 변화에 따른 분류군 이름과 일반명칭의 변화는 혼란스럽지만, 그러한 명칭과 용어가 기본적으로 라틴어 어휘를 모체로 하므로 영어를 비롯한 유럽어에서 심각한 문제를 일으키지는 않으며, 분류체계 변화의 이유를 이해하는 한, 기존 용어라도 새로운 의미로 계속 사용하면 그만이기 마련이다. 그렇지만 이러한 변화를 수용해야 하는 한국어를 비롯한 비유럽어에서는 여러 문제가 발생하지 않을 수 없다. 새로운 개념과 용어에 대응하는 어휘를 어떻게 새로 만들고 채택할 것인가 하는 것은 매우 어려운 과제가 아닐 수 없다.

그 단적인 예로서, 위에서 설명한 바대로 사람과 'ape'의 경계가 모호해진 만큼, '유인원'이란 어휘를 어떤 뜻으로 사용해야 할 것인지 생각해 보지 않을 수 없는데, 사람과 침팬지를 하나로 묶어 가리키는 적절한 용어는 잘 떠오르지 않는다.[4]

같은 맥락에서, '호미니드(hominid)'가 더 이상 사람만을 가리키는 용어가 아니게 된 만큼, 용어 의미의 변화를 대변할 수 있는 합리적인 어휘도 고안해야 하며, '호미니네(hominine)'에 대해서도 같은 고민이

4 　아래에서는 침팬지, 고릴라, 오랑우탄 등, 필요에 따라 종래 '유인원과'로 묶이던 고등영장류를 묶어 가리켜야 할 때는 작은따옴표를 써 '유인원'으로 하겠다.

필요하게 되었다.

그런데 사실 이러한 적절한 대역어 문제가 갑자기 생긴 일은 아니다. 한자문화권에서는 1950년대 이래 오스트랄로피테쿠스를 '인원(人猿)' 혹은 '원인(猿人)'으로, 호모 에렉투스를 '원인(原人)'으로, 네안데르탈을 '구인(舊人)' 혹은 '고인(古人)'으로, 그리고 호모 사피엔스를 '신인(新人)'으로 번역했으며, 우리나라에서는 이런 용어와 함께 각각을 '남방원숭이', '곧선사람', '네안데르탈인', '슬기사람'이라고 하기도 했다. 이러한 관행은 고인류에는 이 네 종류만이 있으며, 인류의 진화란 이들이 차례대로 나타나 교체되는 단선적이며 계단적인 변화 과정이라고 믿었기에 가능했었다. 그러나 인류의 진화는 그러한 과정이 아니었으며 널리 통용되는 고인류의 종 이름만 해도 수십 가지 이상에 이르는 지금에는 이러한 단순한 관점과 용어도 폐기되어야 하지만, 아직 우리나라뿐 아니라 일본과 중국에서도 사라지지 않고 있다. 동아시아에서는 어쩔 수 없는 언어적 한계 때문에 인류 진화와 관련한 인식의 변화와 관련한 개념과 용어에 손쉽게 일일이 대처하기는 어려울 듯하다. 그러므로 고등영장류의 분류나 인류의 진화와 관계된 거의 모든 학명이나 용어는 아마도 유럽어를 원어 그대로 쓰거나 혹은 음차해 표현할 수밖에 없을지 모르겠으며, 어쩌면 그것이 더 현명한 일일 수도 있다.

그런데 앞서 이미 강조했듯, 특정 화석의 동정과 명명에 있어 항상 모든 연구자가 동의하지는 않으며, 특정 분류군의 설정을 인정하지 않거나 다른 분류군에 합치는 일도 볼 수 있다. 특히 화석이 희소하며 보존 상태가 대체로 불량하므로, 사소한 차이나 공통점을 바라보는 연구자의 시각에 따라 의견이 대립하기 일쑤이다. 그 결과, 분류단위의 설정이나 분기 시점의 추정 등에서 다양한 의견이 제시될 수 있다. [표 2]의 '사람과'와 관련해, 그러한 문제가 '오랑우탄아과'의 설정에 대해 제시된 적은 없지만, '고릴라아과'와 '사람아과' 사이에, 또 '사람아과' 내에서 '침팬지족'과 '사람족' 사이에는 '묶는 이'의 입장과 '나누는 이'의 입장이 늘 대립하고 있다.

예를 들어, '사람족'이 등장했다고 여겨지는 무렵의 화석이 발견되었는데, 전반적인 특징이 고릴라나 오랑우탄보다 사람과 침팬지에 더 가까운 모습인 경우를 가정해 보자. '묶는 이'의 입장에서는 '사람과'의 진화와 관계되어 '고릴라아과'와 '사람아과'의 분기, 그리고 '침팬지족'과 '사람족'의 분기에만 큰 의미를 부여하고 있다. 그러므로, '묶는 이'라면 이 화석은 단지 침팬지와 사람의 마지막 공동조상으로 다루거나, 침팬지의 조상으로서 멸종한 '침팬지족'의 일종이라고 보거나 혹은 고인류로서 '사람족'에 속한다고 해석할 수도 있다.

그렇지만 '나누는 이'의 입장에서는 사소한 차이라도 큰 의미를 지닐 수 있으므로, 이 상상의 화석이 지니는 진화적 의미는 훨씬 다양하게 해석될 수 있다. 즉, 이것은 멸종 '침팬지족'에 속하거나, '사람족'이나 '사람아과'의 어느 자매분기군에 속하거나, 혹은 그런 분류군의 어느 하부 단위에 속하거나 등등, 매우 다양한 주장이 나올 수 있을 것이다. 심지어, 화석의 그러한 모습은 단지 이체동공 현상일 뿐이라고 생각해, 전혀 엉뚱한 분기군이나 아분기군에 속한다고 주장할 수도 있다. 즉, '나누는 이' 사이에서도 관점에 따라 분류군과 계보에 대해 전혀 다른 주장이 나올 수 있을 것이다.

그런 다양하며 서로 상충하는 해석들은 나름대로 각자 합리적 판단이지만, 문제는 그중에서 어느 의견이 사실에 더 가까운지 판단하기 어렵다는 점이다. 그런 판단을 내리려면 양과 질에서 '충분한' 증거가 발견되어야 하지만, 과연 어느 만큼의 자료가 판단을 내리기에 충분한지에 대해서도 의견이 다를 수 있다. 인류의 진화 과정에 대한 '보편적 결론'이 쉽게 내려지지 않는 것은 앞서 말한 자료의 한계와 더불어 이러한 현실적 어려움이 있기 때문이다.

영장류의 체질적 특징

[표 2]에서 보듯, '사람상과'에는 외형에서 큰 차이가 있는 많은 종들이 있다. 그런 차이가 있지만, '사람상과'를 비롯해 모든 영장류는 몇 가지 공통적인 신체적 특징을 갖고 있다. 그런 공통점에는 일찍이 린네가 말한 내용도 일부 포함되는데, 그런 특징을 보여주는 부위의 기능을 생각해 보면 영장류의 진화가 이루어진 환경조건에 대해 어느 정도 추정할 수 있다. 결론부터 말하자면, 그러한 특징들은 영장류가 원래 나무 위에서의 생활, 즉 수상(樹上)생활에 적응한 동물이었다고 추정하게 해준다. 따라서 이런 해석을 따를 때 사람은 삼림에서 벗어나 땅 위에서 생활하게 된 영장류의 후손이라고 할 수 있다.

영장류 수상생활 가설을 뒷받침하는 가장 중요한 특징으로 흔히 일컬어지는 것은 모든 영장류가 기능적으로 전문화된 사지(四肢)를 갖고 있다는 점이다. 영장류를 제외한 포유동물은 구조적으로 사지가 몸통 중심선 가까이 붙어 있어 제한된 각도 내에서만 움직일 수 있으며, 이동을 위한 운동이 그 기본적 기능이다. 그에 비해 영장류의 사지는 유연한 관절로 몸통 가장자리에 연결되어 있어 넓은 각도로 다양하게 움직일 수 있으며, 이동 이외에도 여러 목적에 사용할 수 있다. 쉽게 말해, 사지의 어느 하나를 움직여 등을 만질 수 있는 동물은 영장류밖에 없다는 뜻이다. 또 사지 끝의 손발 부위는 넓적한 (손)발바닥에 다섯 개의 (손)발가락이 붙어 있으며 그 끝은 (손)발톱으로 보호받고 있다. 이런 구조로 (손)발은 이동뿐만 아니라 물건을 잡고 쥐는 기능을 발휘할 수 있다. 다른 동물에게서는 볼 수 없는 이러한 사지의 유연성과 기능은 장애물이 많은 삼림지대 환경에서의 생활에 매우 큰 도움을 줄 수 있으므로, 나무에 오르며 그 위에서 생활하는 데 중요한 기여를 한다. 물론 장기간에 걸친 지상생활에 적응해 등장한 현대인에게서 이런 구조와 기능은 상당히 사라졌지만, 영장류가 공유하는 이런 특징은 영장류가 삼림지대 환경에 적응하고 진화한 동물이라는 추정이 일찍부터 나타나게끔 하였다.

수상생활 가설을 뒷받침하는 또 다른 증거로 일컬어지는 특징은 영장류의 시각이다. 영장류의 두 눈은 위에서 볼 때 머리 앞에 위치해 두 눈이 보는 범위가 크게 겹침으로써 사물을 입체적으로 볼 수 있다. 또한 다른 많은 동물이 물체를 단지 흑백으로 파악하는 것과 달리, 영장류는 천연색으로 볼 수 있다. 이렇게 색상 파악이 가능한 3차원적 시각은 물체에 대한 관찰과 거리 판단에 매우 유리한 능력인데, 이것도 삼림지대처럼 장애물이 많은 곳에서 적응한 결과 갖추어졌을 것이라는 해석이 제시되었다. 또 영장류는 후각보다 청각이 상대적으로 더 발달했는데, 후각의 중요성은 감소하고 청각이 더 중요하게 된 것도 장애물이 많은 삼림지대에 적응했기 때문이라고 해석할 수 있다는 것이다. 그러한 맥락에서, 영장류가 아닌 동물들은 앞발이 기능적으로 운동기관으로 발달해 왔으나, 영장류의 앞발(사람의 손)이 운동 기능과 함께 탐색 기능이 더 중요한 것은 퇴화된 후각을 대신해 물체를 탐지하는 능력을 보상하기 위해 앞발을 탐색기관으로 사용하게 된 결과라고도 해석하고 있다.

한편, 영장류는 다른 동물에 비해 음식물을 소화하는 능력이 상대적으로 발달했다. 그러한 소화기관의 발달도 영장류가 삼림생활 과정에서 소화하기 힘든 식물성 자원을 주로 먹었기 때문이라고 여겨질 수 있다. 또 영장류 치아는 다른 동물보다 상대적으로 퇴화해 그 수가 줄어들었는데, 포유동물의 기본 치열식은 3-1-4-3, 프로시미안 같은 하등포유류는 2-1-3-3, 구대륙원숭이, '유인원', 사람 같은 고등영장류는 2-1-2-3이다.[5] 이러한 치아 감소라는 변화가 발생한 것은 소화기관의

....
5 치열식 혹은 치식이란 상하 좌우가 대칭을 이루는 포유동물의 이빨이 턱 중심선을 기준으로 좌우로 몇 개씩 있는지를 앞니-송곳니-작은어금니-어금니 순으로 표시하는 것이다. 즉, 치식이 2-1-2-3이라면 이것은 앞니, 송곳니, 작은어금니 및 어금니가 모두 각각 8개, 4개, 8개, 12

발달로 음식물 소화 과정에서 일차적으로 구강 내에서 치아를 이용해 물리적으로 잘게 분쇄하는 기능이 상대적으로 덜 중요했겠기 때문이라고 볼 수 있다는 것이다.

수상생활을 시사하는 또 다른 증거로서는 몸체에 비해 두뇌가 상대적으로 용량이 크며, 특히 감각과 균형을 관장하는 부분이 발달했다는 점도 꼽히고 있다. 즉, 나무 위에서 살아가려면 그러한 기능이 중요하기 때문에 해당 부위가 발달했을 것이라는 해석이다. 아울러 개체가 생산하는 2세의 숫자는 다른 짐승에 비해 매우 적지만 어린 개체가 어른으로 자라기까지 어미에게 붙어 있는 기간이 매우 길어졌다는 점도 빈번한 이동이 필요한 수상생활에서 개체와 집단의 안전을 위한 진화의 결과라고 주장되기도 한다.

이 수상생활의 가설이 제시하는 위와 같은 설명은 나름대로 이해할 만하지만, 이러한 주장을 가설이라고 부르는 것은 무엇보다도 삼림지대에서 생활하는 모든 동물이 영장류와 같은 특징을 지니고 있지 않기 때문이다. 나무 위나 삼림에서 생활하는 동물 중에는 영장류의 신체 조건과 전혀 닮지 않은 것이 하나둘이 아니라는 사실은 그러한 해석을 전적으로 인정하기 어렵게 만들고 있다. 다시 말해, 영장류의 신체적 특징과 생활방식은 영장류의 기원과 진화에 있어 나무 위에서의 생활이 중요했을 가능성을 말해 주지만, 그 진화적 인과관계가 사실이라고 말하기는 어렵다.

수상생활의 가설이 영장류의 기원과 진화에 대한 설명이라기보다는 하나의 유력한 가설에 머무르고 있지만, 거의 모든 영장류는 현재도 삼림지대에서 생활하고 있으며 나무 위에서의 생활에 잘 적응한 신체와 행태적 특징을 갖고 있다. 또 사람과 가까운 침팬지와 고릴라를 비롯한 고등영장류는 다양한 종류의 생계자원을 먹이로 삼고 있으며,

....
개란 뜻이다. 사랑니가 아예 없는 현대인의 치식은 2-1-2-2가 된다.

2세 양육에 있어 많은 시간과 노력을 기울인다. 수상생활에 적응한 신체, 다양한 생계자원 이용 및 2세 양육에의 '투자'라는 세 가지 특징은 다른 동물과 대비되는 고등영장류의 중요한 특징으로서, 고등영장류에 이르기까지의 영장류 진화 과정은 삼림지대와 수상생활에 적응하는 방향으로 나아가는 과정이었음을 시사해 준다. 그런 의미에서 인류의 등장이란 그러한 영장류 진화의 경향에서 벗어나 지상에서 생활하는 새로운 계보의 등장을 뜻하는 사건이라고 생각할 수 있다. 등장 이후, 인류 계보의 진화는 생물학적 조건이나 자연조건뿐 아니라 도구 제작 같은 문화적 영력에 의해서도 영향을 받으며 빠르게 이루어지기 시작했다.

사람의 해부학적 기준

인류의 등장이 영장류 진화의 일반적 경향성에서 벗어난 새로운 계보의 등장을 의미한다는 것은 '사람족'은 영장류의 일반적 특징도 갖고 있지만 다른 영장류와 구분되는 특징을 보여준다는 뜻이다. '사람족'만의 여러 특징 중에서도 무엇보다도 중요한 것은 직립보행이라는 독특한 운동방식을 가능하게 해주는 신체적, 해부학적 특징들이다. 직립보행이란 두 발로 걷는 운동방식을 뜻하는 두 발 걷기(bipedalism)와 직립, 즉 똑바로 서 있는 자세(erect posture)라는 기능적으로 서로 밀접하게 연관된 두 가지 행태적, 해부학적 특징을 묶어 가리키는 말이다. 뒷발로 똑바로 서서 걷는 행위는 다른 어떤 영장류에게서도 볼 수 없으며, 그러한 운동은 골격을 비롯한 신체 구조가 그에 걸맞게 적절히 갖추어져야만 가능하다.

그런데 '유인원'도 직립보행에 가까운 방식으로 이동하기도 한다. 예를 들어, 오랑우탄은 뒷발로 일어나 서서 걷기도 해, 얼핏 볼 때는 사람이 걷는 듯한 모습을 보이기도 한다. 아마도 그런 이유에서 '숲속의 사람'이라는 뜻의 이름인 오랑우탄이 만들어졌을 것이다. 그렇지만, 오랑우탄은 주로 나무에서 생활하기 때문에 긴 팔로써 나무를 타고 이동하는 것이 기본적인 운동방식이며, 두 발로 걷는다고 해도 아주 짧은 시간 동안 가능할 뿐이다.

한편, 오랑우탄보다 사람에 더 가깝고 지상 활동이 상대적으로 더 중요한 침팬지와 고릴라는 나무타기가 아니라 '주먹걷기(knuckle walking)'라고 하는 운동방식으로 이동한다(그림 8). 이것은 이동을 위해 네 발을 다 사용하되, 상체의 하중이 뒷발로 전달되는 것이 아니라 앞발이 지탱하는 운동방식이다. 이동에서는 앞발은 반 주먹을 쥐고 늘어뜨린 자세를 취해 손가락 관절 부위가 땅에 닿도록 함으로써 앞으로 굽은 상체의 무게를 받게끔 하며, 뒷발과 앞발은 신체 하중을 대략 7 대 3 정도의 비율로 지탱하게 된다.

직립보행은 전체 체중이 아래쪽으로 전달되므로 몸무게를 전적으로 두 발이 지탱하며 걷는 전혀 새로운 방식의 운동이다. 그러므로, 이 방식으로 몸을 움직이기 위해서 사람의 신체 구조는 '유인원'이나 다른 영장류와 많이 달라졌다. 그중 머리 이외의 뼈(postcranium; post-cranial bones)에 나타난 중요한 변화를 보자면, 우선 상체의 몸무게가 앞발로 지탱되지 못하고 그대로 아래쪽으로 전달되기 때문에 상체를 지탱하기 위해 엉덩이뼈는 폭이 넓고 길이가 짧은 형태로 바뀌었고, 뼈에 근육이 연결되는 부위가 발달하게 되었다. 또 상체의 무게를 엉덩이뼈로 전달하기 위해 척추는 유인원처럼 둥글게 활처럼 휘지 않고 완만한 S자 곡선을 이루며 상하 방향으로 배치되었다. 몸무게는 최종적으로 발바닥에 전달되기 때문에, 이를 지탱하기 위혜 발바닥은 종단면과 횡단면이 함께 둥근 형태로 바뀌었다. 이러한 척추와 발바닥 형태의 변화는 걸으며 땅을 디딜 때 받는 충격이 상체로 그대로 전달되지 않고 완화해 주는 효과도 갖다준다(그림 9). 나아가 두 발로 걷기 위해

그림 8. 이동 중의 고릴라. 사람과 침팬지의 마지막 공동조상도 이러한 주먹걷기 방식으로 이동했을 것이라고 여겨지는데, 두 발로 서서 걷고 다니려면 신체 구조에서 많은 변화가 필요하다.

그림 9. 침팬지와 사람 골격 구조의 차이. 상체 몸무게를 앞발이 지탱하는 침팬지와 두 발 걷기를 하는 사람 사이에는 골반 구조와 형태에서 큰 차이가 있다.

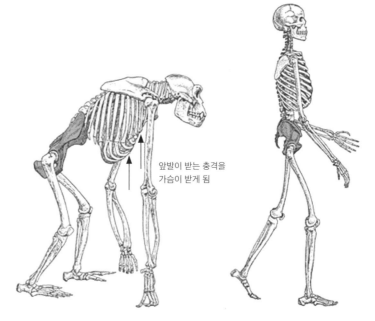

앞발이 받는 충격을 가슴이 받게 됨

서는 다리 근육과 함께 특히 발 근육이 발달하게 되었으며, 해당 근육과 연결된 여러 뼈의 크기와 형태도 변하였다. 또한 엉덩이와 넓적다리의 이음부위, 무릎, 발목 등 엉덩이에서 발바닥에 이르기까지 뼈와 뼈를 연결하는 관절도 직립보행에 적절한 형태로 바뀌었다.

머리뼈(cranium; cranial bones)에서 일어난 변화로서는 우선 척추의 신경다발이 뇌로 연결되기 위해 열려 있는 구멍인 후두공(foramen magnum)의 위치가 바뀌었다. 즉, 척추가 활처럼 휜 만큼 다른 영장류에서 후두공은 머리뼈 뒤쪽에 있지만, 똑바로 선 자세로 바뀜에 따라 척추가 머리 아래로 놓이게 되어 후두공은 뒤쪽이 아닌 아래쪽에 위치하게 되었다. 이 후두공의 위치는 화석이 인류에 속하는지 아닌지 판명할 때 있어 중요한 기준이 된다.

직립보행의 시작에 대한 여러 궁금증은 1992년 발견된 아르디피테쿠스 라미두스(*Ardipithecus ramidus*) 화석의 특징이 2009년에 자세히 발표되며 상당히 풀리게 되었다. 이 라미두스는 440만 년 전 무렵 오스트랄로피테쿠스가 나타나기 전에 살던 고인류로서, 화석의 여러 구조적 특징에서 두 발로 걷는 생활을 했음을 알 수 있다. 그렇지만 아직도 발에서는 손과 비슷한 특징을 볼 수 있어, 나무를 타고 오르는 생활에서 벗어난 지 얼마 지나지 않았음을 말해 준다. 이보다 수십만 년 뒤에 등장한 오스트랄로피테쿠스 아파렌시스(*Australopithecus afarensis*)는 유명한 '루시(Lucy)' 화석과 라에톨리(Laetoli)의 발자국 화석이 말해 주듯 현대인처럼 완전한 직립보행을 하고 있었다.

만약 직립보행을 했음을 직접 말해 줄 수 있는 신체 부위의 화석이 수백만 년 전이나 그 이전의 퇴적층에서 발견된다면 우리는 해당 화석을 고인류라고 쉽게 판단할 수 있다. 그렇지만, 예를 들어 머리뼈 조각만이 발견된다면, 해당 화석의 동정은 어려운 문제이다. 이런 화석의 동정에서는 두뇌 용량, 안면의 전체적 모습, 치아와 치열의 형태와 같은 속성이 사람에 가까운 정도를 기준으로 판단을 내리게 된다. 예를 들어, 발견된 화석의 두뇌 용량이 침팬지보다 크거나, 안면을 옆에서 볼 때 침팬지처럼 앞으로 튀어나온 모습이 아니라거나, 송곳니가 상대적으로 퇴화했다거나 하는 몇몇 속성이 '사람속'인지 아닌지를 판단하

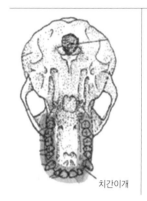
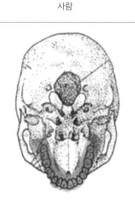

'유인원'   사람

치간이개

그림 10. '유인원'과 사람의 치열 비교. 사진에서 침팬지의 송곳니는 다른 이빨보다 길며, 그 옆으로는 위아래 앞니와 어금니가 맞물림에 방해가 되지 않도록 송곳니가 교차할 수 있는 공간이 있음을 볼 수 있다. 사람은 송곳니가 퇴화해 치간이개가 사라짐에 따라 치열 형태가 U자형에서 포물선형으로 바뀌었다.

는 중요한 기준이 된다는 뜻이다.

특히 이빨의 평면 배치 형태는 사람과 '유인원' 사이에 명확한 차이가 있다. 다른 많은 포유동물처럼 '유인원'은 송곳니가 다른 이빨보다 길고 크며 날카롭다. 그러므로 입을 다물었을 때 위아래 송곳니가 서로 엇물려 나머지 이빨들이 잘 맞물릴 수 있도록 위턱 송곳니와 앞니 사이와 아래턱 송곳니 양옆에는 치간이개(齒間離開; diastema)라고 하는 간격이 만들어져 있다. 이 간격 때문에 전체 이빨의 평면 배치는 알파벳 U자에 가까운 모습이다. 그러나 송곳니가 퇴화한 사람의 치열은 모든 이빨이 촘촘하게 들어서 있어, 전체 배치가 포물선형에 가깝다(그림 10). 이러한 치열의 평면 배치는 발견된 화석이 사람에 속하는지를 따짐에 있어 중요한 기준으로 여겨져 왔다.

그러나 비록 이러한 몇몇 요소의 관찰이 도움을 주긴 하지만, '사람족'과 '유인원'의 구분에 필요한 안면이나 이빨 형태, 두뇌 용량을 비롯한 형태적 특징의 분명한 기준은 정의하기 어렵다. 더구나 화석이 부스러졌거나 변형되었거나 해서 보존 상태가 불량하다면, 그것의 동정은 더욱 어렵지 않을 수 없다. 500만 년 전 이전 시기에 살던 최초의 고인류라고 주장된 오로린(*Orrorin*)이나 사헬란트로푸스(*Sahelanthropus*) 같은 화석을 두고, 과연 '사람족'의 화석인가 하는 회의적 시각이

[표 3] 현대인과 침팬지의 신체적 특징 비교

	사람	침팬지
이마	곧게 섬	뒤로 젖혀짐
안면	상하 평평	아래로 가며 돌출
두개	위쪽이 넓음	아래쪽이 넓음
두뇌 용량	큼	작음
송곳니	작음	큼
치열	포물선형	U자형
두개골 기저부	보다 뚜렷하게 각진 형태	각이 덜 뚜렷함
흉곽	일자형 측면	원추형 측면
요추	5개	3 혹은 4개
사지뼈	곧은 형태	휘었음
사지 비례	하지(다리)가 김	하지가 짧음
팔목/발목	유연성 낮음	유연성 높음
손	컵 형태, 긴 엄지	평평함, 긴 손가락, 짧은 엄지
발	둥근 발바닥, 곧은 엄지발가락	평발, 각진 엄지발가락
엉덩이뼈	산도에 태아 머리가 꽉 낌	태아 머리보다 훨씬 넓은 산도
뼈/이빨의 발달	느림	빠름
성적 이형성(性的 二形性; sexual dimorphism)	적음	큼

가시지 않고 있는 것은 바로 이런 문제 때문이다.

직립보행을 비롯해, 사람과 가장 가까운 영장류인 침팬지와 사람 사이에 보이는 몇몇 주요한 해부학적 특징의 차이는 [표 3]에서 볼 수 있다. 사람과 침팬지의 마지막 공동조상이 현생 침팬지의 특징을 그대로 갖고 있었다고 단정할 수 없지만, 침팬지와 사람에게서 보이는 차이는 주어진 화석을 '사람족'인지 판정할 때 참고할 수 있는 중요한 기준이 된다. 즉, 주어진 화석에서 보이는 여러 특징이 침팬지보다 현대인에 더 가깝다고 판단된다면, 이 화석이 '사람족'일 가능성은 그만큼 더 크다고 하겠다. 그러나 이 말은 물론 표에 열거한 속성이 화석 동정에서 절대적 기준이 된다는 뜻은 아니다. 예를 들어, 남녀 사이에 보이는 신체 각 부위의 크기 차이, 즉 성에 따른 형태적 차이를 뜻하는 성적 이형성(性的二形性; sexual dimorphism)은 인류 진화의 초기 단계부터 현저히 줄어든 것이 아니라, 200만 년 전 무렵에 '사람속', 즉 *Homo* 속이 등장할 무렵부터 뚜렷하게 줄어들었다. 마찬가지로 두뇌 용량의 증가도 이 무렵부터 뚜렷이 나타나기 시작했다(3장 참조).

두뇌 용량이란 실제로는 머리뼈 내부의 용적으로 추정하는 두뇌의 전체 크기를 말하는데, 측정 방법에 따라 어느 정도 차이가 있으며 방법에 따르는 오차의 폭도 다르다. 그러므로, 제시된 수치가 개별 화석이나 종의 특징 이해에 중요한 자료지만, 절대치라기보다는 어느 정도 오차가 있을 수 있다고 여겨야 한다. 두뇌 용량이 중요한 것은 지능과 두뇌 용량 사이에는 일정한 상관관계가 있다고 여기기 때문이다. 즉, 인류의 진화 과정에서 뇌의 크기와 지적 능력은 서로 비례하며 높아졌다는 것은 연구를 위한 하나의 중요한 전제적 가정으로 받아들여진다. 물론 양자의 상관관계가 어느 정도였는지 단정하기 어렵지만, '사람속'이 나타나며 머리뼈의 용적이 크게 늘어나는 현상이 지적 능력의 증대와 관련되지 않는다고 말하기는 어려울 것이다. 지능이 커지지 않았다면 아마도 '사람속'은 현대인으로 진화하지 못했을 것이다.

3

인류 진화의 배경

인류 진화의 시간표

앞 장에서 말했듯, 사람과 침팬지가 마지막 공동조상으로부터 분기한 것은 신생대 제3기 말로서, 대체로 930만 년에서 650만 년 전 사이일 것이라고 보는 견해가 대체로 우세하다. 과학적 근거를 바탕으로 고인류가 나타난 시점을 추정하는 분석은 여러 영장류 사이의 유전적 관계를 분석하기 시작한 1960년대부터 나타났다. 이후 1970년대를 거쳐 1980년대 초가 되며, 인류의 등장은 대체로 1천만 년 전에서 5백만 년 사이라고 여기게 되었다. 21세기에 들어오며 유전자 분석 기술도 크게 발달했고 새로운 화석도 많이 발견되어 인류의 기원에 대해 새로운 점을 많이 알게 되었지만, 그러나 인류의 등장 시점을 확실하게 못 박을 만큼 아직 많은 것이 밝혀진 것은 아니다.

인류의 등장 시점에 대해, 2010년대에는 800만 년에서 500만 년 전 사이로 보는 생각이 널리 퍼졌으며, 이 시간대 내에서도 700만 년 전 무렵을 가장 유력한 시점으로 여기는 경향이 있었다. 그러나 2020년대에 들어서도 여러 연구자 사이의 견해 차이는 아직 100만 년 이내의 폭으로 좁혀지지 못하고 있다. 이것은 자료가 늘어남에 따라 그만큼 더 많은 연구가 필요하기 때문이라고 할 수 있다. 그렇지만 등장 시점의 문제와 상관없이, 최초의 인류가 에티오피아 남부, 케냐, 탄자니아 일대를 포함하는 동아프리카 지역에서 등장했을 것이라는 추정에 대해서는 특별한 반대의견이 없으며, 일종의 정설로서 널리 받아들여지고 있다. 나아가 최초의 인류는 하나의 종으로서 등장한 것이 아니며, 여러 종이 일정한 시간대 내에서 다발적으로 등장했을 것이라고 여겨지고 있다.

인류가 등장한 시점부터 오늘에 이르는 시간대는 100만 년을 단위로 삼아 셈해야 하며, 장장 수십만 세대에 걸친 진화의 과정이 전개된 긴 시간이다. 그렇지만, 이것도 지구의 나이에 비하면 매우 짧을 뿐이다. 46억 년에 이르는 지구의 나이를 1년에 비유할 때, 새 분류체계에서는 '사람족'으로 분류하며 구 분류체계에서는 '사람과'로 분류한 최초의 동물이 지구상에 그 모습을 처음 드러낸 것은 1년의 마지막 날인 12월 31일 오전 10시에서 오후 3시 무렵 사이의 어느 때라고 비유할 수 있다. 또 최초의 호모 사피엔스는 밤 11시를 넘겨 자정을 겨우 30분 남짓 남기고 등장했을 뿐이다. 농사를 짓기 시작한 것은 자정을 1분 남겼을 무렵이며, 자정까지 30초밖에 남지 않아서야 비로소 국가와 고대 문명이 탄생했다고 할 수 있다. 인류는 신체적 능력에서도 많은 종류의 대형 포유동물에 미치지 못할 뿐 아니라, 이렇게 뒤늦게 생물계의 진화에 뛰어들어 생물로서의 역사 또한 상대적으로 매우 짧은 동물이지만, 지구상의 그 어떤 생명체도 이루지 못한 큰 변화를 지구에 가져왔다. 그 결과, 심지어 지구라는 한 태양계 행성의 운명 그 자체를 좌지우지할 수 있는 존재가 되었다.

주지하듯, 46억 년에 걸친 지구의 역사는 여러 지질시대로 나뉜다. 인류가 소속된 포유동물은 대략 2억 2,500만 년 전 고생대에 등장했지만, 공룡을 비롯한 파충류가 지배하던 시대라고 일컫는 중생대를 거쳐, 약 6,600만 년 전 신생대가 시작되며 급속히 분화하고 확산하였다. 영장류는 포유류의 시대인 신생대가 시작되기 얼마 전 설치류와 비슷한 모습의 동물로서 등장했다. 등장 이후 영장류는 느리게 진화했으나 마이오세(Miocene; 약 2,300~500만 년 전)에 들어와 진화의 속도가 빨라지며, 여러 종류의 고등영장류가 등장하고 급속하게 종이 다양화하였다. 인류의 등장이란 이 마이오세에 있었던 고등영장류 진화 과정의 마지막 단계를 장식하는 클라이맥스라고 할 수 있다.

신생대 마이오세에 일어난 고등영장류의 급속한 분화와 인류의 등장은 궁극적으로 범지구적 차원에 걸친 한랭화와 건조화로 영장류 서식 환경이 변화했기 때문에 발생했다고 일컬어진다. 즉, 신생대 말 기후조건이 급격히 변함에 따라 일부 고등영장류는 이제까지 살던 환경에서 벗어나 새로운 서식처에서 살아 나가야만 했으며, 이 새로운 서식 환경에 적응하는 과정에서 '사람족'이라는 새로운 고등영장류가 분화해 나왔다는 설명이다. 그 과정에 대해서는 아래에서 조금 더 살펴보겠지만, 이렇게 등장한 최초의 고인류는 이동방식을 비롯한 여러 행동양식 및 그와 관계되는 신체 구조가 현생인류와는 매우 달랐을 것이라고 여겨진다. 만약 완벽하게 보본된 최초의 고인류 골격이 발견된다면, 복원된 그 전체 모습은 틀림없이 현대인보다 침팬지에 가까운 모습일 것이다.

처음 등장한 고인류가 도구를 사용했는지에 대해서는 무어라 말할 수 없다. 그렇지만, 자연에서 고등영장류가 식량 획득에 도구를 사용한다는 것은 이제 확립된 사실이다. 나뭇가지나 돌을 이용해 식량을 구하려는 행동은 사람에 가까운 침팬지에게서는 일찍부터 관찰되었으며, '유인원'이 아닌 영장류도 석기를 만드는 광경이 관찰되었다.[6] 따라

....

6   아래 소개한 영상은 2016년 10월 학술지 『*Nature*』가 브라질에서 촬영한 것으로서, 석기를

서 인류도 이미 등장한 때부터 석기를 비롯한 도구를 만들고 사용했을 가능성은 얼마든지 있지만, 현재까지 발견된 가장 이른 시기의 도구는 인류 등장으로부터 상당히 긴 시간이 지난 다음 만들어진 것들이다.

그런 유물로서, 에티오피아 아파르(Afar) 지방의 고나(Gona)에서 약 260만 년 전의 석기가 석기를 사용한 흔적이 남아 있는 동물 뼈와 함께 발견되었다는 보고가 1997년에 발표되었다. 이 발표가 나오기 전까지는 올두바이협곡에서 발견된 180만 년 전 무렵의 석기가 가장 이른 시기의 것이었다. 다시 2015년에는 케냐의 로메키(Lomekwi) 제3지점에서 석기가 330만 년 전 층에서 발견되었다는 보고가 발표되었다. 이곳은 투르카나호수 서안에 있는 수많은 고인류 지점과 구석기 유적의 하나로서, 이 일대에서는 조사가 상시적으로 이루어지고 있다(그림 20 참조). 그러나 발표가 있고 불과 몇 달 지나지 않아, 발견된 석기는 늦은 시기의 유물로서 이전 시기의 퇴적층에 섞여 들어갔을 가능성이 크다는 지적이 나타났다. 유물의 퇴적 맥락을 제대로 검토하지 못했다는 이 비판에 대한 반론은 아직 나타나지 않았으므로, 자료를 둘러싼 논란이 불식되지 않았다고 해야겠다.

그런데 2023년 들어 다시 중요한 발견이 케냐에서 보고되었다. 즉, 나이로비에서 동쪽으로 160km 정도 떨어진 냐얀가(Nyayanga) 분지의 한 지점에서 발견된 도구 사용의 증거가 300만 년 전에서 260만 년 전 사이에 속한다는 것이다(그림 11).[7] 이곳에서는 크고 작은 여러 점

....

능숙하게 만드는 카푸친원숭이(Capuchin Monkey)의 모습을 보여준다.
https://www.youtube.com/watch?v=j0jqJUF1nOs
카푸친원숭이는 신대륙원숭이의 하나로서 여러 종이 있으며, 해당 원숭이 좋은 *Sapajus libidinosus*이다. 이것이 만든 석기를 관찰한 고고학자는 다음 글에서 석기 형태와 제작 수법에서 구석기 유적에서 발견된 것과 차이가 없다고 보고했다.
Proffitt, T., *et al.* 2016. "Wild monkeys flake stone tools." *Nature* 539: 85-88.
7   Plummer, T., *et al.* 2013. "Expanded geographic distribution and dietary strategies of the earliest Oldowan hominins and Paranthropus." *Science* 379(6632): 561-566.
유물이 발견된 퇴적층의 연대는 정확히 3.032~2.581 Mya, 즉 303만 2,000년에서 258만 1,000년 전 사이라고 한다. 'Mya'는 'Million years ago', 즉 '100만 년 전'의 약자로서, 'MYA',

그림 11. 냐얀가 유적과 발굴 유물. 발굴에서는 올두바이공작으로 분류되는 석기와 그러한 석기를 사용한 흔적이 남아 있는 하마 등의 동물 뼈가 발견되었다. 발굴에서 노출된 석기와 하마 뼈는 2016년 7월 촬영한 것이다. 발굴에서는 2점의 이빨이 함께 발견되었으며 파란트로푸스 속으로 밝혀졌지만, 어느 종의 고인류가 이 유적을 남겼는지는 확실하지 않다. 파란트로푸스는 강력한 턱과 이빨을 가졌으므로 먹이를 먹기 위해 석기를 사용할 필요가 없었다고 여겨져 왔다(그림 32 참조). 그렇지만 만약 이 석기를 파란트로푸스가 만들었다면 이런 생각은 바뀌지 않을 수 없을 것이다.

의 석기와 함께 하마를 비롯한 여러 동물의 뼈가 뒤엉켜 발견되었는데, 많은 뼛조각에는 석기를 사용해 자른 흔적이 남아 있다. 발견 지점은 고나로부터 1,300km 떨어져 있으므로, 이 발견은 플라이스토세의 시작 무렵이면 석기를 사용하던 고인류가 너른 지역에 걸쳐 분포했음을 말해 주고 있다.[8]

그런데 이러한 증거는 최초의 인류가 등장한 때부터 대략 300만 년 전 무렵에 이르기까지 최소한 수백만 년이 지나도록 도구 사용을 비롯한 고인류의 '문화적 행위'와 관계된 물증이 아직 발견되지 않았다는 뜻이기도 하다. 그렇지만 300만 년 전 이전 시기에 속하는 고인류 화석이 손가락으로 꼽을 정도로 드문 상황에서, 그런 증거가 아직 없다는 것은 그다지 놀라운 일이 아니다. 이렇게 도구를 비롯한 행위와 관련한 증거가 발견되지 않고 있는 이 긴 시기를 편의적으로 인류 진화의 제1단계라고 여길 수 있을 것이다. 이 단계의 시작과 끝 시점은 새로운 증거가 나올 때마다 새롭게 정의해야 하는데, 인류 등장의 시점을 조금 일찍 잡는다면 그 전체 기간은 5~6백만 년, 조금 늦게 잡으며 3~4백만 년 정도에 걸친다고 할 수 있다.

이 제1단계에 해당하는 고인류 화석을 다음 단계의 화석 및 고고학 자료와 함께 놓고 볼 때, 이 시기는 고인류가 지상 생활에 완벽히 적응

....

'MY' 혹은 'MA'라고도 표기한다. 이때 Y와 A는 소문자로 표기하기도 한다. 한편 'Kya'는 'Kilo years ago', 즉 '1,000년 전'의 약어로서, 'Mya'와 마찬가지로 여러 방식으로 표기하고 있다.

8 플라이스토세의 시작, 즉 플라이오세와 플라이스토세의 경계이자 신생대 제3기와 제4기의 충서 경계는 1948년 런던에서 열린 제18차 국제지질학총회(International Geological Congress)에서 처음 정의되었다. 경계의 정확한 충서적 위치는 1980년대 중반에 결정되었고, 그 연대는 1996년 1.806 MY(180만 6천 년 전)로 확정되었다. 그렇지만 이 경계와 연대는 사실상 1965년 개최된 제7차 국제제4기학회(International Quaternary Research Union)부터 통용되던 것과 같다. 그런데 2009년 국제지질과학회(Inernational Union of Geological Sciences)는 플라이오세와 플라이스토세 경계를 범지구적 차원에 걸친 급격한 기후환경의 악화를 기준으로 새로 정의하였고, 그에 따라 그 시점은 2.588 MY, 즉 약 260만 년 전으로 조정되었다. 플라이스토세의 끝, 즉 플라이스토세와 홀로세의 경계는 종래와 다름없이 11.7 KY, 즉 약 1만 2000년 전으로 통용되고 있다.

해 두 발로 서서 걷고 손을 사용해 정교한 도구를 만들기 시작한 단계라고 생각할 수 있다. 이러한 과정에서 고인류는 신체적 열세를 극복하고 다양한 생태조건에 적응하며 지리적으로 확산해 나갔고, 그러한 성공적 적응방산은 여러 종의 '사람족' 고인류가 등장할 수 있는 조건과 계기를 만들어 주었다.

인류 진화의 제2단계는 석기를 만들고 사용한 때부터 시작해 해부학적 의미에서의 현대인, 즉 호모 사피엔스가 처음 등장한 때까지라고 생각할 수 있다. 호모 사피엔스는 30만 년 전 무렵에는 이미 아프리카 동부와 북부에 퍼져 살고 있었다고 여겨진다. 따라서 제2단계는 아프리카를 기준으로 할 때, 로메키와 냐얀가 자료로부터 시작해 대략 300만 년 내지 230~270만 년 정도에 걸친 시기라고 할 수 있다. 그러나 호모 사피엔스가 도달한 시점은 지역마다 차이가 크기 때문에, 전 세계를 아우르는 제2단계와 제3단계의 명확한 시간적 경계는 설정하기도 어렵고 설령 설정하더라도 큰 의미가 없을 것이다.

이 단계 동안 인류의 진화는 더욱 빠르게 진행되어 다양한 고인류가 등장하고 소멸하였으며, 인류의 거주 영역도 아프리카를 벗어나 아시아와 유럽으로 넓혀졌다. 이러한 고인류의 존재와 활동을 말해 주는 화석과 구석기 유적은 적도에서 중위도 지역에 이르기까지 폭넓게 분포하고 있다. 이 단계 동안 고인류의 진화와 거주 영역의 확대는 시간이 흐르며 도구 제작의 정교화와 더불어 일어났다.

도구의 발달은 인류가 이제까지 신체 능력에 의존해야 했던 여러 작업을 수행함에 있어 힘을 덜 들이고도 할 수 있도록 함으로써, 환경에의 적응 과정에 긍정적 역할을 하는 중요한 신체외적 수단이 되었다. 즉, 이 단계에 들어 인류의 진화에서는 도구 사용이라는 문화적 수단의 중요성이 서서히 더 커졌으며, 진화의 속도는 환경과의 역동적 상호관계 속에서 점점 더 빨라졌다. 즉, 이 시기 동안 인류의 진화란 두뇌의 발달, 그로 인한 도구 제작을 비롯한 각종 사회문화적 역량의 증대, 손과 손가락의 기민한 사용 및 언어 사용에 따른 의사소통 능력과 사회조직의 발달이라는 여러 생물학적 속성과 사람만이 지닌 사회문화적 요소들이 서로 미묘하고 복합적으로 관계를 맺고 영향을 주고받으며, 그 전체적 능력이 커 나간 과정이었다. 이러한 변화는 처음에는 천천히 일어났지만 시간이 흐르며 점차 빨라졌고, 호모 사피엔스가 등장한 다음부터는 더욱더 빠르게 가속적으로 진행되었다.

호모 사피엔스의 등장으로 시작하는 인류 진화의 제3단계는 도구 제작과 같은 문화적 역량이 급속히 발달했고 그러한 역량을 바탕으로 호모 사피엔스는 거주 공간을 신대륙에 이르기까지 전 세계로 확산해 나간 시기이다. 이 단계 동안에는 호모 사피엔스 이외에도 여러 종의 호모가 상당히 오래 존속했으나, 이들은 결국 모두 사라져 호모 사피엔스가 '사람족'의 유일한 종으로 현재에 이르고 있다. 그러나 현대인의 유전자에는 멸종한 종들의 유전자도 포함되어 있어, 이미 사라진 종들도 호모 사피엔스의 진화에 일정한 역할을 했음을 말해 준다.

고고학에서 일컫는 구석기시대란 최초의 석기 제작에서 시작해 플라이스토세의 종식에 이르는 시기로서, 흔히 석기 제작기술이나 유물군 구성 양상을 기준으로 몇 개의 시기로 나누어진다. 제3단계의 시작은 지역에 따라 중기 구석기시대(Middle Palaeolithic) 혹은 중기 석기시대(Middle Stone Age)라고 부르는 고고학적 시기와 관계를 맺고 있다. 이 시기에 구대륙 각지의 상이한 환경에 적응하는 과정에서 호모 사피엔스는 서서히 지역군을 형성하기 시작했을 것이며, 이어지는 후기 구석기시대(Upper Palaeolithic)에 들어와 현재 볼 수 있는 것처럼 지역에 따른 신체의 외형 차이가 뚜렷해졌다.

구석기시대 여러 시기의 명칭이나 시간적 경계는 지역에 따라 다르지만, 구석기시대의 마지막 단계는 호모 사피엔스가 가장 늦게 도착한 아메리카와 오스트레일리아를 제외한 구대륙에서는 모두 후기 구석기시대라고 부르고 있다. 후기 구석기시대 들어 세계 모든 지역에서는 질적으로 새로운 수준의 기술로 만든 정교한 석기가 만들어졌다. 현대인이 기원한 아프리카에서 그러한 석기 제작의 증거는 일찍이 20만 년 전이나 그 이전의 유적에서도 발견된다. 그렇지만 한반도처럼 호모 사피엔스가 늦게 도착한 곳에서는 4만 년 전보다 조금 앞서거나 늦은 시점에 그런 석기들이 나타난다. 호모 에렉투스나 네안데르탈을 비롯한 호모 사피엔스 전 단계의 고인류는 호모 사피엔스의 등장과 더불어 바로 사라지지 않고 상당한 기간 공존했으므로, 그런 지역에서는 질적으로 크게 다른 석기들이 같은 시기에 만들어지기도 한다. 한반도도 이러한 곳의 하나로서, 3~4만 년 전 한반도에는 유럽이나 아프리카에서 최소한 수십만 년 전에 만들었을 법한 주먹도끼 종류의 석기를 만들던 집단과 화살촉 같은 정교한 석기를 만들던 집단이 한동안 공존했다고 여겨진다.

호모 사피엔스를 제외한 나머지 호모 종들이 모두 언제 사라졌는지 확실히 밝혀 주는 자료는 찾기 어렵다. 인도네시아의 플로레스섬에서 발견되어 섬의 이름을 따라서 호모 플로레시엔시스(*Homo floresiensis*)로 불리는 왜소한 신체의 호모 종은 한동안 플라이스토세가 끝날 무렵까지 살고 있었다고 여겨졌지만, 현재는 대략 5만 년 전까지 살았다고 평가되는데, 이때 유럽이나 중앙아시아 등지에서는 아직 네안데르탈도 살고 있었다. 그러므로 호모 사피엔스의 '세계 정복'은 대략 5만 년 전 이후의 어느 시점에 완성되었을 텐데, 위에서 말한 바대로 구대륙 각지에는 3~4만 년 무렵까지도 사피엔스 이외의 여러 호모 종이 살고 있었을 것이라고 짐작된다.

호모 사피엔스는 음성언어를 구사할 수 있는 생물학적 조건과 고도의 사회적 협동 능력을 갖춘 존재이다. 21세기에 사는 우리가 현재와 같은 문화적 혜택을 누리고 있는 것은 궁극적으로 그런 조건과 능력을 갖춘 덕분이다. 문화적 적응 능력은 시간이 흐르며 점점 더 빨리 커졌으며, 그 결과 다른 고인류가 살지 않았던 곳까지 퍼져 나갈 수 있었다. 동굴벽화와 같은 예술 활동의 증거가 말해 주듯, 4~5만 년 전에 호모 사피엔스는 이미 질적으로 다른 수준의 생활양식을 누리고 있었으며, 플라이스토세가 끝날 무렵이면 동식물의 재배와 사육이라는 새로운 생계 양식과 토기 제작을 비롯한 수많은 문화적 발명과 발전을 이루었다. 생산 경제를 바탕으로 가능했던 영구적 정착 생활과 경제활동의 다원화는 계층사회, 도시와 국가를 탄생시켰으며, 오늘날의 산업사회가 성립할 수 있게 했다. 이러한 놀라운 변화는 불과 2,000세대 정도에 걸친 짧은 시간 동안 숨 막히게 전개되었으니, 역사 기록으로 남은 모든 정치적, 경제적, 사회적, 정신적 사건이 발생한 문화와 사회체계는 지금으로부터 약 250세대 이전까지는 지구상에 존재하지 않았던 것이다. 즉, 인류 최초의 문자 기록과 국가는 불과 5천여 년 전 메소포타미아에서 등장했으니, 최초의 고인류로부터 시작하는 인류의 역사에서 선사시대는 그 전체 기간의 99.9% 이상을 차지하고 있다.

인류 진화의 환경적 배경

앞서 말한 바대로, 인류는 신생대 제3기 말 범지구적 차원에 걸쳐 일어난 극심한 환경변화의 결과 등장했다고 여겨진다. 나아가 인류가 다른 포유동물과 비교할 수 없이 빠른 속도로 진화한 것도 등장 이후 오늘에 이르기까지 지구 환경의 급격한 주기적 변화에 대응한 결과라고 일컫고 있다.

지구는 탄생 이후 지사의 대부분에 걸쳐 덥고 습윤한 환경이었다고 하며, 이러한 조건을 가리켜 "지질시대의 정상적 기후(Normal Climate of Geological Times)"라고 한다. 그러나 그러한 정상적 기후는 갑자기 돌변해 빙하시대 환경이 도래하기도 했다. 급작스러운 기후환경의 악화는 일차적으로 지구의 천체운동 궤도의 미세한 변화가 상당한 기간

축적된 결과로 지구에 도달하는 태양열 복사량이 주기적으로 감소하게 됨으로써 발생한다. 이런 일은 신생대에 들어와 다시 발생했는데, 약 3,400만 년 전 올리고세가 시작할 무렵이 되자 중생대 내내 장기간 지속된 정상적 기후 조건이 무너지며 지구는 차츰 한랭화하였다. 또한 이 무렵이 되면 판구조운동으로 대륙들이 지금과 같은 위치에 자리를 잡게 되었는데, 고산지대와 고위도 지역, 특히 남극 대륙에서 대규모로 빙하가 발달하게 되었다. 고위도 지역과 산악지대를 뒤덮은 빙하는 대기 온도를 떨어뜨리고 태양 복사열을 반사함으로써 범지구적 차원에서 기온을 낮추는 데 상당한 역할을 하였으며, 이것은 다시 빙하 발달을 촉진시켜 대기 온도를 더욱 떨어뜨리는 등, 기후 악화를 촉진하는 일련의 과정이 순환적으로 일어나며 지구의 평균 기온은 점점 더 빠르게 낮아졌다. 이에 따라 마이오세에 들어와 기후는 더욱 한랭화했으며, 저위도 지역에서 무성하던 열대 삼림지역이 축소하는 등 식생에 큰 변화가 나타나게 되었다. 이런 환경변화가 바로 인류의 등장을 가져오게 되었다고 여겨진다.

환경변화와 인류의 등장 사이의 관계를 요약하자면 다음과 같다. 즉, 기후조건의 변화로 삼림이 축소하고 식생이 변화하며, 그동안 영장류는 삼림환경에 적응했으나 이제 새로 만들어진 환경에 적응하는 과정에서 급격하게 종이 분화했는데, 인류의 등장은 그러한 결과의 하나라는 것이다. 마이오세 말에 기후조건이 변하며 저위도 지역의 열대우림이 축소하고 군데군데 스텝 환경이 모자이크를 이루는 새로운 조건에서, 영장류 중 일부는 어쩔 수 없이 지상에서 생활하게 되었을 것이다. 인류는 이렇게 지상 생활에 적응하기 시작한 영장류 집단에서 진화해 나온 한 갈래였으며, 아마도 다양한 적응 양식을 갖고 있던 여러 종이 다발적으로 나타났을 것으로 추정되고 있다.

기후조건의 한랭화가 계속되며 최초의 인류가 등장할 무렵이면 지구는 본격적인 빙하시대를 겪기 시작했다. 주기적으로 교대하는 빙하기와 간빙기를 겪으며 대륙 내부와 고산지대에 발달한 빙하가 성장과 후퇴를 반복하는 과정에서 지표의 모습은 크게 바뀌어 나갔고, 범지구적 차원에서 이루어지는 물의 순환에도 영향을 끼쳐 빙하가 발달하지 않은 아프리카 대륙도 간접적으로 영향을 받게 되었다. 그렇게 격변하는 환경조건은 지구에 살고 있는 모든 생명체에 영향을 끼쳤으며, 고인류도 그러한 자연조건의 변화에 대응하며 문화적 능력과 신체가 빠르게 진화했다.

인류의 진화에 큰 영향을 준 자연조건으로서의 빙하기와 간빙기 조건의 주기적 도래는 지구에 도달하는 태양 복사열 총량의 변화 때문에 발생한다고 했는데, 그런 변화는 밀란코비치주기를 따라 발생한다.[9] 반복적인 기후조건 변화의 규모와 회수 등에 대한 정보는 1970년대부터 심해 퇴적물 분석을 통해 알게 되었다. 즉, 심해 퇴적물을 구성하는 규조류에 포함된 산소동위원소 O^{16}과 O^{18}의 비율은 대기 온도의 변화에 대응하며 변화하므로, 퇴적물에 포함된 두 동위원소의 상대 비율에서 장기간에 걸친 기온 변화를 간접적으로 파악할 수 있게 되었다.[10] 그렇게 알게 된 기후변화의 양상은 〈그림 12〉 및 〈그림 13〉으로

....

9 지구 공전궤도의 평면 형태와 기울기, 자전축의 기울기, 자전의 지향성 등과 관련된 천체운동은 주기적으로 변한다. 이러한 몇 가지 운동의 상태에 따라 태양에 대한 지구의 상대적 위치가 달라져 태양 복사열이 지구에 다다르는 양도 변한다. 이때 특정 시점에 그러한 요인들이 동시에 작용하게 되면 지구에 도달하는 복사열 총량은 급격히 줄어들어 지구 환경은 급격히 한랭화하며 빙하기 조건이 발생하게 된다. 그렇게 발생하는 빙하기 조건은 천체운동의 규모와 주기 및 영향력에 따라 대, 중, 소 세 주기로 발생함이 알려졌다. 이 현상은 세르비아의 천문학자인 밀란코비치(Milutin Milanković)가 1920년대에 처음 설명했으며, 그의 이름을 따라 밀란코비치주기(Milankovitch Cycles)라고 한다. 빙하시대가 반드시 예측된 주기에 따라 도래하지는 않았으나, 지구의 천체운동이 범지구적 차원에 걸친 환경조건의 주기적 급변을 초래했음에 대해서는 이론이 없다.
10 기온이 떨어지면 대기 중 산소를 구성하는 동위원소 중에서 원자량이 더 큰 O^{18}이 지구 표면 가까이 내려오며 그 결과 해수에도 O^{16}에 비해 상대적으로 더 많은 양의 O^{18}이 포함되며, 기온이 상승하면 그와는 반대로 O^{18}보다 O^{16}의 양이 상대적으로 늘어나게 된다. 이 두 동위원소의 비율은 온도 변화와 일정한 상관관계를 이루고 있다. 그러므로 몸체의 주요한 성분이 탄산칼슘($CaCO_3$)인 규조류는 바닷물로부터 산소를 공급받으므로, 빙하기가 도래해 기온이 떨어졌을 때는 상대적으로 O^{18}을, 간빙기에는 O^{16}을 더 많이 흡수하게 된다. 규조류가 생을 마치면

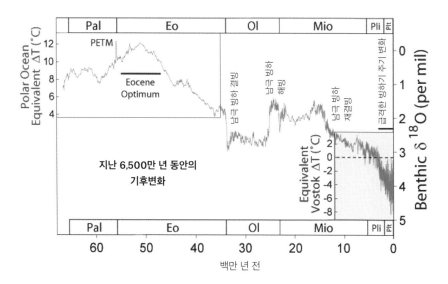

그림 12. 심해 퇴적물에 포함된 산소동위원소 O¹⁸의 상대량 변화가 보여주는 신생대의 기후변화 추이. 상단과 하단의 Pal, Eo, Ol, Mio, Pli, Plt는 각각 팔레오세, 에오세, 올리고세, 마이오세, 플라이오세와 플라이스토세를 가리키며, 가로축을 따라서는 1,000만 년을 단위로 해 시간의 흐름을 표시하고 있다. 오른쪽 세로축에는 O¹⁸의 상대량이 눈금으로 표시되어 있다. 오른쪽 아래 상자는 마이오세 중기부터 현재에 이르는 시기를 강조하고 있으며, 상자 왼쪽에 남극 얼음층에서 확인한 상대적 기온 변화를 나타내고 있는데, '0'은 현재 기온을 가리키며 그 위아래로 섭씨 2도 단위로 온도 변화를 표시하고 있다. 왼쪽 위의 상자는 신생대 초의 온난기를 가리킨다. 여기서 PETM이란 'Palaeocene-Eocene Thermal Maximum'의 약어로서, 팔레오세와 에오세에 걸친 가장 따뜻했던 시기를 뜻하며, Eocene Optimum은 에오세의 온난기를 가리킨다. 상자 왼쪽으로는 남극해의 온도 변화를 기준으로 현재와의 상대적 기온 차이를 뜻하는 눈금이 섭씨 2도 단위로 표시되어 있다.

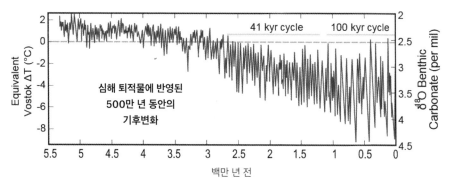

그림 13. 심해 퇴적물의 방사성동위산소 분석이 보여주는 지난 500여 만 년 동안의 기후변화 추이. 그래프 왼쪽 상단의 시작점은 <그림 12> 오른쪽 아래 상자에서 가로로 친 점선이 O¹⁸ 상대량의 변화를 보여주는 선과 만나는 지점에 해당한다. 지구의 현재 평균 기온은 왼쪽 세로축에 '0'으로 표시되어 있다. 오른쪽 세로축은 [주.11]에서 설명한 얼음층 분석에서 알게 된 대기의 상대온도를 나타낸다.

요약할 수 있다. 이 두 그림에서 보듯, 신생대 말 빙하기 조건이 도래하자 지구는 41,000년 단위로 빙하기와 간빙기가 도래하며 엄청나고 급격한 환경변화를 겪었다. 시간이 흐르며 남극 빙하가 더 커지며, 범지구적 차원에서의 수분 공급이 바뀜에 따라 대략 120만 년 전에서 70만 년 전 사이가 되면 빙하기 도래의 주기는 100,000년 단위로 길어졌고 기후 조건의 혹독함도 더 커졌다.

〈그림 13〉에서 반복적으로 교대하고 있는 춥고 더운 기후조건의 시기들은 심해 퇴적물 분석에서 얻은 O^{16}과 O^{18}의 비율로부터 알게 된 것이므로, 그 하나하나의 시기를 해양동위원소단계(Marine Isotope Stage; MIS) 혹은 산소동위원소단계(Oxygen Isotope Stage; OIS)라고 하며, 각 단계는 현재로부터 시간을 거슬러 오르며 숫자를 붙여 나간다. 즉, MIS 1은 현재로부터 14,000년 전까지에 해당하는 시기로서, 신생대 빙하시대의 맨 마지막에 해당하는 최후 온난기이다. 앞 장에서 플라이스토세는 2.588 MY에 시작한다고 했는데, 이것은 플라이스토세는 MIS 103과 더불어 시작하며, 플라이스토세 동안 지구의 환경은 100여 차례 반복적이며 급격한 변화를 겪었다는 뜻이다. 또 주어진 하나의 빙하기와 간빙기 동안에도 100년 혹은 1,000년 단위의 짧은 주기로 빙기와 빙간기가 교대하며 발생하기도 했다.[11] 다시 말해 인류의 등장도 그렇지만, 등장 이후에도 인류는 급격한 환경변화에 대응하며 진화해

....

해저에 퇴적되는데, 깊이가 수천 미터 이상에 이르는 심해저에 퇴적되는 규조류는 매우 일정한 속도로 쌓이기 때문에, 심해 퇴적물을 구성하는 규조류에 포함된 두 산소동위원소의 변화율을 시간표로 만들 수 있으며, 이로부터 기후조건의 변화를 알 수 있게 된다.

11 심해 퇴적물 분석에서 알게 된 기후변화 양상은 그린란드와 남극의 얼음층 분석에서 더욱 자세히 밝혀졌다. 얼음층은 매해 새로 눈이 내리며 점점 두터워져 그 두께가 최고 수천 미터까지 이르게 되는데, 매년 새로 만들어지는 얼음층에 포획된 극미량의 대기 성분을 분석하면 기후변화를 1년 단위로 파악할 수 있다. 그런 분석에서 밝혀진 흥미로운 사실의 하나로서, 호모 사피엔스 이외의 다른 모든 호모 종이 최후로 사라진 시기로 여겨지는 MIS 3 동안에는 불과 수백 년을 주기로 환경조건이 극에서 극으로 급격히 역전한 사건이 여러 차례 있었음이 드러났다. 〈그림 13〉에서 세로축은 얼음 시료에 포획된 이산화탄소 등의 비율 분석에서 추정한 대기의 상대온도를 가리킨다.

온 것이다.

그러한 환경변화의 정도와 규모는 우리로서는 잘 상상하기 어렵다. 전반적으로 간빙기에는 환경조건이 대체로 오늘날과 유사했거나 조금 더웠으며, 냉대와 한대 기후 지역이 조금 줄어들거나 해수면이 약간 상승하기도 하는 정도의 변화가 있었을 것이다. 그렇지만, 빙하기에는 엄청난 변화가 나타났는데, 지구 대부분 지역이 기후뿐만 아니라 식생과 동물상 및 지형에 이르기까지 현재와 완전히 다른 모습이었다.

빙하가 최고 수준으로 발달했던 빙하극성기(glacial maxima) 동안에는 대체로 위도 40도 이상의 지역은 거의 모두 얼음으로 덮였으며, 대륙빙하 중심부에서 얼음의 두께는 3,000m를 넘기도 했다. 그렇게 엄청난 규모의 빙하가 형성되며 많은 양의 물이 바다로 흐르지 않고 육지에 얼음 형태로 갇혀 버려, 증발과 대류 및 유수 운동을 통해 이루어지는 바다-대기-육지 사이의 물 순환이 차단되었다. 자연히 바닷물의 양은 줄어들어 해수면이 낮아짐에 따라 대륙붕은 육지로 드러나게 되었다. 그에 따라 육지는 면적이 늘어났을뿐더러, 하천의 길이가 늘어나며 하상 기울기도 바뀌어 하천의 형태와 운동 양상은 간빙기와 크게 달라졌다. 그 결과, 지형을 바꾸는 가장 중요한 원인인 유수 운동에 의한 침식과 퇴적도 전혀 다른 방식으로 이루어졌다. 빙하기 동안 현재의 하상보다 높거나 낮은 고도를 따라 하천이 흐르며, 하천과 사면의 침식과 퇴적 운동은 오늘날과 판이하게 다른 지형과 경관을 만들어 냈던 것이다.

이런 변화는 규모의 차이를 두고 세계 각지에서 일어났는데, 특히 대륙붕이 잘 발달한 태평양 서쪽 연안에서는 큰 변화가 있었다. 즉, 황해는 사라졌으며 육지로 드러난 한반도와 중국 사이의 대륙붕 복판에는 한반도와 중국에서 발원한 여러 하천이 합류하며 만든 거대 하천과 그 지류들이 오키나와 부근까지 흐르고 있었다. 그 반면 동해는 사방이 막힌 호수가 되기도 했다. 동남아시아에서는 인도차이나반도와 인도네시아의 여러 섬과 필리핀 사이의 바다가 드러나 순다랜드(Sunda-land)라는 거대한 육괴를 이루었고, 그 동쪽으로는 오스트레일리아와 뉴기니, 태즈메이니아가 육지로 연결되어 사훌(Sahul) 육괴를 이루었다. 유라시아와 아메리카 사이의 베링해도 베링쟈(Behringia)로 노출되어, 많은 동식물이 대륙을 건너 이동하였다. 플라이스토세 말 아메리카 대륙으로 사람이 이주한 것도 그런 이동의 하나이다.

기후는 지구상의 모든 지역에서 현재보다 춥고 건조해, 중위도 지역의 연평균 기온은 현재보다 17도 내지 그 이상 낮아지기도 하였다. 고위도 및 내륙과 산악지대에 빙하가 발달함에 따라 차가운 고기압대가 대륙 위에 상주하며, 계절풍의 풍향과 강도도 바뀌었고 강수량도 크게 줄어, 연중 내내 춥고 건조한 조건이 지배하게 되었다. 이러한 기후조건의 변화에 따라 식생의 분포도 당연히 바뀌지 않을 수 없었으며, 중위도 지역에서 온대 식생은 냉한대 식생에게 자리를 내주게 되었다.

한 예로서, 필자는 1980년대에 포천의 38교 부근 영평천 가장자리에서 약 7m 길이의 퇴적물 시료를 채집해 꽃가루 구성을 분석했는데, 45,000년 전 무렵으로 연대가 측정된 맨 아래쪽 시료에서는 식생의 구성이 현재 한반도 남해안 지역과 유사함을 확인했으나, 위로 가며 점차 중부지방의 온대성 식생을 거쳐, 가장 위의 시료에서는 개마고원에서 보는 바와 같은 단순 침엽수림 환경으로 변하는 양상을 확인하였다. 이런 변화는 말하자면 서귀포 지역의 식생이 백록담 일대처럼 변한 것에 비유할 만하며, 이것은 시료가 퇴적되는 동안 기후 환경이 간빙기에서 빙하기 조건으로 급격히 변했음을 시사해 준다. 이러한 기후와 식생의 변화에 따라 자연히 동물상에도 큰 차이가 발생했다. 한반도에서는 툰드라 환경의 대표적 동물인 매머드 유해가 1960년대에 함경도에서 발견되었으며, 1990년대에는 군산 앞바다의 위도 부근 해저에서도 그물에 걸려 수습된 적이 있다. 빙하기의 한반도와 육지로 노출된 황해평원은 현재는 상상하기 힘든 모습이었을 것이다.

사람은 포유동물 중에서 가장 늦게 등장한 동물로서 비록 혹독한 빙하기 환경에 적응하기 좋은 신체 조건을 갖추고 있지 않지만, 진화 과정에서 그 어느 동물도 갖고 있지 못한 적응 수단인 문화를 발달시켰다. 문화의 발달과 더불어 자신의 신체적, 생물학적 취약점을 도구와 기술로 상쇄하고 사회적 조직과 관계망을 발전시켜 나감으로써, 인류는 아프리카를 벗어나 새로운 영역으로 진출하며 격변하는 환경에 대처할 수 있었다. 바로 이 점이야말로 인류의 진화가 생물학적 과정만으로는 설명할 수 없는 빠른 속도로 이루어진 근본 이유라고 일컬어진다.

인류 진화와 관련된 중요한 사실로서, 각종 동물자원은 인류의 생존과 진화에 필수적인 단백질 공급원이었으며 이의 획득은 인류의 진화와 중요한 관계가 있음을 상기할 필요가 있다. 그러므로 신생대 제4기의 동물군을 대표하는 말(Equus), 소(Bos), 코끼리(Archidiskodon)를 비롯한 대형 동물을 사냥하거나 혹은 버려진 사체로부터 동물성 단백질을 얻는 일의 중요성은 많은 고고학 유적에서 잘 드러나고 있다. 동물의 분포나 밀도는 기후변화에 따른 식생의 변화에 민감하게 반응하기 때문에, 급격한 기후변화에 따른 식량자원 분포의 변화에 재빨리 대응하는 능력이야말로 인류의 생존과 직결된 문제였다. 그러한 대응은 신체적 변화가 아닌 문화적 수단과 능력을 통해 효율적으로 이루어졌는데, 그 핵심에는 도구 제작과 사용 및 사회적 협동 능력이 자리잡고 있었다고 할 수 있다.

특히 효율적 도구의 제작과 사용이란 손과 눈을 조화롭게 통제할 수 있는 지능을 전제로 하는데, 지능이 발달하며 도구를 점점 더 표준적이며 규격화해 만들고 사용할 수 있게 되었고, 또 그럼에 따라 손과 눈을 조화하는 능력은 더 발달하게 되었다. 그런 능력의 발달은 두뇌를 점점 더 크고 복잡한 구조가 되게끔 했으며, 두뇌의 발달은 시간이 흐르며 가속적으로 일어났다(그림 14). 지능의 발달로 추상과 사고 능력

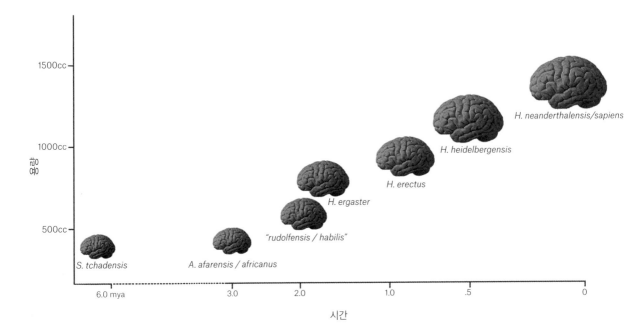

1500cc

1000cc

용량

500cc

H. neanderthalensis/sapiens

H. heidelbergensis

H. erectus

H. ergaster

"rudolfensis / habilis"

S. tchadensis

A. afarensis / africanus

6.0 mya   3.0   2.0   1.0   .5   0

시간

그림 14. 고인류 두뇌 용량의 변화. 대략 200만 년 전 무렵 '호모속'이 등장하며 두뇌 용량이 매우 커짐을 볼 수 있다.

이 발달하며, 이것은 다시 도구 제작을 발달시키는 등, 도구 제작과 사용 및 지능의 발달은 계속 긍정적 피드백을 일으키며 나아가게 되었다.

그러한 변화는 신체의 진화에도 직접 영향을 주었다. 발달한 도구는 불의 사용과 더불어 억센 턱과 치아가 없어도 질기거나 단단한 식료나 새로운 양질의 식품을 섭취할 수 있게끔 해주었는데, 이러한 식생활의 변화는 음식물 섭취에 필요한 근육을 변화시키며 머리와 안면의 골격과 구조에서 시작해 궁극적으로는 두뇌 구조도 변화가 일어나게 되었다. 두뇌의 발달로 추상 능력이 발달함에 따라 인류의 행위는 모든 점에서 '인간적' 면모가 커지게 되었고, 사회적 동물로서의 인간이 갖고 있는 특징은 더욱 뚜렷해졌으며, 이런 긍정적 발전 과정은 인류 진화의 중요한 특징이라고 할 수 있다. 요약하자면, 환경에의 적응은 생존을 위해 필요한 문화적 수단과 능력을 키워 주었고 후자는 다시 신체 구조에 영향을 끼쳐 현대인의 모습으로 나아가도록 만들었으니, 인류 진화는 생물학적 요인만으로 이루어진 것이 아니라 문화적 능력이 점점 늘어나며 가속적으로 이루어진 과정이었다.

인류 등장의 전야

대략 1,600만 년 전에 등장해 마이오세까지 존속하던 라마피테쿠스(*Ramapithecus*) 화석은 지상 생활에도 어느 정도 적응한 특징을 보여주고 있다. 그러한 이유에서 1980년대까지 이것은 인류의 조상일 가능성이 가장 큰 고등영장류라고 여겨졌다. 당시에는 라마피테쿠스의 등장과 더불어 인류와 '유인원'이 분기했다는 관점과 인류는 이보다 훨씬 뒤에 라마피테쿠스로부터 갈라졌다는 관점이 서로 맞섰으며, 두 의견 중에서는 후자가 조금 더 많은 지지를 받고 있었다. 이에 따르자면, 당시까지 최초의 고인류라고 여겨졌던 오스트랄로피테쿠스는 라마피테쿠스 중에서도 아프리카에 살던 케냐피테쿠스(*Kenyapithecus*)에서 진화했다는 것이다. 또 그 시기는 플라이오세 초라고 추정되었으나 인류가 등장한 정확한 시점과 과정은 알 수 없으므로, 이를 가리켜 '플라이오세의 수수께끼(Pliocene Enigma)'라는 말로 표현하기도 했다. 이러한 생각이 지배하며, 인류의 등장은 두 단계를 거쳤다는 2단계 진화설이라는 가설로서 설명되었다.

이 가설에 따르자면, 첫 단계에서는 신생대 제3기 말에 환경변화가 일어나며 생계자원 이용 양식과 신체에 변화가 나타났다는 것이다. 즉, 삼림에서 지상으로 내려와 살게 된 라마피테쿠스 중의 어떤 종이 풀씨처럼 작고 거칠며 단단한 식물자원을 먹어야만 하는 상황에 처했으며, 이러한 생계자원의 변화는 턱뼈와 어금니를 발달시켜 치열을 포물선형으로 만들고 안면 형태도 변화시켰다고 추정되었다. 또 이런 변화의 과정에서 성적 이형성도 본격적으로 커졌으리라고도 추정되었다. 인류는 이러한 단계의 선적응을 거쳐 다음 단계에 등장했다고 보았다. 즉, 초원 환경이 계속 확대되어 그러한 생활양식이 지속되는 과정에서 직립보행이라는 운동 방식이 나타남으로써 최초의 인류가 등장했다는 것이다.

생계자원 이용 양식의 변화와 직립보행이 순차적으로 나타났다는 이 가설의 골자는 아직도 꽤 큰 영향을 끼치고 있다. 그러나 라마피테쿠스로부터 인류가 진화했을 것이라는 생각은 완전히 폐기되었다. 현재 라마피테쿠스는 같은 시기에 살았으며, 형태도 유사하던 시바피테쿠스(*Sivapithecus*)로 묶여 분류되는데, 800만 년 전에서 700만 년 전에 소멸했다고 여겨진다. 그런데 이 시바피테쿠스와 같은 시기에 살던 케냐피테쿠스나 그리포피테쿠스(*Griphopithecus*), 앙카라피테쿠스(*Ankarapithecus*) 같은 화석 고등영장류는 이빨을 비롯한 여러 특징이 유사해 한때는 모두 시바피테쿠스/라마피테쿠스로 묶였으나 지금은 각각 별도의 멸종 고등영장류로 다루어지고 있다.

이러한 여러 고등영장류들이 인류와 진화적 관계가 없다는 점은 명확하며, 현재 시바피테쿠스는 '사람과' 내에서 '사람아과'와 가장 먼저 분기한 '오랑우탄아과'의 조상으로 여겨진다. 무엇보다도 시바피테쿠스 화석은 현생 고등영장류 중에서 오랑우탄만 갖고 있는 여러 특징, 즉 옆에서 볼 때 움푹하게 들어갔고 접시와도 같이 생긴 안면, 두 눈 사이의 좁은 거리, 측면보다 앞쪽을 향해 넓게 발달한 뺨 부위 및 코 밑 부분과 입천장 연결 부위의 독특한 형태 등을 공유하고 있어, 양자 사이의 관계에 대해서는 아무 이론이 없다. 그런데 오랑우탄은 전적으로 나무를 잡고 매달려 있거나 움직이는 방식으로 살고 있다. 이렇게 오랑우탄은 일상에서 거의 전적으로 매달리기(suspension)를 행동양식으로 삼고 있지만, 시바피테쿠스의 사지 뼈에서는 그러한 행동의 흔적을 찾을 수 없어 주로 지상에서 생활했을 것이라고 추정되고 있다. 이러한 차이를 근거로 양자가 하나의 계보를 구성하지 못한다는 의견도 있다. 그러므로 일각에서는 오랑우탄의 조상은 각각 태국과 중국에서 발견된 코라트피테쿠스(*Khoratpithecus*)나 루펑피테쿠스(*Lufengpithecus*) 같은 화석 영장류일 것이라 주장하고 있다. 그러나 이 주장은 아직 자료가 단편적이라 가설에 그치고 있다. 또한 시바피테쿠스는 인도, 중국, 동남아시아에서 발견되고 있는 큰 턱과 어금니를 갖고 있고 플라이스토세 중기 혹은 늦게 멸종한 고등영장류인 기간토피테쿠스(*Gigantopithecus*)의 조상이라고 보기도 한다.

아직 많은 의문점이 풀리지 않았지만, 시바피테쿠스는 아마도 오랑우탄과 마찬가지로 기본적으로 삼림환경에서 수상생활을 했을 것이다. 그러나 그 환경은 오랑우탄의 서식지처럼 접근이 거의 불가능할 정도로 식생이 빽빽하게 들어찬 아열대성 밀림 같은 삼림이 아니라 아마도 개방된 공간과 밀림이 혼재하거나 부분적으로 개활지가 발달한 환경이었다고 추측하고 있다. 그러한 환경에서 시바피테쿠스는 유사한 다른 고등영장류들과 함께 지상에서도 어느 정도 시간을 보냈다고 추정된다.

라마피테쿠스가 후보에서 제외된 다음, 인류가 과연 어떤 영장류에서 기원한 것인지, 그 조상일 가능성이 있는 후보로는 현재 마땅한 것이 없다. 마이오세 말기 이래 이와 관련한 단서가 될 수 있는 화석은 매우 드물다. 화석이 드문 것은 '사람족'만이 아니라, '사람과' 나아가 '사람상과' 전반에 걸친 문제로서, 마이오세 말 이후의 '사람상과' 화석은 거의 발견되지 않았다. 예를 들어, 침팬지와 사람의 분기는 빠르면 800만 년 전 무렵 일어났을 것으로 추정되는데, '침팬지족' 화석으로는 케냐에서 발견된 이빨 몇 점이 그 전부로서, 그 연대도 70만 년 전 무렵에 불과하다. 우리는 흔히 침팬지와 사람의 마지막 공동조상이나 양자가 분기한 직후 등장한 최초의 침팬지가 현생 침팬지와 비슷하게 생겼을 것으로 추정하지만, 그 추정이 맞는지 또 실제 모습은 어떨지 말해 줄 수 있는 증거가 전혀 없는 형편이다.

기타 증거로서, 마이오세 말의 영장류 화석으로 '사람족'과의 관계를 생각해 볼 수 있는 자료로는 서너 점의 턱뼈 조각 정도만이 알려져 있다. 그중의 하나는 케냐의 삼부루 구릉지대(Samburu Hills)에 있는 950만 년 전의 퇴적층에서 발견된 위턱 조각인데, 그 주인공은 '삼부루피테쿠스 키피탈리미(*Samburupithecus kiptalimi*)'로 명명되었다. 그 턱과 이빨의 전체적인 모습은 사람보다 '유인원'과 유사한 듯하지만, 그렇다고 현생 '유인원'의 특징을 보여주는 것도 아니라고 한다. 또 다른 증거로는 에티오피아에서 발견되어 '코로라피테쿠스 아비시니쿠스(*Chororapithecus abyssinicus*)'라고 명명된 9점의 이빨이 있다. 그 연대는 약 1,000만 년 전으로서, 삼부루에서 발견된 것과 닮았으며, 거친 섬유질을 즐겨 섭취하는 고릴라 어금니와 유사한 특징이 있다고 한다. 또 케냐에서도 약 980만 년 전의 '나칼리피테쿠스 나카야마이(*Naka-lipithecus nakayamai*)' 화석이 발견되었으나, 역시 단편적인 자료이다. 이 마이오세 말의 세 영장류 화석에서는 앞에 열거한 마이오세 중기의 '사람상과' 화석에서 볼 수 있는 특징과 비슷한 점도 있지만, 후자로부터 진화했다고 할 수 있는 뚜렷한 근거도 없으며, 인류가 이들로부터 기원했을 가능성은 없다.

마이오세 말의 이 세 화석에서는 어금니의 에나멜질이 두텁게 발달해 있다는 특징을 볼 수 있다. 이러한 치아의 특징은 화석의 주인공들은 숲에서 살며 상대적으로 덜 딱딱한 열매나 잎을 먹던 아시아와 유럽 영장류와 달리 삼림과 개활지대가 혼재한 환경에서 지상에서의 생활에 적응하기 시작했음을 말해 준다. 이것은 또 앞서 소개한 라마피테쿠스에서 인류로의 진화에 대해 1980년대까지 통용되던 가설에서 설정된 진화의 제1단계를 연상시키게도 한다. 다시 말해, 비록 이것들은 인류의 조상은 아니지만, 마이오세 말 있었던 인류 등장에 이르는 진화 과정이 어떤 경향성을 띠고 있었는지 시사해 주는 듯하다. 즉, 인류의 조상이 실제로 누구이건, 이러한 화석은 기후변화로 유발된 환경변화에 따라 새로운 서식처에 대한 적응 및 생계자원과 식습관의 변화가 있었음을 말해 준다. 바로 이런 변화가 인류 등장의 전야를 맞아 고등영장류의 분지와 진화가 시작되며 광범위하게 발생한 선적응 과정이었을 것이다.

4

인류의 등장

개관

1980년대까지 발견된 고인류 화석은 그 수가 많지 않았으며, 인류는 대체로 오스트랄로피테쿠스속에서 호모속으로 진화했다고 여겨졌다. '나누는 이'의 입장에서 고인류를 세분하기도 했지만, 고인류에는 세 종류의 오스트랄로피테쿠스와 하빌리스, 에렉투스, 네안데르탈렌시스, 사피엔스라는 네 종류의 호모가 대체로 시간의 흐름에 따라 차례로 나타났다고 여겨졌다. 그러나 1990년대 이후 새로운 화석이 계속 발견되며, 오늘날 널리 인정받고 있는 고인류 종의 숫자는 적어도 30 이상이며, 학계에 제시된 고인류 종은 이보다 몇 배나 더 많다. 인류의 진화에 대한 그림은 점점 복잡해지고 있다(그림 15).

1980년대까지 발견된 가장 이른 시기의 고인류는 오스트랄로피테쿠스 아파렌시스였다. 턱뼈 조각이 수습된 투르카나호수 서쪽의 로타감 구릉지대(Lothagam Hills)에 있는 퇴적층의 연대를 근거로 아파렌시스가 500만 년 전이나 그보다 일찍 등장했을 것이라는 의견도 있

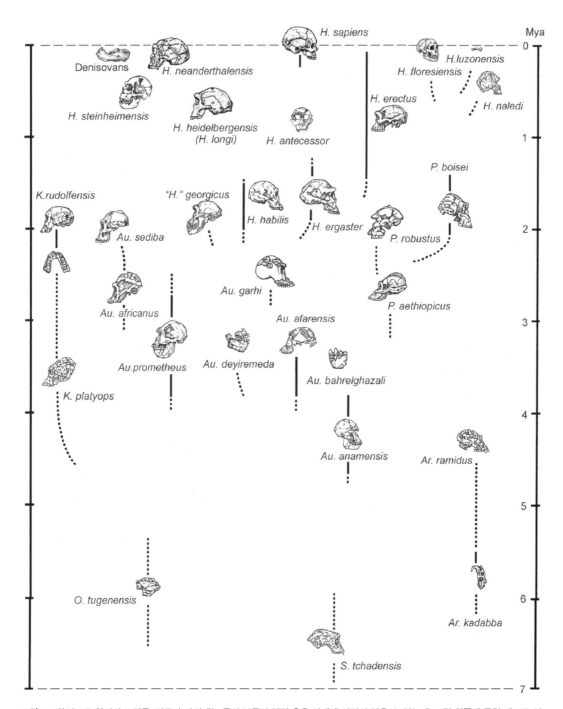

그림 15. 화석으로 알려진 고인류. 연구자 사이에는 종의 분류나 명명 혹은 연대에 이견이 있을 수 있는데, 그림 왼쪽에 독립 계보로 설정되어 있는 두 종의 케냔트로푸스(*K. platyops* 및 *K. rudolfensis*)가 그 대표적인 예이다. 그림은 서로 상충하는 여러 주장을 일종의 중립적 관점에서 보여 준다는 뜻에서 많은 계보와 종을 표시하고 있으며, 종의 시간적 분포 범위도 개략적으로 나타나 있다. 실선은 각 종이 존속한 연대로서 확실히 알려진 시간적 범위 내지 다른 종과의 상관관계를 표시하며, 점선은 가능한 범위 혹은 관계를 뜻한다.

었지만, 많은 이들은 그 등장 시점을 400만 년 전 이후라고 생각하고 있었다. 다만 아파렌시스가 완전한 직립보행을 했다는 사실은 '루시(Lucy)' 화석이나 라에톨리 유적을 비롯한 여러 증거에서 확인되므로, 직립보행의 등장과 기원에 대한 설명은 아파렌시스보다 앞서 살았던 고인류에게서 찾아야 한다고 인식되고 있었다.

1990년대 들어 발견된 새로운 자료는 직립보행의 시작을 비롯해 초기 인류의 등장과 진화에 대해 새로운 정보를 알려 주었다. 1980년 대까지 아파렌시스를 비롯해 플라이오-플라이스토세의 경계 무렵이나 그보다 이른 시기의 고인류 화석은 홍해에서 모잠비크를 잇는 동아프리카 대열곡(The Great Rift Valley) 지역과 남아프리카공화국의 석회암 동굴지대에서만 발견되었다. 그러나 1990년대부터 두 지역에서 멀리 떨어진 곳에서도 이른 시기의 고인류 화석이 발견되며, 그 지리적 영역이 생각보다 훨씬 넓을 것임을 보여 주었다. 그에 따라 초기 고인류의 발생과 확산의 시공간적 배경에 대한 과거의 생각을 수정해야 하며, 기존의 화석 자료를 새로운 각도에서 검토할 필요가 있음을 인식하게 되었다.

아파렌시스 이전 단계의 고인류로서 1990년대 들어 처음 발견된 것은 아르디피테쿠스 라미두스(Ardipithecus ramidus)로서, 약 440만 년 전에 살던 고인류이다. 그런데, 21세기에 들어와서는 500만 년 전보다도 이른 시기에 살던 고인류들이 새로 보고되었는데, 바로 아르디피테쿠스 카다바(Ar. kadabba), 오로린 투게넨시스(Orrorin tugenensis) 및 사헬란트로푸스 차덴시스(Sahelanthropus tchadensis)이다. 이 셋은 사람과 침팬지가 분기하고 그리 긴 시간이 지나지 않은 때에 살았는데, 아직 그 면모를 잘 알 수 있을 만큼 충분한 자료가 발견되지는 않았다. 특히 오로린과 사헬란트로푸스는 현재까지 알려진 것만으로는 심지어 '사람족'으로 분류하기도 어렵다고 생각하는 연구자가 적지 않으며, 따라서 후대의 고인류와의 계통 관계를 비롯한 여러 의문점이 남아 있다. 아래에서는 가장 이른 시기의 화석부터 시작해 연대순으로 차례로 살펴보겠다.

최초의 인류?

사헬란트로푸스

사헬란트로푸스는 2001년 아프리카 중서부 차드에서 차드와 나이지리아의 국경을 이루는 차드호 근처의 토로스메날라(Toros-Menalla)에서 발견되어, 이듬해에 '차드의 사헬에서 발견된 사람'이라는 뜻의 학명인 '사헬란트로푸스 차덴시스'라는 이름으로 보고되었다. 이 화석에는 또 현지어로 '삶의 희망'이라는 뜻의 '투마이(Toumai)'라는 별명이 붙여졌다(그림 16).

보고자들은 이 화석의 주인공은 오스트랄로피테쿠스 아파렌시스를 비롯해 기존에 알려진 그 어느 고인류보다 앞서 가장 일찍 등장한 '사람족'으로서, 그 연대는 함께 발견된 동물화석을 볼 때 아파렌시스보다 수백만 년 앞선다고 주장하였다. 일반적으로 사헬란트로푸스의 연대를 700~600만 년 전이라고 하는 것은 이 동물화석의 상대연대를 근거로 한 것이다. 그런데, 화석 발견 지점 일대는 역사시대에 들어 원래의 퇴적 맥락이 상당히 훼손되었기 때문에, 화석의 정확한 연대는 파악하기 어렵다. 2008년에는 화석이 원래 포함되었을 퇴적층의 연대가 720만 년에서 680만 년 전 사이로 측정되므로 화석의 연대를 700만 년 전으로 확정할 수 있다는 발표가 나타나기도 했지만, 측정 방법의 적절성 문제로 그리 인용되지 않고 있다.

화석 발견 이후 화석에 못잖게 관심을 끈 것은 발견 지점의 위치 그 자체이다. 그동안 모든 초기 고인류 화석은 동아프리카 대열곡을 따라 형성된 탄자니아 북부, 케냐와 에티오피아 남부의 퇴적분지에서 발견

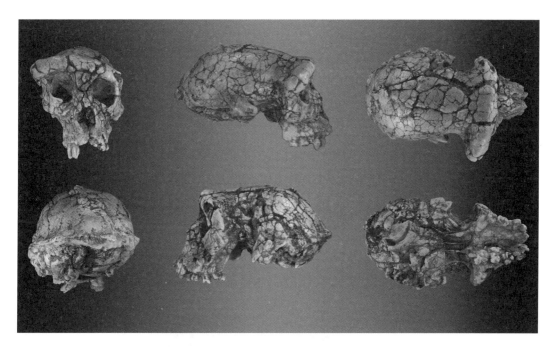

그림 16. 여러 각도에서 본 사헬란트로푸스 화석 및 복원도.

되었으므로, 그러한 화석 분포를 볼 때 고인류는 이 동아프리카 지역에서 등장했다고 믿어져 왔다. 즉, '사람족' 혹은 '사람아괴'의 화석이 동아프리카 대열곡 지대에서 멀리 떨어진 이곳에서 발견될 것은 누구도 예상하지 못했기 때문에, 그것이 고인류이건 아니건 차드에서 사헬란트로푸스가 발견되었다는 사실 그 자체는 상당히 놀라운 일이었다.

사헬란트로푸스가 발견된 곳은 동아프리카 대열곡에서 서쪽으로 2,500km 이상 떨어져 있다. 더구나 사헬 지역은 사하라사막 아래쪽에 있어 현재는 건조한 곳이지만, 빙하기에는 대기의 순환운동이 현재와 달랐으므로 그 환경은 건조함과 거리가 멀었다. 퇴적물과 동물화석 자료의 분석에서는 사헬란트로푸스가 살던 당시 이 일대는 호수와 하천 및 초원성 삼림이 복합적으로 어우러진 곳이라는 결론이 얻어졌다. 즉, 발견 지점의 지리적 위치와 환경조건은 인류 등장의 환경적 배경으로 여겨졌던 초원과 삼림의 모자이크와는 거리가 멀기 때문에, 전술한 인류의 기원데 대한 기존 이론을 되돌아보게끔 하였다.

발견된 화석의 상태는 좋은 편으로서, 안면이 잘 보존된 머리뼈 외에도 앞니와 송곳니 자리를 하나씩 갖고 있는 아래턱뼈 중심부, 오른쪽 셋째 어금니, 오른쪽 첫째 앞니, 오른쪽 아래턱 조각, 송곳니 한 점이 발견되었다. 복원된 두뇌 용량은 침팬지보다 크지 않아 $360 \sim 370 cm^3$ 정도이며, 이빨도 자그마하고, 안면의 전체 길이도 짧다. 짧은 길이에 비해, 안면 상부에는 눈두덩이 두드러지게 발달해 있다. 턱뼈는 침팬지보다 두껍고, 이빨의 법랑질 역시 두껍게 발달해 있으며, 송곳니는 윗면만이 닳은 상태로서 위와 옆면이 모두 닳기 마련인 침팬지 송곳니와 다른 모습이다. 이러한 사헬란트로푸스의 여러 특징은 '유인원' 계보의 화석에서는 보기 어렵다. 사헬란트로푸스와 비교할 때 현생 '유인원'의 안면은 대체로 머리 폭보다 길고, 눈두덩은 덜 두드러졌으나, 어금니와 송곳니는 상대적으로 더 크게 발달한 모습이다. 이러한 점을 들어 보고자들은 이것을 '사람족' 화석이라고 주장한 것이다.

그런데 바로 그러한 특징 때문에 이 화석을 '사람족'이라고 순순히 인정하기 어렵다고도 할 수 있다. 즉, 머리뼈와 이빨에서 보이는 특징이 '유인원'과 같지는 않다고 해도, 그렇다고 고인류라고 인정할 수 있을 정도인가 하는 질문을 던질 수 있는데, 이와 같은 형질 특징의 조합은 '사람족'에게는 없기 때문이다. 더구나 위에 요약한 사헬란트로푸스의 생활환경도 기타 이른 시기의 고인류 지점에서 보는 바와 다르다는 점도 이것을 고인류로 받아들이기 어렵게 만드는 이유가 되고 있다. 여기에 문제를 더 복잡하게 만드는 것은 화석 중에 포함된 한 점의 넓적다리뼈에 대한 자세한 사항이 거의 알려지지 않았다는 사실이다. 뼈를 직접 볼 수 있던 연구자는 극소수에 불과한데, 대체로 특히 직립보행과 직결되는 부위인 엉덩이뼈와의 접촉부 형태가 직립보행에 적절하지 않다는 의견을 표시했다고 한다.

이러한 이유로 사헬란트로푸스의 진화 계보와 분류상의 위치에 대해서는 여러 의견이 나타났다. 그러한 의견의 예를 들자면, 원시적 형태의 '사람족'일 것이라는 주장, '사람족'과 '침팬지족'의 공동조상이라는 주장, '침팬지족'의 일종 내지는 어느 멸종한 분류군에 속한다는 주장 등이 제시되었다. 다만, 이 화석은 고릴라와 관계가 없다는 점에는 대체로 동의하고 있다.

이렇게 많은 연구자가 사헬란트로푸스를 초기 고인류가 아닐 가능성을 말하고 있으나 이것이 만약 고인류라면, 발견 위치와 환경조건을 생각할 때 최초의 고인류는 예상보다 훨씬 넓은 지역에서 다발적으로 등장해 다양한 환경조건에서 살았다고 할 수 있다. 그러나 사헬란트로푸스에 대한 평가는 아직 유보적이며, 2020년대 들어 모든 관련 자료를 공개하라는 목소리가 점점 더 커지고 있다.

오로린

오로린 투게넨시스는 케냐의 수도 나이로비에서 북서쪽으로 약 250km 정도 떨어진 투겐 구릉지대(Tugen Hills)에서 발견된 화석이다. 오로린은 투겐어로 원초적 인간이라는 뜻으로, 학명은 투겐에서 발견된 원초적 인간을 가리킨다는 의미로 지어졌다. 화석이 수습된 퇴적층에 포함된 화산재의 연대가 610에서 580만 년 전 사이로 측정되었으므로, 오로린은 사헬란트로푸스와 비슷한 시기에 살던 고인류 혹은 그 후보로 꼽힌다. 그러나 오로린을 고인류로 분류하기에는 많은 문제가 있으며, 어쩌면 사헬란트로푸스보다 그 정도가 더 심각하다고 할 수 있다.

우선 오로린은 머리를 비롯해 고인류로 판정함에 필요한 많은 중요 부위가 발견되지 않았다. 투겐 구릉지대에서는 일찍이 1974년에 한 점의 아래 어금니 윗부분 조각이 발견되었는데, 이것은 오스트랄로피테쿠스에 속한다고 여겨진 채 주목을 받지 못하고 방치되었다. 그 뒤 20여 년이 지나 2000년에 이 일대 네 곳에서 모두 12점의 화석이 발견되어 2001년에 보고되었다. 발견된 화석은 몇 점의 팔다리뼈, 2점의 턱뼈 조각 및 낱개로 발견된 이빨들로 구성되어 있다(그림 17).

여러 곳에서 흩어져 발견된 이 화석들은 한 개체가 아니라 모두 다섯 개체로부터 유래한 것이다. 다시 말해, 발견된 화석은 개체의 면모를 알기에는 턱없이 부족한 내용으로서, 그런 자료만으로 하나의 종을 설정할 수 있는가 하는 기본적인 문제부터 제기할 수 있다. 더구나 화석의 보존 상태도 좋지 못해 뼈의 원래 형태와 기능적 특징을 판단하기도 쉽지 않다.

그러나 아무튼 보고자들은 오로린은 전체적으로 오스트랄로피테쿠스와 다르며 현대인에 이르는 인류 계보의 맨 위에 있는 사람의 직접 조상이라고 주장하였다. 그 이유로서는 우선 어금니의 에나멜 층이 사헬란트로푸스나 후대의 고인류에서 보는 바와 같이 두텁다는 점을 들고 있다. 보고자들은 이런 특징은 '침팬지족'에서 보이지 않으므로, 발견된 화석이 '사람족'에 속한다고 하였다. 그러나 이빨의 두꺼운 에나멜이 '사람족'만의 특징이라는 주장은 성급한 결론이라고 비판받고 있으며, 더구나 송곳니는 사헬란트로푸스나 후대의 고인류처럼 작지 않고 '유인원'처럼 크고 뾰족한 모습이다.

보고자들은 이런 비판의 여지를 인정했지만, 그러나 넓적다리뼈의 형태를 또 다른 근거로 내세웠다. 즉, 골반과 연결되는 위끝 부위는 이보다 늦게 플라이오세에 등장한 화석 고인류보다 더 크게 발달했는데, 이것은 직립보행을 했다는 증거라고 주장하였다. 또한 나무타기를 하는 영장류의 넓적다리뼈는 뼈 상단의 소위 '목' 부위 표층의 두께가 전

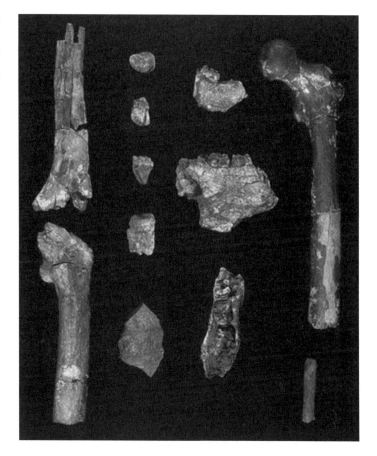

그림 17. 오로린 투게넨시스 화석. 발견된 화석만으로는 이것이 고인류라고 단정하기 어려우며, 심지어 새로운 종으로 명명하기 어렵다고까지 생각할 수 있다.

체적으로 일정하지만, 직립보행을 하는 사람은 이 '목'의 위와 아래가 차별적으로 발달하는데, 보고자들은 오로린 화석이 이런 특징을 갖고 있다고 주장하였다.

그러나 넓적다리뼈의 전체적 형태는 크기가 비슷한 유인원과 침팬지와 그리 차이가 없으므로, 직립보행을 말해 주는 근거가 되기 어렵다고 비판받고 있다. 마찬가지로, 제시된 CT 사진만으로는 보고자들이 주장하는 넓적다리뼈의 부위별 두께 차이를 수긍하기 어려우며, 오히려 전체적으로 볼 때 나무에서 생활하는 영장류와 형태적으로 다르지 않다고 지적되었다. 한편, 일부 연구자는 넓적다리뼈의 전반적 형태가 '사람속'이나 현생 영장류와 다르고 초기 오스트랄로피테쿠스와 닮은 점이 많다고 판단하기도 한다. 요약하자면, 일부 특징이 직립보행의 가능성을 말해 주더라도 '유인원'과 비슷한 특징도 갖고 있는 넓적다리뼈만으로 걸음걸이와 운동 양식에 대한 결론은 내리기 어려운 형편이다. 한편 팔뼈와 손가락뼈는 나무타기에 능했음을 가리킨다고 한다. 아무튼 머리뼈의 형태나 두뇌 용량, 신체 구조를 비롯한 여러 중요한 특징은 자료가 없으므로 뭐라 말하기 어렵지만, 아마도 오로린은 많은 점에서 침팬지와 비슷한 모습이라고 짐작되고 있다.

사헬란트로푸스도 그렇지만, 이렇게 오로린이 고인류라는 주장은 절대적인 지지를 받지 못하고 있다. 아직 새로운 증거가 나타나지 않고 있는 오로린의 진화적 위치에 대해서는 '사람족'과 '침팬지족'의 공동조상일 가능성, '사람족' 분기군의 출발선상에 서 있는 종일 가능성, 그리고 심지어 '침팬지족'에 속할 가능성까지, 의견이 분분하다.

아르디피테쿠스 카다바

에티오피아의 중부 아와쉬 분지(Middle Awash)는 아파렌시스를 비롯해 1970년대부터 초기 인류의 화석이 계속 발견된 곳이다. 아르디피테쿠스 카다바는 아르디피테쿠스 라미두스가 발견되고 몇 해가 지난 1997년부터 라미두스와 유사한 화석으로서 발견되기 시작했다. 그 결과, 2000년까지 신체 여러 부위와 이빨 및 한 점의 턱뼈가 수습되었는데, 동일 개체가 아니라 모두 다섯 개체로부터 유래한 화석들이다. 화석 중에는 라미두스처럼 걸음걸이와 이동양식을 알려 주는 부위가 발견되지 않았으며, 그 나이는 580~560만 년 전으로 추정되었다. 한편, 이것들이 발견된 곳에서 15km 정도 떨어진 곳에서도 같은 종으로 추정된 발가락뼈 한 점이 발견되었다. 그러나 이것의 연대는 520만 년 전으로 판단되었는데, 발견 지점의 위치와 연대를 생각할 때 같은 종이 아닐 수도 있다고 여겨진다.

처음에는 이 화석들을 라미두스의 아종이라고 생각했기 때문에 'Ardipithecus ramidus kadabba'로 명명하였다. 카다바는 아파르어로

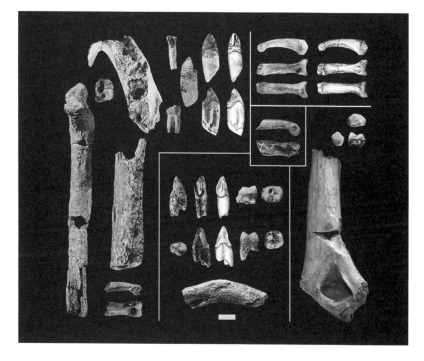

그림 18. 아르디피테쿠스 카다바. 사진에서 서로 다른 개체로부터 유래한 화석 조각들은 선으로 구분되어 있다. 자료가 충분하지 않아 카다바의 진화적 위치에 대해서도 아직 많은 점이 의문으로 남아 있다.

'최초의 조상'이라는 뜻이라고 한다. 이후 2002년, 아와쉬 분지의 아사 코마(Asa Koma) 제3지점에서 다시 6점의 이빨이 발견되었는데, 그 특징은 라미두스와 다른 종으로 여겨도 좋을 정도의 차이를 보여 준다고 판단되었다. 그로부터 카다바는 라미두스의 아종이 아니라 독립된 종으로서 아르디피테쿠스 카다바(*Ar. kadabba*)로 불리고 있다. 그런데 이렇게 분류와 학명이 바뀌었으나, 카다바가 라미두스의 아종이라고 보는 견해는 사라지지 않고 있다. 또 보고자들은 카다바가 이후 등장하는 고인류의 직접 조상으로서 현재까지 발견된 가장 이른 시기의 '사람족'이라고 주장하였다.

발견된 화석을 아르디피테쿠스 카다바라는 새로운 종으로 동정한 근거는 사실 이빨 형태가 그 전부라고 할 수 있다. 그러나 이빨 중에는 침팬지를 연상시키는 한 점의 위 송곳니가 특히 논란거리가 되고 있다. 이 송곳니는 몸체가 상대적으로 작지만 치관이 높게 발달해 전체 길이가 길고 위쪽 끝이 뾰족한 모습이다. 이런 모습은 앞서 설명한 '유인원' 치열에 보이는 치간이개의 기능을 연상시키는데, 입을 다물었을 때 송곳니와 아래턱 작은어금니가 서로 맞부딪쳐 위와 아래 이빨들 사이에 간격이 생기는 것을 방지하기 위해 그런 모습이 되었을 것이다. 그런데 이런 뾰족한 송곳니는 오로린에서는 보이지만 다른 '사람족'에서는 보이지 않으며, 또 어금니도 오로린과 비슷한 모습으로 크기가 작다.

이빨의 이런 모습은 '유인원'을 연상시키는 특징이라고 할 수 있다. 즉, 사헬란트로푸스나 오로린처럼 아르디피테쿠스 카다바도 고인류로서의 증거는 아직 충분하지 않다. 다만, 매우 잘 보존된 라미두스 화석의 연구로부터 카다바와 라미두스 사이에는 상당한 관계가 있다는 의견이 우세해졌기 때문에, '사람족'으로서의 카다바의 위치는 사헬란트로푸스나 오로린보다는 상대적으로 조금 덜 불안한 편이라고 할 수 있겠다.

직립보행의 시작 — 아르디피테쿠스 라미두스

라미두스는 위의 카다바가 발견되기 5년 전에 아와쉬 분지의 아파르 지역에서 처음 발견되었다. 이 지역은 1970년대 오스트랄로피테쿠스 아파렌시스가 발견되며 계속해서 초기 고인류를 찾기 위한 노력이 집중되었던 곳으로서, 1992년 아라미스(Aramis)라는 곳에서 고인류의 이빨과 턱 및 손발 뼈와 머리뼈 파편이 발견되었다. 이듬해까지 이루어진 현지 조사와 발견 내용은 1994년에 1차로 발표되었으며, 1970년대 '루시'의 발견에 못잖게 학계를 흥분시켰다. 그런데 발견된 화석은 상태가 취약했을뿐더러 연대측정을 비롯한 각종 분석이 완료되기까지에는 많은 시간이 필요했으므로, 자세한 보고는 그로부터 15년 뒤인 2009년에 발표되었다.

1994년의 첫 보고는 아직 화석의 자세한 특징을 완전히 파악하지 못한 상태에서 나온 것으로서, 아파렌시스보다 더 원시적 단계의 오스트랄로피테쿠스라고 판단해 'Australopithecus ramidus'라는 학명으로 발표되었다. 그런데 보고가 나오고 얼마 지나지 않아 'ARA-VP-6/500'이라는 화석번호가 붙은 예외적으로 잘 보존된 전신 화석이 발견되었고, 그 주변에 대한 조사가 1995년부터 2002년까지 이루어졌다. 이 새 화석은 종의 표준화석으로서 '아르디'라는 애칭으로 불리게 되었다. 아르디는 그 전체 모습을 복원할 수 있을 정도로 신체 각 부위가 보존되었기 때문에 오스트랄로피테쿠스와 다른 고인류임이 곧 드러났다. 그에 따라 기존 학명은 취소되었으며, 'Ardipithecus ramidus'라는 새 학명을 받게 되었다. 이것은 아파르 현지어에서 땅 혹은 바닥을 뜻하는 'ardi'와 뿌리를 뜻하는 'ramid'라는 어휘를 빌려 명명한 것으로서, '인류의 뿌리로서 땅에 살던 유인원'이라는 뜻으로 지은 이름이다.

그런데 새 학명은 나타났지만 여러 해 동안 라미두스에 대해서 알려진 사실은 제한적이었다. 2009년에 자세한 발표가 나오기 전까지 알려진 중요한 사실이란, 머리뼈에서 척추의 신경다발이 뇌로 연결되는 후두공이 여러 호모 종에서처럼 그 위치가 완전히 아래로 바뀌지는 않았으나 침팬지보다 훨씬 아래쪽으로 놓여 있어 '사람족'의 특징을 보여 주고 있으며, 송곳니 형태도 유인원과 많이 다르고 카다바 송곳니보다 훨씬 사람 쪽으로 진화한 양상이라는 점 정도였다.

1995년 이후 이루어진 발굴에서는 'ARA-VP-6/500' 이외에도 여러 개체의 팔뼈, 거의 완전히 보존된 치열, 20개체분 정도의 송곳니, 머리뼈 밑바닥 파편 다수를 비롯해 100점 이상의 자료가 수습되었다. 2003년에는 특히 중요 표본에 대한 마이크로CT 촬영이 이루어져, 3차원 CT 영상을 통한 형태 판독이 이루어졌으며, 'ARA-VP-6/500' 화석은 여성으로 판명되었다. 그렇게 여러 해 동안 진행된 각종 연구 결과는 2009년 10월 『Science』에 모두 11편의 논문으로 소개되었고, 그에 따라 화석과 종에 대한 많은 궁금증이 한꺼번에 풀렸다. 또 '아르디'의 골격과 외모의 3차원 복원 영상과 함께 해부학적 단서에서 추정된 걸음걸이에 대한 영상도 발표되었다. 이러한 발표와 함께, 라미두스의 발견은 가히 21세기 들어 이루어진 가장 중요한 고인류학 연구 성과라고 할 만하다(그림 19).

'아르디'를 통해 밝혀진 가장 흥미로운 사실은 아르디피테쿠스 라미두스의 엄지발가락은 '유인원'처럼 밖으로 크게 벌어져 있다는 점이다. 이러한 형태는 발가락이 이동을 위한 보행에 전문화된 형태로까지 아직 변하지 않았으며, 발로도 물체를 잡고 쥐는 기능이 아직 중요했음을 말해 준다. 다시 말해, 이러한 발가락 형태는 나무 위에서의 생활과 지상에서의 생활이 모두 중요했음을 말한다고 해석할 수 있게 해준다. 걸음걸이와 관련해 중요한 속성인 발바닥 단면 형태도 현대인처럼 가로세로 모두 아치 형태가 아니라 넓적하고 편평한 모습이다. 이런 구조적 형태 때문에 아르디는 두 발로 서서 걷긴 했으나 걸음을 내디딜 때 무릎을 바깥쪽으로 향하게 한 다음 발 가장자리 쪽 발가락이 먼저 땅에 닿게끔 하는 방식으로 걸었을 것이라고 여겨지고 있다.

보행과 밀접한 관계가 있는 엉덩이뼈도 수상과 지상에서의 생활에 모두 적응한 모습이다. 즉, 상체의 무게를 받는 엉덩이뼈 위쪽 부분은 상하가 짧고 폭이 넓으며 전체 형태가 오스트랄로피테쿠스와 대체로 같다. 그렇지만 아래쪽 부위는 '유인원'처럼 좁고 긴 모습인데, 이러한 형태는 네발을 다 사용해 걸을 때 편리한 구조이며 또한 나무를 타오를 때 힘껏 위로 치고 나가며 힘을 발휘할 수 있게끔 한다. 다시 말해, 이것은 나무 위에서의 생활에 유리한 구조이다. 또한 완전한 직립보행을 하지 않은 만큼, 넓적다리뼈에 근육이 부착된 모습도 오스트랄로피테쿠스와 다르며 완전한 직립보행이 가능한 형태와 구조를 아직 갖추지 못했다.

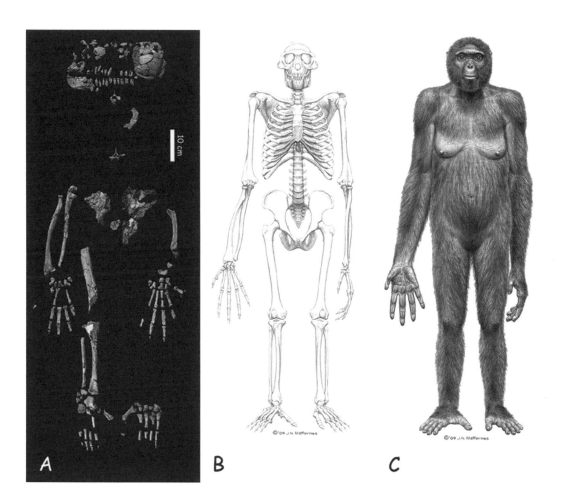

그림 19. '아르디' 화석과 복원도. A: 전체 화석; B: 골격 복원도; C: 외형 복원도.

사지는 전반적으로 '유인원'이나 다른 고인류에서 보는 바보다 상대적으로 짧고 잘 발달했는데, 다리에 비교할 때 팔의 길이가 상당히 긴 편이다. 이러한 팔과 다리 비율은 아직 나무 위에서의 생활에서 벗어나지 못했음을 말해 주는 증거의 하나라고 여겨진다. 그러한 수상생활의 중요성은 팔과 손의 관절이 유연한 구조를 하고 있어 다양한 자세로 물건을 잡거나 쥘 수 있다는 사실에서도 추정할 수 있다. 그렇긴 해도 라미두스 팔과 다리의 해부학적 구조는 침팬지처럼 나무를 타고 삼림을 종횡무진 누빌 수 있을 정도로 기능을 발휘하지는 않았을 것임을 보여 주고 있다. 다시 말해, 이런 신체 구조는 아르디피테쿠스가 삼림 환경과 지상 생활에 모두 적응하고 있었으며, 지상에서의 이동을 위한 직립보행으로 이행하는 과정에 있었음을 말해 주는 것으로 해석되고 있다. 아직 분기한 지 얼마 되지 않은 아르디피테쿠스가 이런 방식으로 생활했다는 점에서, 분기 직전 침팬지와 인류의 공동조상은 침팬지처럼 고난도의 나무타기를 손쉽게 하지 못했고, 따라서 그 생김새도 침팬지와 달랐을 것이라고 추정하기도 한다. 다시 말해, 현생 침팬지의 외형과 신체 구조는 분기 이후의 적응 과정에서 만들어졌으리라는 것이다.

'아르디'로부터 추정할 수 있는 성인 라미두스 여성의 키와 몸무게는 120cm, 45~50kg 정도이다. 그런데 오스트랄로피테쿠스는 신체 크기에서의 남녀 차이가 매우 두드러지지만, 20개체분에 달하는 송곳니 자료의 분석 결과 라미두스의 성적 이형성은 침팬지나 피그미침팬지보다 크지 않았다고 여겨진다. 침팬지의 송곳니는 수컷이 암컷보다 훨씬 크고 날카로운데, 침팬지와 오스트랄로피테쿠스보다 라미두스는 그 차이가 상대적으로 그리 크지 않아, 전체적인 신체의 성적 이형성도 상대적으로 낮았음을 추정하게 해준다. 성적 이형성이 낮은 만큼, 남성 사이에서 발생했을 수 있는 공격성도 상대적으로 낮았을 것이라고 유추되기도 한다.

송곳니는 침팬지보다 날카롭지 않다. 이것은 크기가 작아졌다는 사실과 어느 정도 관계되는데, 송곳니가 크면 위턱과 아래턱의 이빨들이 맞부딪치며 끝이 뾰족해지기 때문이다. 송곳니가 상대적으로 작다는 사실에서, 라미두스와 그 조상들의 사회생활은 공격성이 낮았으리라고 추측하고 있다. 즉, 침팬지를 비롯한 많은 동물은 큰 송곳니를 드러냄으로써 공격성을 과시한다는 특징이 있는데, 라미두스 송곳니가 작다는 사실은 사람족과 침팬지의 마지막 공동조상에게서는 수컷과 수컷 사이나 집단과 집단 사이에 상대적으로 공격성이 낮았으리라고 추측할 수 있게 해준다. 만약 그렇다면, 사회적 관계에서 매우 높은 공격성을 보여 주고 있는 침팬지의 행태는 고인류와 그 조상의 사회생활을 추정함에 적절한 모델이라고 하기 어려울 것이다.

라미두스의 얼굴 모습은 현대인보다 침팬지에 더 가까운 편이며, 옆에서 볼 때 앞으로 튀어나온 듯한 모습이다. 두뇌 용량도 300에서 350cm³ 정도로서 호모 사피엔스의 20% 정도에 지나지 않는다. 이러한 용량은 침팬지 암컷이나 보노보에 미치지 못하며 오스트랄로피테쿠스 아파렌시스보다도 매우 작다. 즉, '루시'와 같은 아파렌시스는 500cm³ 내외로서, 대체로 400에서 550cm³ 사이이다(그림 14). 한편 라미두스 머리뼈는 사헬란트로푸스와 유사한 점도 있지만, 기저부의 폭이 줄어 오스트랄로피테쿠스에 가까운 모습이다. 이러한 모습의 머리와 작은 송곳니 및 엉덩이뼈의 형태는 라미두스를 '사람족'으로 분류하는 중요한 근거이다.

한편, 이빨은 특정 기능을 위해 전문화, 특수화한 모습이 아닌 일종의 다목적 기능용이라고 할 수 있다. 즉, 이빨의 형태를 볼 때, 라미두스는 과일을 비롯해 여러 종류의 자원을 이용하던 잡식성이었으나, 나무뿌리나 구근을 비롯한 강하고 질긴 섬유성 식물자원처럼 단단하며 치아를 심하게 마모시키는 식량자원은 섭취하지 않았다고 추정하고 있다. 전자현미경으로 관찰한 어금니 마모 상태도 그러한 추정을 뒷받침하고 있으며, 전반적인 치아의 마모도는 오스트랄로피테쿠스보다 낮은 편이다.

그런데 흥미롭게도, 라미두스의 섭생에 대한 이러한 추정으로부터 예측할 수 있는 '아르디'의 서식 환경은 직립보행이 환경변화로 등장한 개활지 초원환경에서 적응한 결과 등장했다는 가설에서 설정한 조건과 어긋난다. '아르디' 화석지점 일대에는 두께가 수 미터에 달하는 퇴적층이 10km 정도에 걸쳐 단속적으로 노출되어 있어, 고지형을 복원하고 화석 분포와 비교해 당대의 환경을 추정할 수 있다. 퇴적층은 흐르는 물의 영향을 크게 받지 않은 비교적 평탄한 지형의 범람원에 쌓였으며, 수백에서 수천 년 정도로 그리 길지 않은 시간 내에 형성되었다고 여겨진다. 퇴적층에서 수습된 동물화석은 압도적 다수가 삼림 지대에 살던 중형 동물로서, 그 외에도 소형 동물, 새, 조개, 곤충의 흔적, 식물의 본체와 규산체, 꽃가루 등이 검출되었다. 이러한 환경자료 및 퇴적층을 구성하는 물질에 대한 탄소안정동위원소비를 비롯한 각종 분석은 라미두스가 개활지 성격의 초원이 아니라 수변에 발달한 삼림환경에서 살았을 가능성이 더 큼을 말해 준다. 그렇다면, 환경변화라는 동인이 인류의 등장을 가져왔다는 해석은 아직 불완전한 가설이라고 생각할 수 있을 것이다.

아르디피테쿠스에서 오스트랄로피테쿠스로

라미두스에게서 '유인원'에 가까운 특징을 얼마 볼 수 있지만 그렇다고 '사람족'이 아니라고 할 수는 없다. 그런 원시적 형태 요소는 단지 '사람족'의 진화가 시작되고 그리 오랜 시간이 지나지 않았으므로 아직 사라지지 않았다고 여겨야 한다. 그렇지만, 후대의 여러 고인류에게서 보이는 사람다운 특징이 분명히 드러나지 않는다는 사실, 특히 완전한 직립보행을 아직 하지 못했다는 사실은 인류의 진화 과정에서 아르디피테쿠스가 차지하는 위치와 이후에 등장하는 종과의 계보 관계와 관련해 여러 의견이 나올 수 있는 근거가 되고 있다. 특히 다음 단계의 고인류인 오스트랄로피테쿠스와 아르디피테쿠스 사이의 관계에 대해서는 여러 견해가 제시되고 있다.

1970년대 이래, 오스트랄로피테쿠스가 초기 단계부터 수상생활을 완전히 벗어나 지상에서 생활했다는 생각은 약간의 의문점이 남아 있지만 별반 이의 없이 하나의 정설로 통용되었다. 그런데 지난 삼사십 년 동안 특히 남아프리카공화국 일대에서 새로운 화석이 많이 발견되며, 오스트랄로피테쿠스의 팔다리 및 그와 연결되는 몸통 부위의 형태는 종래 생각했던 것보다 훨씬 넓은 범위에 걸쳐 변이가 있음이 확인되었다. 그에 따라 특히 초기의 오스트랄로피테쿠스는 아직 수상생활에서 완전히 벗어나지 못했을 가능성이 있다는 의견도 조심스럽게 제시되기도 했는데, 그러나 아무튼 라미두스와 비교할 때 오스트랄로피테쿠스의 신체가 지상에서의 생활에 적응했음은 분명하다.

지상생활에 적응, 진화한 정도를 판단할 때 무엇보다도 중요한 관찰 대상은 발가락, 그중에서도 특히 엄지발가락의 형태가 잡고 쥐는 기능을 발휘할 수 있는가 아닌가 하는 점이다. 오스트랄로피테쿠스의 엄지발가락은 직립보행에 완전히 적응해 잡고 쥐는 기능을 소실했으며, 발가락 형태는 현대인과 다름없는 모습이다. 그런데 직립보행이라는 '사람족'만의 독특한 걸음걸이로 나아가는 과정에 있는 라미두스에게서는 무슨 이유로 보행과 관계없는 엄지발가락의 잡고 쥐는 기능이 아직 남아 있던 것일까? 더구나 발가락에 그런 기능이 남아 있다고 해도, 라미두스가 침팬지처럼 나무 위에서 자유자재로 이동하며 공간을 마음대로 이용할 수 있었던 것도 아니었다.

이러한 의문점에 대해 라미두스의 그러한 엄지발가락은 이동을 위해서 필요했던 것이라기보다는 어떤 다른 이유가 있다고 추정되고 있다. 그 이유에 대한 유력한 가설의 하나로는 라미두스도 여러 다른 고등영장류와 마찬가지로 지상보다는 나무 위에서 잠을 자거나 휴식을 취했기 때문일 것이라는 해석이 있다. 즉, 지상에서는 주로 생계자원의 확보를 목적으로 하는 활동을 했겠지만, 식생활 못지않게 중요한 수면과 휴식을 위해서는 포식자를 피하고 안전을 확보하기 위해 나무 위를 택했을 것이며, 그렇게 수상생활을 완전히 포기할 수 없음에 따라 엄지발가락의 잡고 쥐는 기능이 계속 필요했다는 가설인 것이다. 다시 말해, 라미두스는 수면과 휴식을 위해 나무 위에서의 생활을 어느 정도 계속 유지해야 했고 그에 따라 발가락의 형태는 아직 원시적 특징을 버리지 못했으나, 오스트랄로피테쿠스는 그러한 제약에서 벗어나 보다 유연하게 지상에서 넓은 지역을 이동하며 살았다고 생각할 수 있다는 것이다.

그렇다면 오스트랄로피테쿠스의 발에서 잡고 쥐는 기능이 사라졌다는 사실은 고인류 행위 양식의 진화와 관계되어 매우 중요한 의미가 있는 변화라고 할 수 있다. 즉, 엄지발가락의 잡고 쥐는 기능이 사라지고 현대인과 같이 아치 형태의 발바닥을 갖게 되었다는 것은 지상에서 두 발로 뛰고 걸으며 살 수 있도록 두 발에 전해지는 충격을 충분히 흡수할 수 있는 신체 구조가 갖추어졌다는 뜻이다. 이에 못지않게 중요한 것은 그런 변화는 상대적으로 안전한 나무 위에서의 생활을 포기하고 사방이 트인 지상의 환경에서도 개체 하나하나의 안전을 충분히 확보할 수 있었음을 뜻한다는 사실이다.

아마도 그러한 안전의 확보를 전제로 한 지상에서의 생활은 도구 사용과 밀접하게 관계될 것이라 여겨진다. 그렇다면 실제로 양자 사이에는 어떤 관계가 있으며, 그런 일이 가능했다면 왜, 어떻게 가능했는지 하는 점이 밝혀져야겠다. 앞서 살펴본 바대로, 지금까지 발견된 가장 이른 시기의 타제석기는 오스트랄로피테쿠스가 등장하고 난 뒤에 만들어진 것이다. 아마도 앞으로 보다 더 이른 시기의 자료가 발견되겠지만, 지상 생활에 완전히 적응한 오스트랄로피테쿠스는 이런 석기보다 최소한 수십만 년에서 100만 년 전에 이미 살고 있었다. 그러므로 본격적으로 지상에서 생활을 하기 시작하던 때에 고인류가 여러 포식자로부터 어떻게 자신을 지켰을지 궁금해진다.

이에 대한 답으로서 쉽게 떠올릴 수 있는 것은 오스트랄로피테쿠스가 사회적 동물로서 개체 사이의 유대와 협력이라는 사회문화적 수단을 유용하게 발휘했거나 혹은 나무나 뼈를 비롯해 화석으로 보존되지 않는 유기체로 만든 방어 도구 같은 것이 존재했을 가능성이다. 즉, 초기의 고인류가 본격적으로 지상에서 생활할 수 있었던 것은 사회성과 생활양식에서 모종의 큰 변화가 있었기 때문이라고 추측할 수 있겠다. 이와 관련해, 오스트랄로피테쿠스의 성적 이형성이 라미두스보다 크다는 사실, 즉 암컷보다 수컷의 몸집이 훨씬 커졌다는 사실은 지상에서 생활하던 오스트랄로피테쿠스로서는 신체적, 사회적 방어 수단을 훨씬 더 적극적으로 필요했기 때문일 수 있다는 해석이 제시되기도 했다.

이렇게 직립보행의 시작에 대한 확실한 증거를 아르디피테쿠스 라미두스에게서 볼 수 있다는 뜻에서 아르디피테쿠스의 등장이 인류 진화 과정에서 하나의 질적 전환점을 이룬다고 한다면, 오스트랄로피테쿠스의 등장과 더불어 조직적인 사회생활이 시작했을 가능성이 있다는 점에서 이것은 인류 진화 과정에서 또 하나의 전환점을 이룬다고 할 수 있겠다.

5

루시와 고인류의 분화

복잡해진 오스트랄로피테쿠스의 종류

최초의 고인류에서 현대인에 이르기까지 전개된 인류 진화 과정의 파악은 시기를 막론하고 힘든 일이지만, 시간을 거슬러 올라가면 갈수록 자료는 점점 더 단편적이고 불완전하기 때문에 점점 더 어려울 수밖에 없다. 그런 상황에서, '아르디'의 발견은 초기 고인류에 대한 여러 궁금증을 풀어 주었다. 그런데 새로운 자료는 답과 함께 새로운 질문도 던져 주었는데, 특히 사람의 특징인 직립보행의 시작에 대해서 아직 많은 문제가 밝혀져야 한다.

우선, 아직도 많은 점에서 손을 닮은 듯한 '아르디'의 발이 어떤 과정을 거쳐 '진짜' 발이 되었는지, 다시 말해 완전한 직립보행은 어떤 과정을 거쳐 언제부터 가능하게 된 것인지에 대한 설명이 중요한 과제가 되었다. 특별히 전문지식이 없더라도, 완벽한 직립보행을 하지 못하던 아르디피테쿠스의 독특한 신체 구조는 그림만 보고서도 쉽게 알 수 있다(그림 9 및 19 참조). 그 차이가 큰 만큼, '아르디'와 완벽한 직립보행을 한 오스트랄로피테쿠스 사이를 이어줄 수 있는 신체 구조와 걸음걸이 방식을 갖고 있던 모종의 중간단계 고인류가 존재할 가능성은 충분히 의심해 볼 만하다. 또한 아마도 아르디피테쿠스가 어느 한순간 갑자기 사라지지는 않았을 텐데, '아르디'의 신체적 특징을 어느 정도 유지하며 동시에 더 진화한 특징을 갖고 있는 후손의 발견도 기대해 볼 만한 일이다. 이러한 걸음걸이를 둘러싼 문제를 비롯해 아르디피테쿠스에서 오스트랄로피테쿠스로의 전이를 설명하기 위해 밝혀야 할 문제는 하나둘이 아니며, 이것은 사실 새로운 화석이 발견되지 않으면 쉽사리 풀기 어려운 일이다.

다행히도 1990년대부터 아르디피테쿠스 이외에도 아프리카에서 이른 시기 고인류의 화석이 여러 곳에서 발견되며 둘 사이의 간격을 조금씩 메워주고 있다(그림 20). 새로운 증거가 늘어나며, 다양한 초기 고인류의 등장 과정도 조금 더 알게 되었으며 무엇보다도 고인류의 종류가 늘어났다. 즉, 아르디피테쿠스가 알려지기 전까지 초기 고인류는 속 단위에서 대체로 오스트랄로피테쿠스 하나로 묶였으며 그 아래에

그림 20. 오스트랄로피테쿠스/케냔트로푸스 화석 산출 지점 분포도.

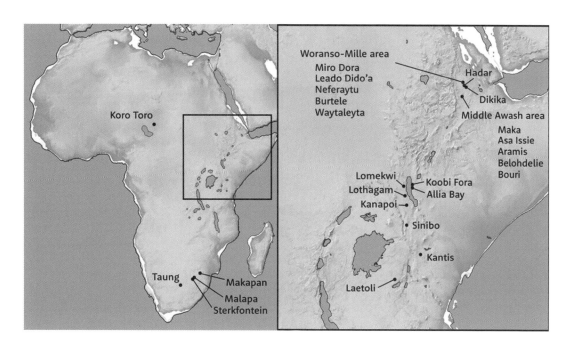

작게는 3~4개에서 많게는 6~7개 정도의 종이 있다고 여겨졌다. 그러나 이제는 속 단위 분류군도 늘어나는 등, 학명과 분류체계가 과거에 비해 훨씬 복잡해졌다.

우선, 오스트랄로피테쿠스 아파렌시스와 동시대에 살았거나 심지어 앞선 시기에 살았다고 추정되는 초기 고인류로서, 오스트랄로피테쿠스 아나멘시스(*Au. anamensis*), 오스트랄로피테쿠스 바렐가잘리(*Au. bahrelghazali*) 및 오스트랄로피테쿠스 데이레메다(*Au. deyiremeda*)라는 새로운 고인류들이 보고되었다.[12] 이 중 아나멘시스는 라미두스와도 공존했을 것이라 여겨지고 있다. 그런가 하면, 오랫동안 잊고 있던 오스트랄로피테쿠스 프로메테우스(*Au. prometheus*)라는 학명도 되살아났다. 이러한 이른 시기의 화석뿐만 아니라 늦은 시기의 오스트랄로피테쿠스 화석도 새로 발견되어, 오스트랄로피테쿠스 가르히(*Au. garhi*) 및 오스트랄로피테쿠스 세디바(*Au. sediba*)라는 종이 설정되었다.

이렇게 화석 발견이 늘어남에 따라 종래 오스트랄로피테쿠스로 여겨지던 여러 화석 사이의 차이가 조금 더 확실해졌다. 그 결과 오래전 제시된 학명이지만 그 타당성을 모든 연구자가 동의하지 않던 분류군인 케냔트로푸스(*Kenyanthropus*) 설정의 타당성도 어느 정도 인정받게 되어, 이제 몇몇 화석은 오스트랄로피테쿠스가 아니라 케냔트로푸스로 불리고 있다. 마찬가지로, 오스트랄로피테쿠스 중에서 소위 '강고한 유형(robust forms)'을 따로 떼어내 별도의 속인 파란트로푸스(*Paranthropus*)를 설정하는 것에 대한 반대 의견도 크게 수그러들어 이제 파란트로푸스는 분류군으로서의 위치가 상당히 확고해졌다. 따라서 종래 오스트랄로피테쿠스라는 하나의 속으로 분류되거나 묶일 수 있다

....

12   오랫동안 오스트랄로피테쿠스의 학명을 줄여서 쓸 때는 '*Australopithecus*'를 단지 '*A.*'로 표시했다. 그러나, 아르디피테쿠스가 명명된 다음부터는 두 속 이름이 모두 알파벳 A로 시작하는 만큼 혼란을 피하려고 오스트랄로피테쿠스는 '*Au.*', 아르디피테쿠스는 '*Ar.*' 혹은 '*A.*'로 줄여 쓰고 있다.

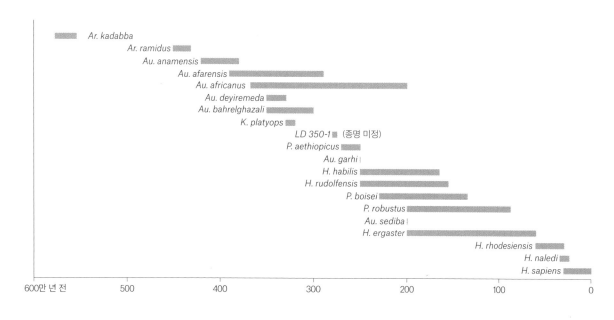

그림에 표시된 막대 레이블 (위에서 아래로):
Ar. kadabba
Ar. ramidus
Au. anamensis
Au. afarensis
Au. africanus
Au. deyiremeda
Au. bahrelghazali
K. platyops
LD 350-1 ■ (종명 미정)
P. aethiopicus
Au. garhi
H. habilis
H. rudolfensis
P. boisei
P. robustus
Au. sediba
H. ergaster
H. rhodesiensis
H. naledi
H. sapiens

가로축: 600만 년 전 — 500 — 400 — 300 — 200 — 100 — 0

그림 21. 아프리카에서 발견된 여러 고인류의 존속 시간표. 도표에서 호모 에렉투스가 빠진 것은 작성자가 에렉투스는 아시아에만 있던 종이라고 보는 관점을 따르기 때문이다.

고 여겨졌던 화석들에 대한 분류와 명명은 이제 꽤 복잡해졌다.

이러한 상황은 자료의 증가 때문이기도 하지만, 제1장에서 말한 바대로 연구자에 따라 개개 화석의 평가가 달리 내려지기도 한다는 사정과도 관계된다. 개개 화석에 대한 평가가 다양한 만큼, 화석과 화석 및 분류군과 분류군 사이의 진화적 관계에 대해서도 매우 다양한 주장이 있음은 충분히 짐작할 수 있을 것이다. 〈그림 21〉은 〈그림 15〉와 더불어 여러 종의 고인류가 대체로 어떤 시간대에 걸쳐 있는지 보여준다.

잘 알려져 있듯, 오스트랄로피테쿠스는 남아프리카공화국 요하네스버그에 있는 위트와터스란드대학(University of Witwatersrand)의 해부학 교수이던 레이먼드 다트(Raymond Dart)에 의해 알려졌다. 그는 1924년 타웅(Taung)이라는 곳의 한 석회암 광산에서 발견된 나이 6살 정도 되는 영장류의 머리뼈 화석을 전달 받고, 이것을 사람과 '유인원'의 중간단계에 속하는 새로운 종으로 판단, 이듬해에 이를 '아프리카에서 발견된 남쪽 지방의 원숭이'라는 뜻의 학명인 오스트랄로피테쿠스 아프리카누스(Australopithecus africanus)로 명명해 보고하였다. '타웅의 아기(Taung Baby)'라는 이름으로도 널리 알려진 이 화석을 다트가 '유인원'이 아니라고 본 이유는 다음과 같다. 즉, 두뇌 용량이 490cm³로서 아직 다 자라지 않은 '유인원'의 머리로는 너무 크고, 치열이 포물선형이며, 이빨의 형태와 배치가 사람의 것으로서 앞니와 송곳니가 작고, 눈두덩이 돌출하지 않았다는 점 등을 꼽았다. 그러나 그의 이런 평가는 20년 이상 받아들여지지 않았다.

1938년에는 트란스발박물관의 로버트 브룸(Robert Broom)이 크롬드라이(Kromdraai) 동굴에서 다시 오스트랄로피테쿠스를 발견했지만, 이 역시 무시되었다. 이것은 왜냐하면, 인류는 소위 원숭이에서 사람으로 진화했다는 생각이 지배하고 있었기 때문이다. 그러므로 초기 인류는 원숭이와 사람 사이의 '잃어버린 고리'를 채워주는 '필트다운사람(Piltdown Man)'과 같은 모습일 것이라는 생각이 영향력을 발휘하고 있었다.[13] 결국 오스트랄로피테쿠스는 제2차 세계대전이 끝나고 난 다음에야 고인류로서 인정받게 되었다. 특히 1946년에 브룸은 그때까지 발견된 오스트랄로피테쿠스 화석 자료를 정리해 고인류로 인정받을 수 있는 중요한 계기를 마련하였다.

1950년대가 되자, 오스트랄로피테쿠스는 올두바이협곡(Olduvai Gorge)에서 오랫동안 조사를 하고 있던 루이스와 메리 리키 부부의 발견을 필두로, 동아프리카에서도 알려지기 시작했다. 특히 1959년에 리키 부부는 올두바이협곡 제4층(Bed IV)에서 매우 큰 어금니와 턱이 있고 고릴라처럼 정수리에 시상융기가 잘 발달한 화석을 발견하였다. 그

....

13 '필트다운사람'이란 누군가 중세 시대 사람의 두개골, 500년 된 오랑우탄의 턱뼈 및 침팬지의 이빨을 짜맞추고 염색해 마치 오래전의 화석처럼 만든 다음, 런던에서 가까운 템즈강변의 필트다운이란 곳에 노출된 고하천 퇴적층 속에 심어 놓아, 이것이 1915년에 '우연히' 발견되게 한 가짜 고인류 화석을 가리킨다. 이 엄청난 사기 사건의 대상이 된 가짜 화석은 얼마 지나지 않아 진위가 의심받기 시작했지만, 관련 분야 권위자를 비롯한 몇몇 전문가는 죽을 때까지 끈질기게 이것이 가짜가 아니라고 주장했으며, 1953년이 되어서야 과학적 분석 결과 의심할 바 없는 가짜임이 드러났다. 이 가짜를 만든 사람이 누군지는 밝혀지지 않았으나, 당대 여러 전문가의 이름이 오르내리고 있다.

런 특징은 이 개체가 매우 강력한 씹는 힘을 발휘했음을 말해 주므로, '호두 까는 이(Nutcracker)'라는 애칭과 더불어 진잔트로푸스 보이세이 (*Zinjanthropus boisei*)라는 학명으로 발표되었다. 진잔트로푸스라는 속 이름은 이후 오스트랄로피테쿠스로 대체되어, 학명은 오스트랄로피테쿠스 보이세이가 되었다. 그 이듬해에는 올두바이 협곡 제4층의 연대 측정에서 이 화석이 무려 180만 년 전의 것임을 알게 되어, 인류의 등장이 100만 년을 넘으리라고 생각하던 사람이 드물던 당시 세상을 깜짝 놀라게 했다. 이로부터 오스트랄로피테쿠스 부류의 화석들이 최초의 고인류일 것이라는 생각도 널리 퍼지게 되었다.

진잔트로푸스 발견 시점에서 10여 년이 지나 1974년이 되면, 에티오피아 아와쉬 분지의 아파르에서 오스트랄로피테쿠스 아파렌시스를 대표하는 '루시' 화석이 발견되었다. 화석은 신체 골격의 40%가량이 보존되었으므로 전체 모습뿐 아니라 여러 세부 사항도 파악할 수 있었다. 그 결과, '루시'의 발견은 완전한 형태의 직립보행을 한 고인류가 이미 300만 년 전이면 존재했음을 확실하게 말해 주었으며, 인류의 기원과 진화에 대한 대중의 흥미를 크게 불러일으켰다.

그런데 오스트랄로피테쿠스 아파렌시스는 1978년 명명된 학명인데, '루시'가 발견되기 오래 전인 1950년대부터 이미 아파렌시스 화석이 아파르에서 발견된 바 있다. 그런데 당시 이 화석은 오스트랄로피테쿠스와 관계없는 '유인원'으로 판단되어, 아프리카에서 사람 이전에 살았던 유인원이라는 뜻의 '*Praeanthropus africanus*'라는 학명으로 보고되었다. 학명 부여의 원칙에 따르자면, '루시'는 이것보다 뒤에 발견되었기 때문에 그 학명은 먼저 발견된 화석에 붙여진 이름을 따라야 한다. 그러나 '루시'의 보고자들은 '루시'가 오스트랄로피테쿠스이므로 이를 따르기를 거부했으며, 속명은 오스트랄로피테쿠스를 따르고 종명으로서는 이미 사용되고 있으므로 '*afarensis*'라는 이름을 그대로 택했다. 그런데 아직도 극소수 연구자는 아파렌시스와 다른 후대의 오스

트랄로피테쿠스 사이에는 상당한 차이가 있으므로 루시 등을 오스트
랄로피테쿠스가 아닌 다른 속으로 분류해야 한다고 하며, 오스트랄로
피테쿠스 아파렌시스가 아니라 '*Praeanthropus afarensis*'로 부를 것을
주장하고 있다.

오스트랄로피테쿠스 아나멘시스

루이스와 메리 리키 부부의 대를 이어 동아프리카에서 활발한 조사를
벌이던 리처드 리키는 불행히도 1993년 비행기 사고로 두 다리를 잃
게 되어, 조사는 그의 부인 미브 리키가 이끌게 되었다. 리키 조사단은
1994년 케냐 투르카나호수 서쪽의 카나포이(Kanapoi)에서 아파렌시
스보다 더 원시적 특징을 보여 주는 아래턱뼈와 머리뼈 조각 및 약간
의 신체 뼈를 발견하였다. 이듬해에 이 화석은 새로운 오스트랄로피테
쿠스 종으로서, 오스트랄로피테쿠스 아나멘시스로 명명되었다. 이 카
나포이에서 발견된 아나멘시스는 퇴적층의 연대측정에서 420~410만
년 전 사이로 그 연대가 측정되었다. 아나멘시스라는 이름은 투르카나
어에서 호수를 뜻하는 어휘인 'anam'에서 온 것이다. 아나멘시스가 발
표된 뒤, 1965년에 투르카나호수 동북안의 알리아만(Allia Bay) 지역
에서 수습되었으나 그저 여느 오스트랄로피테쿠스 위팔뼈로 여겨져
왔던 한 점의 화석도 아나멘시스로 다시 분류되었다.

아나멘시스 화석은 21세기에 들어와 케냐가 아닌 다른 곳에서
도 발견되었는데, 2006년 에티오피아 아와쉬 분지의 '아르디' 지점에
서 10km 남짓 떨어진 곳에서 적어도 20명 이상의 개체로부터 유래한
100점 가까운 화석이 발견되었다. 그러나 여기서 발견된 화석의 대다
수는 신체 부위로서 이를 통해 직립보행을 했음은 알 수 있었으나, 머
리 부위로는 턱과 이빨 정도만이 발견되어 얼굴 생김새는 알기 어려

그림 22. 2019년 에티오피아 발견 오스트랄로피테쿠스 아나멘시스(MRD). 아래 사진은 전면(a), 후면(b), 상면(c), 왼쪽(d), 오른쪽(e) 및 아랫면(f)의 모습을 보여 준다.

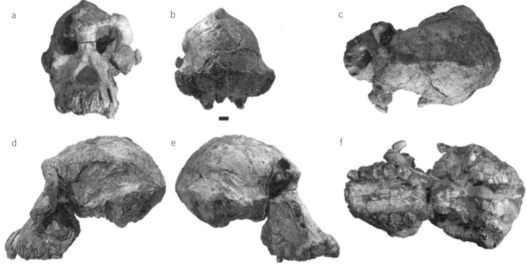

웠다. 그렇지만 2016년 2월 에티오피아의 위란소밀레(Woranso-Mille)에서 얼굴 부위가 잘 보존된 380만 년 전의 아나멘시스 머리뼈 화석이 발견되었다(그림 20). 'MRD-VP-1/1'라는 화석 번호가 붙여진 이 화석은 흔히 'MRD'라는 약칭으로도 불리고 있다(사진 22). 화석에 대한 자세한 사항은 2019년 9월 정식으로 보고되어, 많은 궁금증이 풀리게 되었다.

　자료를 종합하면, 아나멘시스는 케냐 북부에서 에티오피아 남부에 걸친 동아프리카 지역에서 적어도 420만 년 전에서 380만 년 전 사이에 살았다고 보인다. 이러한 존속기간은 아파렌시스의 등장과 중복되며, 연대측정 오차의 폭을 생각한다면 라미두스가 소멸하던 시기와도 겹치고 있다(그림 15, 21). 해부학적으로 더 원시적인 특징을 보여 주는 아나멘시스는 아파렌시스보다 먼저 등장했을 것이며, 아파렌시스의 조상이 될 것이라고 대체로 여겨지고 있다. 그러나 존속기간을 볼 때, 아나멘시스에서 아파렌시스가 진화해 나오고 아나멘시스는 그대로 소멸하지 않았으며, 두 종은 같은 지역에서 한동안 공존했을 것으로 보인다. 즉, 인류의 진화 과정에서도 종과 종 사이의 관계는 직선적이며 단선적이지 않았고, 마치 계단을 오르내리듯 한 단계씩 새로운 종이 나타나지도 않았음을 말해 준다.

아나멘시스와 아파렌시스가 살던 시기에 워란소밀레 지역은 강을 따라 발달한 삼림과 초원에 이어지는 건조 기후대의 삼림, 초원 및 관목지대로 구성된 다양한 생태 적소가 모자이크를 이루는 환경을 갖춘 곳이었다고 한다. 그러한 식생의 다양성 덕분에 여러 오스트랄로피테쿠스 종은 각자 다양한 생계 자원과 서식처를 상이하고 전문적인 방식으로 이용하며 오랫동안 공생할 수 있었을 것이다. 아르디피테쿠스 지점에서 알려진 환경조건과 더불어 아나멘시스가 살던 이 지역의 이런 환경조건도 직립보행은 초원 환경에 적응한 결과 발생했다는 인류 기원 가설이 설정한 조건과 크게 다른 모습이며, 새로운 설명을 모색할 필요가 있음을 시사해 준다.

아직 아나멘시스의 화석으로서 엉덩이나 발, 허벅다리처럼 보행과 직결된 부위는 발견되지 않았다. 그러나 카나포이에서 발견된 정강이뼈 끝부분과 무릎 및 팔꿈치 부위는 아나멘시스가 '아르디'와 달리 상체 무게 전체를 다리로 지탱하는 신체 구조임을 말해 주며, 이는 바로 아나멘시스가 완벽한 직립보행을 했음을 말해 준다. 그렇다면 직립보행이라는 사람의 고유한 걸음걸이 양식은 대략 440~420만 년 전 무렵

이미 확립되었다고 할 수 있다. 그런데 흥미롭게도 팔목의 형태는 아직 손을 넓은 각도로 다양하게 움직일 수 있는 구조가 아니며, 팔의 형태 역시 과거보다 그리 변하지 않았는데, 그러한 손과 팔의 모습에서 아나멘시스는 나무를 능숙하게 탈 수 있었으리라고 생각할 수 있다. 뼈의 형태에서 추정한 몸무게는 대체로 47~55kg 정도로서 아파렌시스나 라미두스보다 몸집이 약간 더 컸다고 보이며, 성적 이형성은 아파렌시스와 비슷했을 것으로 여겨진다.

　턱의 모습은 상대적으로 '유인원'에 가깝다. 이 특징은 아나멘시스와 아파렌시스를 구분하는 중요한 근거로 채택되고 있다. 이빨은 몸에 비해 상대적으로 매우 큰 편으로서, 앞니에 비해 어금니와 작은어금니가 상대적으로 크다. 이런 이빨의 특징은 모든 오스트랄로피테쿠스에게서 보이는 공통적 특징이기도 하다. 아르디피테쿠스에 비교했을 때, 아나멘시스의 이빨은 법랑질이 훨씬 두껍다. 이것은 아마도 아나멘시스가 훨씬 딱딱하고 씹기 어려운 종류의 먹이를 먹었기 때문이라고 해석된다. 어금니 상면에 남아 있는 마모 흔적도 이런 해석을 뒷받침하는데, 아나멘시스는 현생 고릴라의 먹이와 유사한 종류의 식물성 자원을 먹고 살았다고 추정하고 있다.

오스트랄로피테쿠스 아파렌시스

초기 고인류 중에서 가장 유명한 이름이라고 할 수 있는 아파렌시스는 에티오피아 남부에서 케냐와 탄자니아 북부에 이르기까지 여러 지점에서 발견되었다. 1970년대에 아파렌시스가 명명된 다음, 과거 1930년대에 동아프리카에서 발견된 몇몇 화석이 아파렌시스로 다시 분류되기도 했다. 이런 자료까지 포함하면, 그동안 발견된 아파렌시스 화석은 모두 300개체분 이상에 달한다. 그중에는 투르카나호수 서안의 로

타감 구릉지대에서 발견되었고 연대가 550만 년에서 500만 년 전 사이로 추정되는 턱뼈도 포함되어 있다. 그렇다면 아파렌시스는 초기 고인류 중에서 아마도 가장 긴 기간 동안 존속했던 종일 것이지만, 이 로타감에서 발견된 화석에 대해서는 아파렌시스가 아니라는 의견도 있다. 따라서 이론의 여지가 없는 자료만을 따지면, 아파렌시스는 대략 390만 년 전에서 300만 년 전 사이에 존속했다고 할 수 있다. 그런데 모든 고인류의 등장과 소멸 시점의 절대연대는 거의 전적으로 퇴적층의 연대측정에 의존하고 있는데, 모든 연대측정 방법은 각자 일정한 방법상의 한계를 안고 있으며 측정치는 오차의 폭을 갖고 있다. 그러므로 이러한 문제를 받아들이는 연구자 개인의 생각에 따라 아파렌시스가 존속했던 시기의 시점과 종점은 10~20만 년 정도 당겨지거나 늦춰져 일컬어지고 있다.

아파렌시스 화석이 상당히 많이 알려졌으므로, 이른 시기와 늦은 시기 화석 사이에서는 일정한 형태적 차이를 관찰할 수 있으며, 따라서 350만 년 전을 기준으로 아파렌시스를 앞뒤 두 단계로 나누어 보기도 한다. 앞 단계를 대표하는 화석은 화산재층에 남겨진 발자국 화석으로 유명한 라에톨리에서 발견된 것이다. 라에톨리는 올두바이협곡에서 그리 멀지 않은 곳으로서, 메리 리키가 조사를 이끌었다. 아파렌시스가 살던 당시에 이곳의 환경은 오늘날과 그리 다르지 않았으며, 계절적으로 울창한 삼림이 만들어지는 개활지와 함께 그 옆을 흐르는 강을 따라서 삼림이 늘 무성했으리라고 추정하고 있다. 늦은 단계의 대표는 다름 아닌 '루시'이다(그림 23). '루시'는 대략 320만 년 전에 살던 아파렌시스로서, 원 발견 지점 일대에서는 모두 13개체분의 화석이 발견되었다. 그러한 정황에서 이곳은 어느 아파렌시스 집단이 모종의 재난을 당해 최후를 마쳤던 곳일 수 있다고 하기도 한다.

아파렌시스가 비록 직립보행을 했다고 하지만, 코도 납작하고 턱도 앞으로 크게 튀어나온 듯한 인상을 주는 것을 비롯, 그 얼굴 모습은

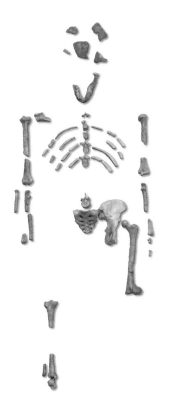
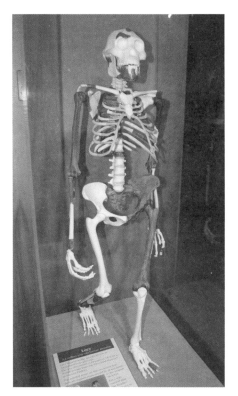

그림 23. 오스트랄로피테쿠스 아파렌시스를 대표하는 '루시' 화석. 오른쪽은 미국 클리블랜드 자연사박물관에 있는 복원 전시물이다.

많은 점에서 '유인원'을 연상시킨다. 또 두뇌 용량도 현대인의 3분의 1에 그쳐 겨우 385~500cm³ 정도로서, 역시 '유인원'에 가깝다. 또 길고 억센 팔로 나무도 능숙하게 올라갔을 것이며, 손가락뼈 그 자체도 휘어져 있어 '유인원'을 연상시킨다(그림 50 참조). 아무리 어린 개체라도 뼈에는 잘 발달한 근육이 붙어 있던 흔적이 남아 있어, 아파렌시스가 강력한 근력이 필요한 환경에서 살았음을 보여 준다.

화석이 보여 주는 아파렌시스의 이러한 신체 조건은 아파렌시스가 직립보행과 나무를 탈 수 있는 능력을 함께 갖추었음을 말해 준다. 아파렌시스가 적어도 90~100만 년이라는 긴 시기 동안 여러 차례 빙하기와 간빙기가 교대하며 환경이 크게 뒤바뀌는 속에서도 번성할 수 있었던 것은 바로 이러한 능력과 관계가 깊지 않을까 추정하고 있다. 즉, 아파렌시스는 사방이 열려 있는 초원지대와 무성한 열대우림성 삼림이라는 서로 크게 다른 환경조건에서 살아가는 데 필요한 능력을 함께 갖추고 있었으므로, 기후변화에 따른 생태 조건의 급변에도 충분히 적응하며 생존할 수 있었을 것이라고 해석되고 있다.

식생활에 있어 아파렌시스는 우연히 구하게 된 동물의 사체도 먹었을 테지만, 주로 식물성 자원에 의존했을 것이라고 여겨진다. 이를 말해 주듯, 이빨과 턱은 딱딱하고 씹기 힘든 먹이도 잘 섭취할 수 있도록 발달했다. 그렇지만, 어금니의 미세 마모 흔적을 보면, 아파렌시스는 견과류나 뿌리처럼 딱딱하고 거친 생계 자원보다 잎이나 풀 혹은 과일처럼 상대적으로 부드럽고 씹기 쉬운 먹이를 주로 먹었을 것이라고 보인다(그림 24). 치아에 대한 탄소동위원소 분석 결과도 그러한 생활을 했을 것임을 말해 준다.

아파렌시스의 몸집은 우리 현대인과 비교하면 10세 내외의 어린아이 정도에 그치고 있다. 남성은 현생인류 중 성인 피그미와 비교할 만하지만 여성은 어느 집단보다도 작은 편으로서, 다 자란 남성과 여성의 키와 몸무게 평균치는 각각 150cm에 41.7kg 및 104cm에 29kg 정도이다. 그러나 남성 화석 중에는 키 165~170cm, 몸무게 64kg에 이르러 몸집이 여성의 두 배 정도에 달하는 것도 있다. 이렇게 아파렌시스는 성적 이형성이 상당히 두드러진데, 현대인의 성적 이형성은 몸무게 기준으로 대략 100 대 80~85 정도의 비율로서, 시간의 흐름에 따른 성적 이형성의 감소는 인류 진화의 일반적 경향이라고 할 수 있다.

그런데 신체 크기에서는 성적 이형성이 높지만, 아르디피테쿠스와 함께 아파렌시스도 송곳니에서는 그런 차이를 볼 수 없다. 즉, 아직도 송곳니가 상대적으로 상당히 크지만, 아파렌시스의 치열에서 치간이개는 없으며, 남녀 사이에서도 또 개체 사이에서도 송곳니 크기에서 의미 있는 차이는 볼 수 없다. 이것은 공격성 과시와 위협 도구로서의 송곳니가 중요하지 않게 되었음을 뜻하며, 이로부터 집단 내에서의 갈등과 경쟁이 줄어들었음을 추정할 수 있다. 나아가 이런 변화는 종의

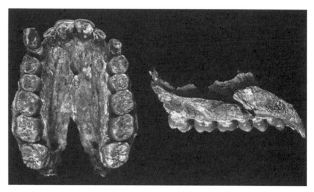

그림 24. '루시' 복원도와 오스트랄로피테쿠스 아파렌시스의 치열 및 어금니 표면 사진.

생존을 위해 개체와 개체 사이의 협동 관계가 중요해졌음을 말해 준다고 해석되고 있다.

　한편, 화석의 나이와 크기 추정으로부터 개체의 성장 속도를 계산하면, 아파렌시스는 유아기 동안 현생 침팬지 못지않은 빠른 속도로 자라 매우 어린 나이에 이미 신체적으로 성인 단계에 다다랐다고 보인다. 이러한 추정의 연장선상에서, 성인이 되는 과정에서 부모로부터 사회성을 충분히 지도받지 못했을 것이며 또 유소년기에 또래 집단 속에서의 사회화 경험도 그리 없었을 것이라고도 추정되고 있다. 여기서 또 나아가, 만약 그렇다면 아파렌시스 집단에서는 친족과 같은 고도의 사회적 관계가 아직 발생하지 않았을 것이라는 추측도 제시되었다.

6

아파렌시스의 경쟁자

새로 알려진 오스트랄로피테쿠스

앞 장에서 보았듯, 20세기 말부터 고인류 화석의 분포는 시간과 공간적으로 확대되었으며, 이미 알려진 종에 속하는 개체의 발견도 늘어났고 새로운 종의 발견 보고도 여러 곳에서 이루어졌다. 이렇게 새로 발견되었다는 종에는 'Homo', 즉, '사람속'에 속하는 것들이 많지만, 그보다 이전에 살았던 고인류라고 주장된 것도 상당수이다. 그렇지만 새 종의 제시가 단편적이며 불확실한 증거에 기대는 사례도 많으며, 그에 따라 제시된 주장이 비판되고 반박되는 경우도 심심치 않게 볼 수 있었다.

그런데 그런 주장이 나온다는 사실 그 자체는 적어도 고인류 화석의 다양성과 대표성에 대해 우리가 알고 있는 것이 아직 충분하지 않음을 뜻하기도 한다. 다시 말해, 하나의 종에 속하는 개체들의 신체적 특징이 보여 줄 수 있는 변이가 어느 정도 범위에 있는가 하는 문제에 대해 개개 연구자가 어떤 판단을 내리는가에 따라, 다양한 화석이 하나의 종으로 묶일 수도 있고 여러 종으로 나뉠 수도 있는 것이다. 따라서 새로운 초기 고인류 종이라고 주장된 화석들이 모두 그대로 독립된 종으로서 계속 인정받게 될 것이라고는 장담하기 어려울 것이다. 아무튼 우리가 기억해야 할 중요한 사실은 고인류 화석 하나하나가 보여 주는 형태적 차이가 종의 차이를 의미하는지 혹은 종 내에서 충분히 발생할 수 있는 개체 차원에서의 변이 현상인지 판단을 내리기 어렵다는 점이다.

예를 들어, 수십억 명의 현대인 중에서 같은 날 태어난 두 사람이 몸무게에서 100kg 차이가 나거나 키가 1m 다르다고 해도 두 사람을 모두 호모 사피엔스라고 판정함에는 전혀 문제가 없다. 그렇지만 고인류 연구에서는 연구 대상이 되는 모집단으로서의 종이 어떤 규모이며 또 어떤 특징을 공유하는지 알 수 없으며, 심지어 종의 존재 그 자체도 화석이 발견되기 전까지는 전혀 알 수 없다. 그러므로 여러 면에서 많은 특징을 공유하는 고인류 화석들을 앞에 두고, 연구자에 따라 약간의 크기 차이나 한두 가지 형질의 차이가 종의 차이를 의미한다고 주장할 수도 있고 그 반대로 그런 차이는 단지 개인의 획득 형질일 뿐이라고 볼 수도 있을 것이다. 이런 관점의 차이가 바로 '나누는 자' 대 '묶는 자'의 차이로서, 관련 증거가 워낙 드문 초기 고인류 연구에서 특히 두 입장의 차이를 잘 느낄 수 있다.

그러므로 '나누는 이'의 관점에서 제시한 새로운 초기 고인류 종을 모두 받아들인다면, 아파렌시스가 활동하던 시기에 적어도 4종의 '비슷한' 고인류가 있었다고 할 수 있다. 주장의 타당성은 일단 차치하고, 그렇게 다양한 종이 설정될 수 있을 만큼 발견되는 화석들의 모습은 결코 획일적이 아니다. 앞서 인류 진화는 종에서 종이 단선적으로 이어지거나 한 종이 소멸하고 다음 종이 나타나는 단계적 변화 과정이 아니라고 했는데, 화석이 보여 주는 신체 특징의 다양성은 오스트랄로피테쿠스의 등장에 얽힌 진화의 과정도 결코 단선적, 계단적 변화의 과정이 아니었음을 말해 준다.

특히 2012년 에티오피아 아파르 지역의 워란소밀레의 부르텔레 (Burtele) 제2지점에서 발견된 340만 년 전의 왼발 뼈는 오스트랄로피테쿠스 아파렌시스와 다른 형태의 엄지발가락을 한 고인류의 존재를 말해 주었다. 이 화석은 단지 발뼈만이 발견되었으므로 새로운 종 이름이 붙지 않았으며, 그저 '부르텔레 왼발(Burtele left foot)'이라고 불린다. 이 화석의 발견으로 아파렌시스와 다른 양식의 걸음걸이를 하던 또 다른 고인류가 공존하고 있었음은 분명해졌으며, 400만 년 전 이후의 고인류 진화 과정도 과거에 생각했던 것처럼 아파렌시스의 등장으로 설명할 수만은 없게 되었다.

아래에서는 아파렌시스와 비슷한 시기에 공존했다고 주장된 네 종의 고인류를 살펴보겠다. 이 넷은 각각 오스트랄로피테쿠스 프로메테우스, 오스트랄로피테쿠스 바렐가잘리, 오스트랄로피테쿠스 데이레메다 및 케냔트로푸스 플라티옵스(*Kenyanthropus platyops*)이다.

오스트랄로피테쿠스 프로메테우스

'타웅의 아기'가 발견된 남아프리카공화국 요하네스버그에서 북서쪽으로 약 40km 떨어진 석회암 지대에는 유명한 고인류 화석 지점이 여럿 분포하고 있다. 이곳에 있는 스터크폰테인(Sterkfontein)이나 크롬드라이를 비롯한 여러 동굴에서는 1940년대부터 오스트랄로피테쿠스 화석이 발견되기 시작해 지금도 계속 발견되고 있다. 그 결과, 종래 알려진 종류의 고인류 화석은 물론이려니와 오스트랄로피테쿠스 세디바라던가 호모 날레디(*H. naledi*)와 같은 새로운 종의 화석도 발견되고 있다. 이 석회암 지대는 유네스코가 '인류의 요람 세계문화유산(The Cradle of Humankind World Heritage Site)'으로 지정하였다.

사람에게 불을 가져다주었다고 하는 그리스신화 속의 인물인 프로메테우스의 이름을 고인류 학명에 사용한 이는 다름 아니라 오스트랄로피테쿠스의 명명자인 레이먼드 다트이다. 그는 이 '인류의 요람' 지구 내에 있는 또다른 유명한 동굴 지점인 마카팡스가트(Makapansgat)에서 1947년에 발견된 한 점의 오스트랄로피테쿠스 정수리 화석이 아프리카누스와 다른 오스트랄로피테쿠스 종이라고 판단해, 이듬해에 이것을 새로운 종으로서 오스트랄로피테쿠스 프로메테우스(*Au. prometheus*)라고 보고하였다. 그렇지만 그의 주장은 곧 잊혔고 해당 화석은 현재 아프리카누스로 분류되고 있다. 그런데, 오랫동안 잊혀 있던 이 학명은 스터크폰테인에서 발견된 화석 덕분에 2015년 갑자기 되살아나게 되었다.

스터크폰테인에서는 1940년대부터 많은 화석이 수습되었지만, 많은 화석이 정리되지 않은 채 수장되어 있었다. 그런데 1994년 수장품을 정리하며, 당시까지 전체가 발굴되지 않은 채 퇴적층에 묻혀 있던 개체로부터 떨어져 나온 4점의 자그마한 왼발 뼈가 확인되었는데, 이로부터 발굴되지 않은 이 개체는 '작은 발(Little Foot)'이라는 이름으로 불리게 되었다. '작은 발'에 대한 발굴은 1997년 이루어졌고, 그 결과 매우 잘 보존된 머리뼈가 수습되어 화석번호 'SwT 573'을 부여받았다. 이 화석은 전체 머리뼈의 93%가 보존되었으며, 모든 오스트랄로피테쿠스 화석 중에서 가장 완벽하게 보존된 머리뼈이다(그림 25). 이후 2015년 봄 퇴적층에서는 3.67±0.16 MY라는 연대를 얻게 되어, 'SwT 573'이 대략 370만 년 전에 살았고 따라서 아파렌시스와 공존했음을 알게 되었다. 이로부터 여러 점에서 아파렌시스보다 진화한 특징을 보여 주는 'SwT 573'은 아파렌시스와 같은 시대에 살았던 다른 종으로서, 오스트랄로피테쿠스 프로메테우스라는 옛 학명으로 부르자는 주장이 나오게 되었다.

그러나 이에 대해 대다수 연구자는 동의하지 않고 있다. 학계의 다

수 의견은 여러 특징을 볼 때 이 화석은 단지 오스트랄로피테쿠스 아프리카누스의 한 지역형이라는 판단이다. 심지어 오스트랄로피테쿠스 프로메테우스는 실체가 없고 무의미한 "허명(*nomen nudum*)"에 불과하다는 신랄한 비판도 나타났다. 또 명명자와 그를 지지하는 이들도 다른 종과의 관계를 비롯한 여러 질문에 대해 설득력 있는 설명을 제시하지 못하고 있다. 'SwT 573'이 새로운 종일 가능성은 그리 높지 않다고 보이며, 이것이 새로운 고인류 종의 선구적 발견으로 기록되기 위해서는 새로운 자료가 필요하다. 현재로서 이 화석은 단지 오스트랄로피테쿠스 아프리카누스의 등장 연대를 끌어 올리는 자료로 여기는 것이 타당하리라 여겨진다.

그림 25. 일명 '작은 발'이라 불리는 남아프리카공화국 스터크폰테인에서 발견되어 화석번호 'SwT 573'이 부여된 오스트랄로피테쿠스 머리뼈 화석. 오스트랄로피테쿠스 중에서 가장 완벽하게 보존되었다.

오스트랄로피테쿠스 바렐가잘리

오스트랄로피테쿠스 바렐가잘리는 차드의 바르엘가잘(Bahr-el-Ghazal) 분지에서 발견된 화석으로서, 1996년 발견지 이름을 따라 명명되어 나타난 학명이다. 이곳은 사헬란트로푸스가 발견된 곳에서 그리 멀지 않다. 종의 표준화석은 1993년에 발견되어 화석번호 'KT-12/H1'가 붙은 한 점의 턱뼈이다(그림 26, 오른쪽 사진). 보고자는 사망한 동료를 기리는 뜻에서 이 화석에 '아벨(Abel)'이라는 별칭을 달았다. 화석의 나이는 350만에서 300만 년 사이로 측정된다고 보고되었으나, 2008년에 360만 년 전이라는 새 연대가 발표되었다.

바렐가잘리는 중북부 아프리카에서 유일하게 알려진 오스트랄로

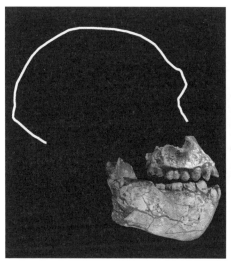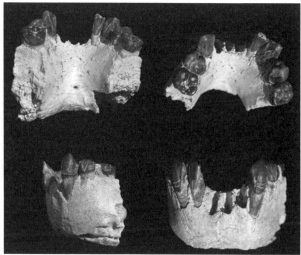

그림 26. 오스트랄로피테쿠스 데이레메다(좌) 및 오스트랄로피테쿠스 바렐가잘리(우).

피테쿠스 화석으로서, 그 외의 모든 오스트랄로피테쿠스는 아프리카 동부와 남부에서만 보고되었다. 따라서 이것은 사헬란트로푸스와 더불어 아프리카 내륙에서도 고인류가 진화했을 가능성을 말해 준다는 점에서 중요한 의미를 지닌다. 발견된 화석은 표준화석을 제외하면 단지 턱뼈와 그에 붙어 있는 이빨 몇 점 정도가 전부이다. 따라서 두뇌 용량을 잴 수 있는 부위는 없으나, 턱과 이빨의 크기를 비교해서 추정하면, 같은 시기의 오스트랄로피테쿠스처럼 $400 \sim 550 cm^3$ 정도라고 여겨진다. 마찬가지로 몸집도 현생 침팬지 정도의 크기일 것이라고 여겨진다. 턱의 형태로 보아, 안면은 사헬란트로푸스처럼 심하게 돌출하지 않았으며 아래쪽이 바로 선 듯한 모습이다.

표준화석의 보고자들은 위턱 중앙부가 다른 종보다 덜 기울어 있고, 뺨 부위가 아파렌시스보다 편평하며, 아래 작은어금니는 상면 돌출점이 2개이며 뿌리가 셋이라는 점을 근거로 새로운 종이라고 주장하였다. 그러나 보고는 되었지만, 실물 화석은 공개되지 않고 있어 제삼자가 객관적으로 관찰할 기회가 주어지지 않았다. 더구나 발견 부위가 워낙 제한되어 있고 더구나 보고된 턱뼈와 이빨의 형태는 아파렌시스와 유사하며 전반적으로 아파렌시스에서 볼 수 있는 변이의 범위를 벗어나지 못한다고도 볼 수 있다. 따라서 이것은 새로운 종이 아니라 아파렌시스의 지역형에 지나지 않는다는 반론이 제기되었다. 그러므로 바렌가잘리의 분류상 위치는 프로메테우스와 마찬가지로 불안정하며, 많은 연구자는 이 화석의 중요성은 위에서 말한 바처럼 무엇보다도 그것이 발견된 위치에 있다고 여기고 있다.

오스트랄로피테쿠스 데이레메다

오스트랄로피테쿠스 데이레메다는 에티오피아 위란소밀레에서 발견된 턱 화석을 근거로 2015년에 제시된 학명이다(그림 26, 왼쪽 사진). 화석의 연대는 여러 방법을 이용한 분석 결과 대체로 350~330만 년 전임이 확립되어, 아파렌시스와 공존했음을 알 수 있다. 데이레메다는 아파르어로 가까운 친척이란 뜻의 어휘라고 한다.

　데이레메다는 이빨 형태와 크기, 약간 뒤로 붙은 듯한 광대뼈 및 상대적으로 더 든든한 아래턱 구조 같은 몇몇 특징에서 아파렌시스와 차이가 있는 새로운 고인류라고 주장되었다. 그러나 반론에 따르자면, 이런 특징은 아파렌시스가 보여줄 수 있는 형태적 변이의 폭에 포함될 수 있으므로 새로운 종을 설정할 근거는 되지 못하며, 아파렌시스로 다루어져야 한다고 주장하고 있다. 그러므로 데이레메다도 바렌가잘리와 마찬가지로 아직 분류상의 위치가 안정된 것은 아니다. 그러나 일각에서 주장하듯, 앞서 말한 '부르텔레 왼발'이 만약 데이레메다에 속한다면, 이 화석은 아파렌시스와 공존했던 다른 종의 고인류로 여길 수도 있을 것이다. 이것이 사실인지는 아직 밝혀지지 않았다. 그런데, 만약 그렇다면 이 둘과 더불어 더 많은 종류의 고인류가 공존했을 가능성도 생각해 볼 수 있을 것이다. 나아가 만약 그렇게 복수의 고인류가 동일 시간대와 지역에서 공존했다면, 그런 공존이 종에 따른 고유한 생활방식이 있었기 때문인가 하는 질문을 비롯해, 고인류의 적응 양식과 생태 환경에 대한 여러 문제가 해결해야 할 과제로 남을 것이다.

케냔트로푸스 플라티옵스

케냔트로푸스 플라티옵스는 '케냐에서 발견된 납작한 얼굴의 사람'이라는 뜻으로 명명한 것으로서, 2001년 아파렌시스가 당대의 유일한 고인류 종이라는 학계의 통설에 처음으로 도전장을 던지며 등장한 학명이다. 이것은 1999년 미브 리키가 이끌던 조사단이 투르카나호수 서안의 로메키에서 발견한 머리뼈와 이빨 화석으로부터 명명되었다. 제3장에서 언급한 330만 년 전의 석기가 발견되었다고 주장되는 로메키 제3지점은 이 화석이 발견된 곳 가까이에 있다. 화석이 발견된 층의 연대는 350~320만 년 전으로 측정되어, 아파렌시스와 같은 시기의 새로운 종으로 보고되었다.

플라티옵스의 표준화석인 'KNM-WT 40000'은 퇴적 이후 지질작용으로 형태가 뒤틀렸지만, 안면 부위가 비교적 잘 보존되었다(그림 27).[14] 코의 바닥 부위는 납작하고 상대적으로 바로 선 모습이며, 광대뼈 돌기가 상대적으로 앞으로 향해 놓여 있어 위턱이 두드러지게 튀어나오지 않았고, 어금니도 작은 편이다. 따라서 이마에서 턱에 이르기까지 안면은 아파렌시스처럼 앞으로 튀어 나온 듯한 모습이 아니라, 현대인에 더 가까운 인상을 주는 편평하고 '납작한' 모습이다. 학명은 바로 이러한 특징을 강조하고자 하는 의미에서 만들어졌다.

....

14 'KNM-WT 40000'에서 KNM은 Kynya National Museum를, WT는 West Turkana를 뜻한다. 즉 이 번호는 '케냐국립박물관 소장 투르카나 호수 서안 지역 수집 제40000호 화석'이란 뜻이다. 아래에 언급한 'KNM-ER 1470'에서 ER은 Eastern Rudolph의 약자로서, 투르카나호수는 오랫동안 Rudolph 호수로 불렸다. 이 번호는 '케냐국립박물관 소장 투르카나 호수 동안 지역 수집 제1470호 화석'을 가리킨다.

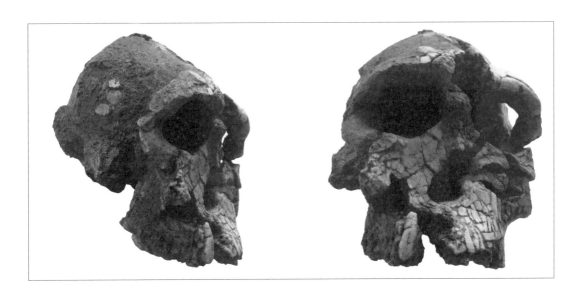

그림 27. 케냔트로푸스 플라티옵스 (화석번호 KNM-WT 40000).

그러나 위에서 다른 화석에 대해서 살펴본 바처럼, 플라티옵스만의 형질적 특징이라고 주장된 사항들도 아파렌시스에게서 충분히 나타날 수 있다는 반론이 즉각 나타났다. 보고자들은 화석의 안면 형태는 오스트랄로피테쿠스에게서 기대할 수 없는 특징을 보여 주며, 따라서 속 단위에서 아파렌시스와 구분된다고 주장하지만, 반대론자들은 얼굴 형태의 차이가 새로운 속 단위 분류군을 설정해야만 할 정도로 중요한 의미를 지닌다고 볼 수 없고 다른 특징들은 모두 화석이 아파렌시스에 속함을 보여 준다고 반박한 것이다.

플라티옵스의 계보와 진화한 상반된 주장은 쉽사리 타협하기 어렵다고 여겨진다. 쟁점을 둘러싼 논란에 답을 줄 수 있는 새로운 화석이 발견되지 않는 한, 양측의 주장은 팽팽히 맞설 것이다. 나아가 이러한 대립은 플라티옵스뿐만 아니라 그 후손 격이라고 할 수 있는 케냔트로푸스 루돌펜시스(*K. rudolfensis*)에 대한 평가에서도 마찬가지로 계속되고 있다. 더 자세한 내용은 제7장에서 다루겠지만, 루돌펜시스는 'KNM–ER 1470' 화석으로부터 제시된 종명이다. 그러나 이 화석은 호모 에렉투스로도, 호모 하빌리스(*Homo habilis*)로도 혹은 호모 루돌펜시스로도 분류되고 있다. 따라서 'KNM-WT 40000'과 'KNM–ER

1470'를 케냔트로푸스 속의 계보로 삼고 있는 주장은 여러 갈래로 반박을 받고 있는데, 심지어 이 두 화석에서 관찰할 수 있는 유사성은 단지 이체동공의 한 사례일 뿐이라는 주장도 있다. 두 화석의 분류를 둘러싼 논란과 함께 '사람속'의 분류와 설정된 여러 종의 기원과 진화에 대한 설명도 큰 논란거리가 되고 있다.

7

오스트랄로피테쿠스와 파란트로푸스

후기 오스트랄로피테쿠스의 계보

오스트랄로피테쿠스는 20세기 후반기 내내 초기 고인류를 대표하는 이름이었으며, 아르디피테쿠스를 비롯한 여러 새로운 고인류가 그리 잘 알려지지 않은 우리나라에서는 아직도 최초의 고인류로서 떠올리게 되는 이름이다. 이에 대한 연구는 '루시'의 발견과 함께 1970년대 중반부터 체계적으로 이루어지기 시작했다. 그전까지 초기 고인류 연구는 질과 양에서 매우 제한된 자료를 갖고 이루어져 많은 점이 불확실한 상태에서 이루어졌다고 할 수 있다. '루시'의 발견과 더불어 오스트랄로피테쿠스에는 조상 격인 아파렌시스가 있으며, 나머지 후손 격인 오스트랄로피테쿠스들은 크게 아프리카누스와 로부스투스로 나누어진다는 생각이 유력한 통설이 되었다.

이런 견해는 '묶는 이'의 관점에서 나온 분류로 생각할 수 있으며, 이것은 1990년대 초까지 일종의 사실처럼 여겨졌다. 그러나 아파렌시스 이전에 살던 아르디피테쿠스나 아나멘시스 등이 발견되며 이 과거의 통설도 재검토하게 되었다. 그 결과, 지난 수십 년 사이에 오스트랄로피테쿠스의 분류와 종 사이의 진화적 관계에 대한 견해는 크게 바뀌었다. 더구나 화석의 분류나 계보 설정 등에 대한 논의는 물론이려니와, 개개 화석의 구체적 특징의 기술이나 그 기능적 의미에 대한 평가는 비전문가로서는 따라가기 어려운 내용이 되었다. 그렇지만, 양적으로 충분한 화석이 확보되었고 독립 계보의 출발점 혹은 전환점이라는 사실에 이론의 여지가 없는 초기 고인류로는 아직 아파렌시스뿐이다. 아파렌시스는 바로 이런 이유로 인류의 진화 과정 연구에서 하나의 중요한 매듭을 이룬다고 일컬어진다.

아파렌시스의 후손을 '묶는 이'들로 하여금 두 부류로 나누게끔 한 중요한 기준은 먹이를 씹는 기능과 직결된 어금니와 턱을 비롯한 머리뼈의 여러 관련 부위의 형태와 크기이다. 즉, 일상적으로 매우 딱딱하고 질긴 음식물을 먹는다면, 많은 힘을 들여야 충분히 씹어 삼킬 수 있으므로 그런 힘이 나올 수 있도록 턱과 어금니가 커진다. 이렇게 큰 턱과 어금니를 사용하려면 턱 근육이 발달해야 하며, 따라서 큰 근육이 붙는 머리뼈 각 부위도 자연히 더 커지게 된다. 이렇게 일차 소화기관으로서의 구강을 비롯한 여러 관련 부위가 커지면, 전체적인 얼굴 모습은 현생 고등영장류 중에서 그런 부위들이 가장 잘 발달한 고릴라에 다가가게 된다.

이런 씹는 기능이 잘 발달한 개체들을 가리킬 때는 머리 골격이 주는 크고 튼튼한 느낌에서 '강고한(robust)'이라는 수식어를 붙여 불러왔는데, 'rubust form(강고한 형태)'이나 'robust type(강고한 유형)' 등의 표현이 그것이다. 이 'robust'는 튼튼한 모습이라는 뜻의 라틴어 어휘인 'robustus'를 어원으로 하고 있으므로, 강고한 유형의 오스트랄로피테쿠스를 지칭하는 학명은 오스트랄로피테쿠스 로부스투스(*Au. robustus*)가 되었다. '강고한 유형' 중에서도 '특별히 강고한(hyper-robust)' 형태의 개체들이 있다는 사실은 진잔트로푸스 보이세이의 발견과 더불어 알게 되었으며, 진잔트로부스 보이세이가 오스트랄로피테쿠스 보이세이로 다시 명명된 결과, 결국 '강고한 유형'에는 로부스투스와 보이세이가 있다고 여겨졌다.

한편, 이 강고한 유형보다 음식물을 씹는 힘이 덜 필요해 턱과 이빨 등의 부위가 상대적으로 작고 덜 발달한 것들에게는 '호리호리한(gracile)'이라는 수식어가 붙여졌다. '호리호리한 유형'의 대표는 '타웅의 아기'로부터 시작된 학명인 오스트랄로피테쿠스 아프리카누스이다. 아프리카누스는 어금니와 작은어금니가 상대적으로 작으며, 턱을 비롯해 음식물을 씹는 기능과 관계 있는 머리뼈 여러 부위도 상대적으로 작게 발달했다는 점에서 '강고한 유형'과 대비된다.

그러나 이러한 머리 각 부위에서 보이는 차이를 뺀다면, 두 유형의 오스트랄로피테쿠스는 나머지 신체 부분에서 어떤 특별한 차이가 없다. 모두 직립보행을 했음은 두말할 나위 없으며, 손을 사용해 석기를 만들었다. 머리 이외의 두뇌 용량은 '강고한 유형'의 것들이 머리가 큰 만큼 평균 15% 정도 크긴 하지만 대체로 500~700cm³ 정도로서, 아파렌시스를 비롯한 앞 시기의 여느 고인류보다 확실히 더 커졌다. 또한 치열도 의심할 바 없는 포물선형이며, 송곳니는 이제 많이 작아졌다.

한편, 이러한 '묶는 이'의 관점에 따른 분류와 더불어, 오스트랄로피테쿠스를 더 세분해 보는 '나누는 이'의 주장도 1940년대부터 꾸준히 제시되었다. 즉, 그러한 주장은 앞서 말한 케냔트로푸스의 설정과도 같은 맥락에서 제시되어 온 것인데, 특히 중요한 주장은 로부스투스를 아프리카누스와 속 차원에서 분리해 파란트로푸스 속으로 다루어야 한다는 내용이다. 이 주장은 일찍부터 제시되었으나 오랫동안 소수 의견에 그쳤다. 그러나 후기 단계의 오스트랄로피테쿠스와 관련된 화석이 점차 늘어나며 힘을 얻게 되었다. 즉, 과거 오스트랄로피테쿠스로 묶이던 화석 중에서 아파렌시스를 제외한 나머지는 '호리호리한 유형'과 '강고한 유형'으로 나눌 것이 아니라, 전자는 오스트랄로피테쿠스로, 후자는 파란트로푸스로 속 차원에서 구분하는 경향이 21세기가 시작될 무렵이면 슬그머니 자리를 잡게 되었다.

파란트로푸스는 '사람(anthropus)에 가까운(para)' 존재라는 뜻으로서, 앞서 언급한 남아프리카공화국의 몇몇 석회암 동굴에서 수습한 일부 화석이 오스트랄로피테쿠스 아프리카누스와 큰 차이가 있으므로 별도의 속으로 분류해야 한다는 주장에서 만들어진 학명이다. 이 주장은 오스트랄로피테쿠스로는 아프리카누스와 아파렌시스만을 인정할 수 있으며, '특별히 강고한' 개체를 비롯해 '강고한 유형'의 오스트랄로피테쿠스로 여겨지던 모든 화석은 오스트랄로피테쿠스가 아니라 독립된 속인 파란트로푸스로 묶어야 한다는 비교적 단순하고 분명한 내용으로 출발하였다. 그러나 시간이 흐르며 파란트로푸스로 분류되는 화석도 점차 수가 늘어나게 됨에 따라, 각 화석의 분류와 상호 관계에 대해 여러 의견이 제시되었으며, 파란트로푸스와 그 외의 고인류 사이의 관계는 더욱 다양하게 설명되고 있다. 다만 파란트로푸스를 인정하건 하지 않건, 파란트로푸스는 진화의 막다른 골목에 다다라 소멸했다고 보는 것이 학계의 일치된 의견이다.

파란트로푸스는 이후 일어난 '사람속'의 진화에 어떤 기여도 하지 못한 반면, 오스트랄로피테쿠스는 '사람속', 즉 호모의 조상 격이 된다고 여겨진다. 그렇지만, 오스트랄로피테쿠스와 '사람속' 사이의 관계에 대해서는 여러 주장이 제시되었다. 양자 사이의 관계 설명은 오스트랄로피테쿠스와 파란트로푸스 및 이른 시기의 '사람속'이 한동안 공존했던 시기에 어떤 일이 일어났는가를 설명해야 하는 복잡한 문제이다. 파란트로푸스는 100만 년 전 무렵까지 존속했고, 오스트랄로피테쿠스는 이보다 수십만 년 전에 소멸했지만, '사람속'은 이미 최소한 200만 년 전에 등장해 일부는 아프리카를 벗어나 유라시아 대륙으로 진출했다. 이러한 과정에서 오스트랄로피테쿠스에서 '사람속'으로의 진화가 언제, 어떻게 이루어졌는가를 알기 위해서는 그 과정을 말해 주는 증거가 필요할 텐데, 아직 마땅한 증거는 발견되지 않았다. 그러므로 최초의 '사람속'이 어떻게 생겼으며 오스트랄로피테쿠스와는 무엇이 다른가 등, 여러 질문에 대한 답은 아직 얻지 못하고 있다.

오스트랄로피테쿠스와 '사람속'의 관계에 있어 핵심적 문제의 하나로는 현재까지 알려진 가장 이른 시기의 '사람속'인 호모 하빌리스에 대한 평가가 있다. 1988년 출간된 졸고『고고학 개론』에서 인류의 진화를 설명하며, 호모 하빌리스는 '사람속'에 가까운 오스트랄로피테쿠스라고 했는데, 이것은 호모 하빌리스 머리가 보여 주는 '사람속'과의 유사성이 반드시 새로운 속의 등장을 의미할 수 없다는 당시에 통용되던 '묶는 이'의 관점을 반영한 것이다. 오늘날에는 호모 하빌리스를 독립된 분류군으로 그 지위를 인정하고 있지만, 오스트랄로피테쿠스의 분화와 '사람속'의 등장 과정에 대해 확실히 모르고 있다는 사정은 아직 그대로이다.

이미 말한 바대로 개개 화석이 보여 주는 특징과 차이는 해당 개체가 다른 분류군에 속하기 때문인지 아니면 동일한 분류군 내에 속한 개체들의 변이를 말해 주는 것인지에 대한 판단은 쉽지 않은 문제로서, 오스트랄로피테쿠스와 '호모속'의 관계를 더욱 알기 어렵게 만들고 있다. 오스트랄로피테쿠스 화석이 에티오피아 남부에서 탄자니아와 케냐로 이어지는 아프리카 동부와 남아프리카공화국을 중심으로 한 아프리카 남부에서 집중되어 있으므로, 서로 멀리 떨어진 이 두 지역에서 같은 때 존재하던 개체 사이에도 지역적 차이는 얼마든지 발생할 수 있으며, 시간적 차이에 따른 변화도 얼마든지 있을 수 있다. 그러한 가능성 때문에 어떤 연구자는 다양한 화석을 한 종의 지역 유형으로 설정하기도 하며, 반대로 동일한 화석을 서로 다른 종으로 보기도 해, 초기 인류의 계보와 진화 관계에 대한 여러 복잡한 해석이 나타났다.

그러나 아무튼 이 무렵에 고인류는 완전한 직립보행을 하고 있었으며, 특히 '사람속'으로 이어지는 집단은 '유인원'과 다른 수준의 사회 생활을 하고 있었을 것이다. 이러한 추측은 도구 제작과 사용이 상당한 수준으로 발전했다는 사실에서 제시할 수 있는데, 앞서 말했듯 석기 제작은 아파렌시스 사이에 이미 널리 퍼졌을 것이다. 오스트랄로피테쿠스 화석 지점에서 석기가 함께 발견되는 사례도 늘어나고 있는데, 200만 년 전 이상으로 그 연대가 측정되는 구석기 유적은 그 주인공이 누군지 단언할 수 없지만, 아무튼 오스트랄로피테쿠스나 파란트로푸스 아니면 아마도 초기 호모라고 부를 수 있는 서로 비슷하게 생긴 고인류가 남겼을 것이다.

그렇지만, 설령 고인류 화석과 석기가 함께 발견되었다고 해도 해당 고인류가 석기를 만들었다고 단정할 수는 없다. 주어진 유적에서 발견되는 도구를 누가 만들고 사용했는가를 설명하는 것은 모든 고고학 연구에서 확정하기 어려운 문제이지만, 까마득한 과거를 다루는 고인류 관련 유적에서는 당시의 모든 환경 조건과 유적 형성 과정을 생각하며 접근해야 하므로 더욱 어려운 문제이다. 그러한 사례로서, 오스트랄로피테쿠스가 '뼈-이빨-뿔 문화(Osteodontokeratic Culture)'를 갖고 있었다는 1949년 레이먼드 다트의 주장은 연구사에서 앞으로도 오랫동안 기억될 사례일 것이다.

마카팡스가트 동굴의 자료를 검토하며, 다트는 발견된 동물 화석이 거의 예외없이 부러지거나 깨진 상태임에 주목했다. 그는 이것은 동굴을 근거지로 삼아 살던 오스트랄로피테쿠스가 뼈와 이빨, 뿔을 동물 사냥에 썼음을 말해 준다고 주장했으며, 심지어 오스트랄로피테쿠스 뒤통수에 보이는 자그마한 구멍은 오스트랄로피테쿠스가 상대방을 도구로 내리쳐 생긴 것으로서, 서로 잡아먹었음을 말해 주는 증거라고까지 주장하였다. 이 가설은 불완전한 증거와 불합리한 논리적 전제와 가정 때문에 불편하게 받아들여지긴 했으나 아무튼 1970년대 초까지 계속 인용되었다.

그러나 화석과 유적 형성 과정의 실증적 연구로부터 결국 이것은 근거 없는 주장임이 밝혀졌다. 즉, 다트가 도구 혹은 도구 사용의 증거라고 판단한 화석은 맹수에 의해 잡아먹힌 동물 뼈가 자연적으로 석회암 동굴에 쌓였을 뿐이며, 오스트랄로피테쿠스는 사냥꾼(hunter)이기는커녕 맹수들의 사냥감(hunted)이었다는 설명이 설득력 있게 제시되었다. 오스트랄로피테쿠스는 필요한 단백질을 주로 식물자원이나 곤충 등을 채집했거나 동물 사체에서 얻었을 것이다. 유적에서 발견된 동물 뼈 중에는 개미언덕을 파는 데 쓴 도구로 볼 만한 것도 있다는 주장도 있는데, 현재도 남아프리카에서 흰개미는 각종 식물과 함께 침팬지가 특별한 신체적 위험을 감수할 필요 없이 쉽게 얻을 수 있는 동물성 식량자원이다.

아래에서는 아프리카누스를 비롯해, 상대적으로 늦은 시기에 살던 오스트랄로피테쿠스 및 그와 관련된 고인류들에 대해 살펴보겠다.

오스트랄로피테쿠스 아프리카누스

전술하였듯, 아프리카누스는 처음 알려진 오스트랄로피테쿠스로서, '호리호리한 유형'을 대표한다(그림 28). 아프리카누스 화석은 종으로서의 특징을 충분히 알 수 있을 만큼 많이 발견되었는데, 특히 '인류의 요람' 문화유산으로 지정된 남아프리카 석회암 지대에서 가장 많이 수습되었다.

화석에서 알 수 있는 아프리카누스 성인의 키와 몸무게는 암수 각각 평균 138cm에 41kg 및 115cm에 30kg 정도이다. 해부학적 특징은 전반적으로 아파렌시스와 유사하며, 특히 상대적으로 긴 팔과 돌출한 인상을 주는 얼굴 부위의 형태는 아파렌시스와 비슷하다. 그렇지만 머리뼈는 더 둥글고 크며, 동시에 이빨은 조금 더 작은 편이다. 엉덩이

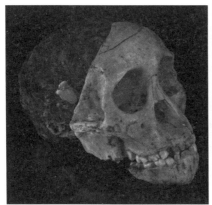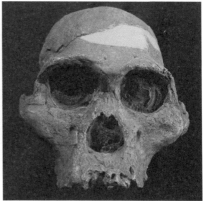

그림 28. 오스트랄로피테쿠스 아프리카누스로서 가장 유명한 소위 '타웅의 아기'(왼쪽)와 '플레부인(Mrs. Ples)'의 화석과 복원 상상도. '타웅의 아기'는 머리뼈 내부를 채운 진흙 화석이 두뇌와 머리의 형태를 보여주고 있다. '플레부인'은 아프리카누스 중 가장 완벽하게 보존된 화석의 하나로서, 이름과 달리 사실은 남성 개체이다. 1947년 스터크폰테인에서 발견되었고, 처음에는 '플레지안트로푸스 트란스발렌시스(*Plesianthropus transvaalensis*)'라는 이름이 붙여졌다.

나 다리와 발의 형태는 아프리카누스가 의심할 여지 없이 직립보행을 했음을 말해 주는데, 다만 어깨와 손의 모습은 현대인보다 나무를 훨씬 잘 기어 올라갈 수 있었음을 보여 준다. 이빨의 마모 상태는 대체로 파란트로푸스보다 심한 편인 사례가 많은데, 이로 볼 때 아프리카누스가 열매나 잎을 비롯해 상대적으로 부드러운 먹이를 먹었으나, 작은 이빨과 턱으로 씹기 힘든 먹이도 종종 먹었으리라고 여겨진다.

아프리카누스는 대체로 330만 년 전에서 210만 년 전 사이에 살았다. 그 기원을 말해 주는 확실한 증거가 있는 것은 아니지만, 아마도 동아프리카에서 아파렌시스로부터 진화했으리라고 여겨져 왔다. 그런데 이미 말했듯, 오스트랄로피테쿠스 프로메테우스로 명명된 화석인 '작은 발'이 아프리카누스라면, 아프리카누스는 기존에 생각했던 등장 시점보다 30~40만 년 전에 남아프리카에서 살고 있었다고 생각해야 하는데, 이 말은 즉 동아프리카에 아파렌시스가 살고 있을 때, 남아프리카에서도 아프리카누스가 살고 있었다는 뜻이다. 그러므로 아파렌시스가 아프리카누스를 비롯한 모든 후대 오스트랄로피테쿠스의 조상이라는 가정은 이제 재검토의 대상이 되었다. 나아가 재검토가 필요한 것은 아파렌시스와의 관계뿐만 아니며, 오랫동안 통용되어 오던 아프리카누스가 '사람속'의 직접 조상일 것이라는 생각도 역시 검토할 필요가 있다는 주장도 나타났다.

스터크폰테인 동굴에서는 '작은 발'이 발견된 층보다 뒤에 쌓인 층에서 석기도 발견되었으며, 그 연대는 2.18±0.21 MY, 즉 약 220만 년 전 전후로 측정되었다. 또 이와 비슷한 시기의 석기는 스와트크란스나 원더워크(Wonderwerk)에서도 발견되었다. 즉, 앞서 설명한 동아프리카에서 발견된 가장 이른 시기의 석기보다 조금 늦지만, 남아프리카에서도 200만 년 전 이전에 고인류가 석기를 사용했음이 실물로 확인되고 있다. 1990년대까지 석기의 제작과 사용은 '사람속'의 등장, 즉 호모 하빌리스와 더불어 시작했다고 여겨졌으나, 이제 석기의 제작과 사용은 그보다 이른 단계의 고인류부터 시작함이 드러났다. 전술한 바대로, 인류는 단지 증거가 발견되지 않았을 뿐, 등장한 때부터 혹은 심지어 아직 인류로 분기하기 전부터 도구를 사용했을 가능성도 있지 않을까 모르겠다.

오스트랄로피테쿠스 가르히

앞서 바렐가잘리에 대한 설명에서 말했듯, 아프리카누스의 해부학적 특징은 새로운 종이라고 보고된 오스트랄로피테쿠스 가르히와 오스트랄로피테쿠스 세디바에게서도 관찰된다. 오스트랄로피테쿠스 가르히는 제3장에서 언급한 에티오피아 고나에서 1996~1998년에 걸쳐 실시된 조사에서 발견되어 1999년 보고되었는데, 석기가 함께 발견되어 더욱 유명하게 되었다. 화석은 머리, 이빨과 팔다리 조각으로 구성되어

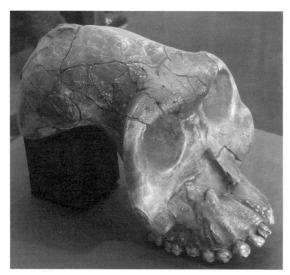

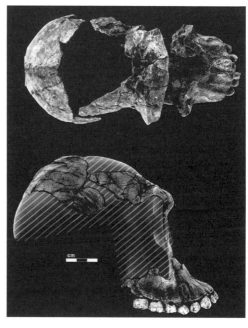

그림 29. 오스트랄로피테쿠스 가르히의 표준화석 'BOU-VP-12/130'과 전시된 복제품.

있다(그림 29).

가르히의 두뇌 용량은 호모 하빌리스의 70% 내외인 450cm³ 정도로 추정되었다. 두뇌는 상대적으로 작지만, 동물의 사지 뼈를 깨뜨려 골수를 얻는 데 사용했다고 보이는 석기의 발견은 당시로서 매우 놀라운 사건이었다. 더구나 그 연대가 최초의 도구를 사용했으리라고 여겨져 오던 호모 하빌리스의 연대를 훌쩍 뛰어넘어 260만 년 전으로 판명되었기 때문에 놀라움은 더욱 컸다. 그러므로 '놀라움'을 뜻하는 아파르어 단어를 차용해 오스트랄로피테쿠스 가르히라는 학명이 만들어진 것이다. 가르히는 연대와 더불어 아파렌시스를 비롯한 당대의 모든 고인류와 구분되는 특징을 갖고 있다는 판단에서, 보고자들은 이것을 오스트랄로피테쿠스와 '사람속'을 이어 주는 새로운 종이라고 주장하였다. 그러나 이에 대해서는 논란이 가시지 않고 있다.

가르히가 새로운 종이라는 주장은 그 해부학적 근거로서 두뇌 용량, 얼굴과 이빨 및 치열의 형태를 들고 있다. 전반적으로 가르히는 '사람속'보다 원시적인 모습인데, 특히 두뇌 용량과 앞으로 튀어나온 듯한 얼굴의 형태는 상대적으로 아파렌시스에 가깝지만, 어금니와 작은 어금니는 '강고한' 오스트랄로피테쿠스/파란트로푸스처럼 큰 모습이다. 보고자들은 이러한 조합이 다른 오스트랄로피테쿠스에게서는 보이지 않는 특징으로서, 가르히가 '사람속'의 직계 조상임을 말해 준다고 주장하였으며, 사지 뼈도 아파렌시스와 호모 에렉투스를 잇는 중간 단계의 특징을 보여 준다고 하였다. 즉, 아파렌시스는 다리보다 팔이 상대적으로 길며 호모 에렉투스는 팔이 짧고 다리가 긴 편이지만, 팔과 다리가 모두 긴 가르히는 다리가 길어지는 과정에 있는 고인류였다는 것이다. 또한 가르히는 석기를 사용해 고기를 자르고 골수를 먹는 등, 채식에서 육식으로 식생활이 바뀌는 소위 '식생활 혁명'의 과정에 있었고 이러한 생계자원 이용의 변화로 고인류는 아프리카를 벗어나 서식지를 확대해 나갈 수 있었다고 주장하였다.

그렇지만 많은 연구자는 이런 주장을 회의적으로 받아들이고 있으며, 빈약한 근거로 내린 무리한 결론으로 여기고 있다. 객관적으로 볼 때, 화석의 전반적 특징은 대체로 '강고한 유형'과 '호리호리한 유형'의 중간적 특징을 어느 정도 보여 주고 있다고는 하지만, 그러한 특징이 새로운 종을 정의하기에 충분한 수준의 증거인가에 대해서는 반대의 견이 크다. 그러나 아무튼 화석의 분류에 얽힌 문제와 상관없이, 오스트랄로피테쿠스 가르히는 300만~200만 년 전의 시간대에 속하는 화석이 드문 형편에서 이 빈 시간대를 메워 주는 자료로서 그 중요성을 인정받고 있다.

오스트랄로피테쿠스 세디바

오스트랄로피테쿠스 세디바는 '인류의 요람 세계문화유산' 지구의 말라파 화석유적(Malapa Fossil Site)에서 2008년 8월 15일에 고인류학자 아버지를 따라 이곳 돌로마이트 지형을 탐색하던 9살 난 아들이 발견했고, 2010년 학계에 공식 보고되었다. 퇴적층의 연대측정에서는 1.977±0.002 MA, 즉 약 200만 년 전의 신뢰할 만한 연대가 얻어졌으며, 함께 발견된 동물화석도 그러한 연대를 가리킨다. 따라서 이것은 늦은 단계의 오스트랄로피테쿠스라고 평가되고 있다. 그런데 화석은 아프리카누스의 특징을 갖고 있지만, 동시에 '사람속'에 가까운 특징도 있어 오스트랄로피테쿠스로 단정하기는 조심스럽다는 의견도 있다.

처음 어린 아들이 발견한 화석은 온전히 보존된 빗장뼈였는데, 아버지가 현장에 도착해 빗장뼈가 박힌 흙덩어리를 뒤집어보니 아래쪽에 온전한 턱뼈가 박혀 있었다고 한다. 화석번호 'MH1'이 붙여진 이 최초 발견 화석의 머리뼈는 2009년에 발견되었다. 화석의 주인공은 키 127cm 정도의 어린 남성이다. 이후의 조사에서는 동굴 바닥에 형성된 용천 퇴적층에서 모두 6개체분 이상에 달하는 220여 점의 화석이 수습되었다. 함께 발견된 동물화석의 상태를 볼 때, 세디바를 비롯해 함께 발견된 검치호, 몽구스, 영양 등의 동물은 아마도 동굴 바닥에서 솟는 물 냄새에 이끌려 지표에서 30~46m 깊이의 '죽음의 함정'에 떨어졌고, 사체는 석회 성분이 풍부한 샘의 모래층 바닥에 가라앉아 화석이 되었다고 보인다. 세디바는 이 지역 원주민의 소토(Sotho)어에서 샘이나 우물을 뜻하는 어휘이다(그림 30).

세디바가 함정에 추락했을 가능성은 화석의 상태에서 추측할 수 있다. 즉, 'MH1'은 부위가 흩어지지 않은 상태로 발견되었는데, 아주 작은 조각까지 센다면 신체의 34%, 큰 부분만을 센다면 신체의 59.6%가 발견되었다. 일부 부위가 흩어진 'MH2'의 경우에도 같은 방식으로 따졌을 때 신체의 45.6%, 59.6%가 수습되었다. '루시'의 경우 신체의 40%만이 수습되었음을 생각할 때, 세디바는 예외적으로 잘 보존된 셈이다. 그러한 뛰어난 보존 상태 덕분에 심지어 이빨 사이에 만들어진 치석도 보존되었으며, 치석에서는 식물규산체도 찾았다고 한다. 그로

그림 30. 오스트랄로피테쿠스 세디바. 표준화석 'MH-1'의 머리뼈 사진에 이어, 다음 사진에서는 여러 각도에서 본 'MH-1' 머리뼈(A, B, C), 아래턱뼈(D, F)와 위턱뼈(H) 및 'MH-2'의 아래턱뼈(E, G)를 볼 수 있다. MH는 'Malapa Homonin'의 머리글자이며, 눈금자는 센티미터 단위이다. 세디바를 비롯해 이곳에서 발견된 화석은 그림에서 보듯 석회암 지대 지하의 샘물에 이끌려 온 다음 벗어나지 못하고 죽은 동물들로부터 기원했으며, 후대의 침식으로 지표면에 드러나게 된 것이다.

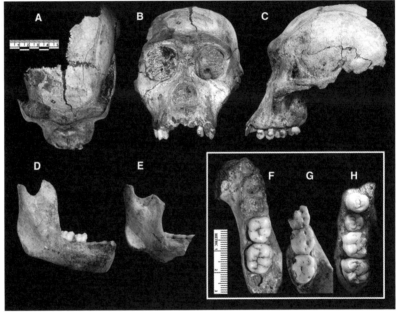

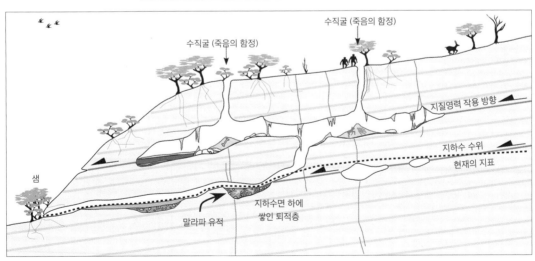

부터 세디바는 침팬지처럼 초원을 서식지로 삼았지만, 과일을 비롯해 숲에서 얻을 수 있는 식물자원도 먹이로 삼았을 것으로 추측된다.

세디바의 분류상 위치는 아프리카누스와 '사람속'의 중간 단계라고 보고되었다. 아직 성인에 다다르지 않은 'MH1'의 두뇌 용량은 $400cm^3$ 정도로 측정되었는데, 성인이 되었다면 아마도 $420 \sim 450cm^3$ 정도일 것이라고 추정되었다. 이런 두뇌 용량은 아프리카누스보다 작은 것은 아니지만, 호모 하빌리스 같은 이른 시기 '사람속'의 평균치인 $630cm^3$의 70% 정도 수준이다. 아래턱과 이빨은 상대적으로 작고 '호리호리한' 모습으로서, 호모 에렉투스에 가깝다고 한다. 따라서 만약 턱이나 이빨만이 발견되었다면 어금니 윗면의 주름진 상태는 오스트랄로피테쿠스와 유사하지만 크기가 작기 때문에 '사람속'으로 분류될 수도 있을 것이라고 한다.

손의 모습은 엄지손가락이 나머지 손가락에 비해 상대적으로 긴 것을 비롯해 여러 점에서 현대인에 가깝다. 따라서 잡고 쥐는 능력이 충분히 발달했으며 도구를 능숙하게 만들었다고 추정된다. 손과 발을 포함해 사지의 전반적 특징은 아프리카누스보다 '사람속'에 가깝다고 평가되었지만, 잘 보존된 성인 여성 개체의 팔목과 손은 오스트랄로피테쿠스에 가까워, 나무도 능숙하게 탔을 것으로 추정되었다. 발도 현대인에 가깝게 생겼지만, 발과 복사뼈에는 아직 원시적인 특징이 남아 있다고 한다. 그러므로 세디바는 독특하게도 직립보행과 수상생활을 함께 할 수 있었을 것으로 추정했다. 보고자들의 이런 평가는 결국 세디바가 오스트랄로피테쿠스에서 '사람속'으로 전이하는 과정에 있음을 보여 준다는 주장이다. 그렇지만 이에 대한 반론으로서, 그러한 해부학적 특징은 오스트랄로피테쿠스에게서 볼 수 있는 변이의 범위 내에 있으므로 세디바는 새로운 종이 아니라 단지 아프리카 남부에 살던 아프리카누스의 한 지역 유형에 불과하다는 비판이 제기되었다.

파란트로푸스

앞서 말했듯, 파란트로푸스로 분류되는 화석은 1990년대까지 '강고한 유형의 오스트랄로피테쿠스(robust australopithecines)'라고 불리는 경향이 있었다. 그러나 지금은 '호리호리한 유형'과의 차이는 같은 속에 속하는 종 사이의 차이를 뛰어넘는다는 생각에서 파란트로푸스라는 별개의 속이 대체로 인정받고 있으며, 오스트랄로피테쿠스와 속의 상위 분류단위인 아족에서 하나로 묶여 '오스트랄로피테쿠스아족'으로 다루어지고 있는 경향이다. 그렇지만 파란트로푸스의 독특한 형질은 늦은 단계의 오스트랄로피테쿠스 일부가 매우 전문화되고 특화된 방향으로 진화한 결과라는 주장도 꽤 공감대를 이루고 있으므로, '강고한 유형의 오스트랄로피테쿠스'라는 용어도 쉽게 사라지지 않을 것이다.

파란트로푸스로 분류되는 화석으로서 처음 발견된 것은 1938년 남아프리카의 크롬드라이 동굴에서 수습된 오스트랄로피테쿠스 로부스투스 화석이며, 동아프리카에서는 1959년 올두바이에서 발견된 진잔트로푸스 보이세이 화석이 그 첫 사례이다. 그동안 파란트로푸스로 분류되는 화석은 모두 300개체분 이상 수습되었다. 위의 두 지점에서 발견되어 각각 화석번호 'TM 1517'과 'OH 5'가 붙은 두 화석은 파란트로푸스 로부스투스(*P. robustus*)와 보이세이(*P. boisei*)의 표준화석이다. 파란트로푸스속에 속하는 종으로는 이 둘과 함께 이들보다 먼저 등장했다고 여겨지는 파란트로푸스 에티오피쿠스(*P. aethiopicus*)가 있다.

파란트로푸스 로부스투스와 보이세이 두 학명은 오스트랄로피테쿠스 로부스투스와 보이세이로부터 온 것으로서, 이미 말한 바대로 파란트로푸스를 인정하지 않는 연구자는 그대로 후자를 학명으로 사용하고 있다. 앞서 로부스투스라는 이름의 연원에 대해서는 간단히 설명했지만, 보이세이는 루이스 리키가 진잔트로푸스 화석 발견에 많은 도움을 준 친지 Charles Boise를 기리는 뜻에서 만든 학명이다. 한편, 비교적 생소한 이름인 파란트로푸스 에티오피쿠스는 조금 복잡한 내력이 있는 학명이다.

즉, 1985년 투르카나호수 서안 지역에서 발견된 화석번호 'KNM-WT 17000'의 머리뼈 화석을 두고, 발견자는 자신의 이름을 따 파란트로푸스 워커리(P. walkeri)라고 명명했다. 그런데 이것과 많은 점이 유사한 화석은 이미 1967년에 에티오피아 오모 분지에서 발견되었다. 'Omo 18-1967-18'라는 번호의 이 화석은 흔히 'Omo 18'이라고 불리며, 발견 이후 화석은 파라오스트랄로피테쿠스 에티오피쿠스(Paraustralopithecus aethiopicus)라는 학명으로 보고되었다. 따라서 학명 부여의 원칙에 따르자면 'KNM-WT 17000'도 후자로 분류해야 하는데, 새 학명은 이를 무시한 것이다. 그에 따라 발생한 학명을 둘러싼 논란이 일게 되었는데, 이를 중재하기 위해 과거부터 사용되던 파란트로푸스라는 속 명과 먼저 제시된 종 명인 에티오피쿠스를 조합해 파란트로푸스 에티오피쿠스라는 학명이 새로 만들어진 것이다. 그러나 'KNM-WT 17000'의 고유성을 중시하는 이들은 'P. aethiopicus'를 거부하고 'P. walkeri'를 계속 사용하고 있다. 그런가 하면 파란트로푸스 속 자체를 인정하지 않는 이들은 오스트랄로피테쿠스 에티오피쿠스(Au. aethiopicus)라는 학명을 사용한다.

파란트로푸스로 분류되는 화석은 다른 오스트랄로피테쿠스보다 '강고한' 혹은 '특별히 강고한' 신체적 특징을 지닌다고 일컬어진다. 따라서 얼핏 생각하면 파란트로푸스 개체들은 고릴라와도 같이 큰 덩치와 억센 모습이리라고 상상할 수 있다. 그러나 파란트로푸스의 몸집은 대체로 다른 오스트랄로피테쿠스보다 오히려 작은 편이다. 파란트로푸스가 '강고한' 특징을 보여 준다는 것은 다만 먹이를 씹는 이빨, 특히 어금니와 턱 및 이것들과 기능적으로 밀접하게 연관된 머리뼈 각 부위가 상대적으로 크고 잘 발달했음을 가리킬 뿐이다. 즉, 파란트로푸스는 강력한 저작 능력을 발휘할 수 있도록 어금니가 매우 크며, 큰 이빨에 상응하게 턱도 두껍고 크다. 나아가 강력한 씹는 힘을 발휘하기 위해 턱과 안면 근육이 발달한 만큼, 근육이 부착되는 부위로서 정수리에는 앞뒤로 길게 활 모양으로 돌출한 시상융기(矢狀隆起)가 발달했으며, 광대뼈도 옆으로 크게 튀어나와 있는 독특한 형질을 갖추고 있다. 그러므로 정면에서 본 얼굴 모습은 고릴라를 연상시키지만, 전체 몸집과 머리의 크기는 그리 크지 않다.

머리에서 보이는 그러한 '강고한' 특징은 약간씩 차이가 있는데, 파란트로푸스 로부스투스와 보이세이의 구분은 그러한 차이를 기준으로 하고 있다. 양자는 상당히 오랫동안 공존했기 때문에 때로는 구분이 쉽지 않지만, 아무튼 신체의 '강고한' 특징이 '평균 수준'인지 아니면 '매우 높은지'를 평가해 나누고 있다. 즉, 로부스투스는 '호리호리한 유형'의 오스트랄로피테쿠스보다 이빨이나 턱, 광대뼈가 더 크고 시상융기가 발달했으며, 보이세이는 로부스투스보다도 이런 부위들이 더욱 크게 발달했다고 생각할 수 있다. 파란트로푸스의 '강고한' 특징은 거친 식물성 자원을 먹이로 삼았기 때문에 발달한 것으로서, 이빨의 마모 상태도 씨앗이나 견과류, 뿌리 등의 단단한 식물성 자원이 주식임을 말해 준다. 물론 오로지 그런 먹이만을 먹었던 것은 아니며 기회가 닿는 대로 동물성 먹이도 먹던 잡식성이었을 것이다.

지리적 분포에 있어, 로부스투스는 남아프리카에서, 보이세이와 에티오피쿠스는 에티오피아, 케냐, 탄자니아 일대의 동아프리카에서 발견되었다. 또 에티오피쿠스는 270만 년 전에서 230만 년 전에, 나머지 둘은 230만에서 100만 년 전 사이에 살았고 따라서 '사람속'과 공존했다고 여겨진다(8장 참조). 이 셋 사이의 관계에 대해서는 여러 의견이 제시되었다. 존속 시간대를 볼 때, 에티오피쿠스는 오스트랄로피테쿠스 아파렌시스나 아나멘시스로부터 진화했다고 보는 생각이 우세하다. 그러나 보이세이와 로부스투스에 대해서는 이 둘은 에티오피쿠스의 후손이라는 주장과 오스트랄로피테쿠스 아프리카누스로부터 진화했다는 주장이 대립하고 있다. 그런가 하면, 로부스투스와 보이세이는 두 종이 아니라 같은 종으로서, 단지 너른 지역에 분포해 서로 다른 방식으로 적응해 살다 보니 만들어진 종내집단, 즉 지역 집단에 불과하다는 주장도 나름대로 지지받고 있다. 이렇듯, 파란트로푸스의 분류와 진화 관계에 대해서는 의견이 분분하지만, 모든 연구자는 파란트로푸스 내지 '강고한 유형'의 오스트랄로피테쿠스는 그 신체적 특징이 말해 주듯 특정 환경 조건에 대해 지나치게 잘 적응한 결과 100만 년 전 무렵 진화의 막다른 골목에 다다라 소멸했다고 생각하고 있다.

파란트로푸스 에티오피쿠스

에티오피쿠스는 단지 전술한 'Omo 18'과 'KNM-WT 17000'만으로 정의된 종이다. 'Omo 18'은 위턱과 아래턱 일부 및 서너 점의 이빨로 구성되어 있다. 발견자는 이것을 새로운 종으로 보고했으나, 당시 많은 연구자는 오스트랄로피테쿠스라고 여겼었다. 그러나 10여 년 뒤 'KNM-WT 17000'이 발견되며, 두 화석이 여러 점에서 유사하다는 사실이 새삼 주목받게 되었다(그림 31).

두 화석 중에서 더 중요한 것은 'KNM-WT 17000'인데, 이것은 퇴적 이후 표면에 광물이 침착해 윤기 있는 검푸른 색을 띠게 되어 일명 '검은 두개골(Black Skull)'이라고 불린다. 연대는 250만 년 전으로 측정되었다. 머리 바닥 부위는 편평하며, 턱에 있는 치조는 앞니가 컸음을 말해 준다. 그러나 두뇌 용량은 410cm³로 매우 작고, 씹는 기능을 지지하는 관련 부위가 잘 발달해 있다. 한편 얼굴은 다른 두 종의 파란트로푸스보다 앞으로 더 튀어나와 보다 원시적인 모습이며, 광대뼈도 더 크고 위턱의 끝 부분도 더 길다. 이런 특징으로 이것이 아파렌시스에게서 기원했다고도 주장되며, '강고한 유형'으로의 이행 단계에 있다

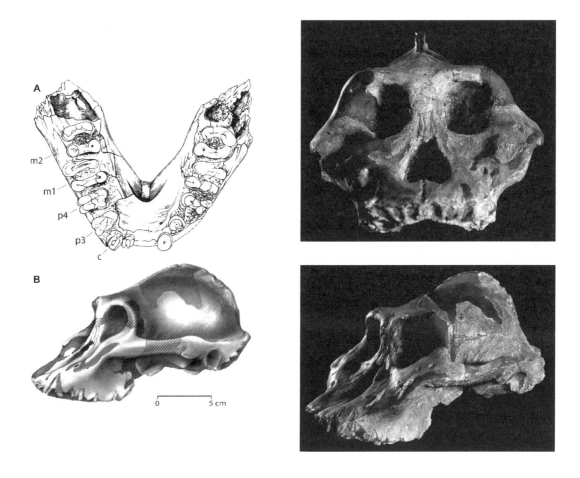

A

m2
m1
p4
p3
c

B

0   5 cm

그림 31. 'Omo 18'(왼쪽)과 'KNM-WT 17000'. 'Omo 18'의 턱 그림에서 m, p, c 는 각각 어금니(molar), 작은 어금니(premolar)와 송곳니 (canine)를 가리킨다.

고 주장되기도 한다. 그렇지만 턱의 크기 이외에는 다른 파란트로푸스 와의 관계를 설정할 수 있는 특징은 찾기 어렵기 때문에, 다른 두 종과 의 관계에 대해서는 여러 의견이 제시되었다.

파란트로푸스 로부스투스와 보이세이

로부스투스로 분류되는 화석은 처음 발견된 크롬드라이를 비롯해, 스 와트크란스와 드리몰렌(Drimolen) 등, '인류의 요람 세계문화유산' 지 구 내에 있는 여러 동굴에서 많이 발견되었다. 특히 스와트크란스에서는 모두 130개체분 이상의 화석이 수습되었고, 여기서 발견된 화석의 치아 발달 상태 분석 결과 17세 이상의 개체는 매우 드물다고 한다. 즉, 사망 연령 분포도를 그리면 그 정점이 10대 후반으로서, 파란트로푸스를 포함해 오스트랄로피테쿠스 단계 고인류의 평균 수명은 아마도 이 정도였을 것이다.

크롬드라이에서는 2014년에서 2017년 사이에 로부스투스의 표준 화석인 'TM 1517'보다 앞선 시기에 살던 30개체분의 화석이 발견되었다. 이것과 스와트크란스 수습 화석들과의 비교분석을 통해 로부스투스는 성적 이형성이 높았음이 확인되었다. 또 전체 화석에서 다수를 차지하는 것은 아직 영구치 어금니가 나오지 않은 어린 개체들로서, 야생 침팬지에서 보이는 사망 연령 분포와 유사한 양상이라고 한다. 한편, 2020년 드리몰렌에서는 연대가 2.04~1.95 MY, 즉 200만 년 전 무렵으로 측정된 로부스투스 화석들이 발견되었다. 흥미롭게도 이 화석들은 약 20만 년 앞선 시기의 스와트크란스 화석들보다 몸집이 더 작은 개체들로 구성되어 있는데, 보고자들은 그러한 차이는 급격한 환경변화로 로부스투스가 20만 년의 시간 동안 진화한 결과라는 흥미로운 주장을 하였다(그림 32).

앞서 로부스투스와 보이세이의 차이는 정도의 문제라고 했는데, 사실 둘은 매우 닮은 모습으로서 특히 얼굴이 돌출한 정도, 이빨의 형태와 배치, 코뼈의 크기나 모습 등에서 그러하다. 또 어금니의 강력한 씹는 힘을 지지하기 위해 잘 발달한 근육이 정수리까지 연결되도록 광대뼈가 옆으로 넓게 커져, 얼굴 모습이 둥글납작한 것도 공통적이다. 두뇌 용량도 서로 비슷해 평균 520cm³ 정도이며, 성인 남녀의 키는 각각 1.2m, 1m 내외이며, 몸무게는 각각 54kg, 40kg 정도이다. 신체 크기의 성적 이형성도 모두 아프리카누스 수준으로서, 남성 대 여성의 비는 100 대 80 정도이다. 또 양자는 모두 남성의 정수리 부위에 시상융기가 확연히 발달했다. 그러므로 이러한 유사성을 강조하는 이들은 이

그림 32. 파란트로푸스 로부
스투스 화석과 복원 상상도.
화석은 크롬드라이에서 2014
년에서 2017년까지 실시한
발굴에서 수습한 화석번호
'SK 48'(위)과 2020년 드리
몰렌에서 발견된 'DNH 155'
이다. 이 둘은 가장 최근에 발
견된 로부스투스 화석을 대
표하고 있다. 'DNH 155' 사
진 중앙의 가로 눈금은 길이
10mm이다.

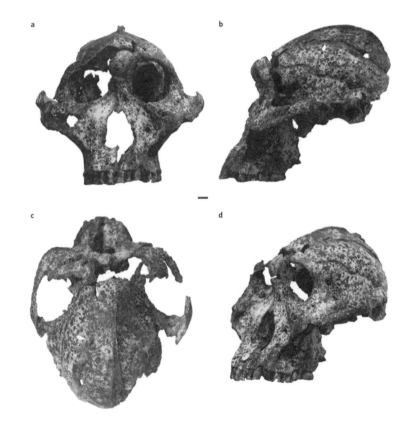

둘을 구분하지 않고 하나의 종으로 묶어야 한다고 주장하지만, 양자를
구분하는 이들은 여러 부위의 유사성이 중요한 것이 아니며 그 차이가

중요하다고 강조하고 있다. 심지어 그 차이의 중요성을 극단적으로 주장하는 이들은 양자가 같은 계보에 속하지 않으며 서로 다른 속으로 분류해야 한다고까지 말하고 있다.

파란트로푸스 보이세이라는 '특별히 강고한' 고인류 화석은 진잔트로푸스가 발견된 1959년 이후 동아프리카 대열곡지대에서만 발견되었다. 주요 화석 산출 지역은 에티오피아 오모 분지, 케냐 투르카나호수 동안 지역, 탄자니아 올두바이협곡이다(그림 20). 파란트로푸스 보이세이 중에서 가장 이른 시기의 화석은 오모에서 발견된 230만 년 전의 아래턱인데, 이것은 또 파란트로푸스 보이세이 화석 중에서 가장 큰 턱이기도 하다. 가장 늦은 시기의 것은 올두바이협곡 제2층(Bed II)에서 발견된 120~110만 년 전의 화석이다. 따라서 파란트로푸스 보이세이는 '사람속'이 등장하고 나서 100만 년이나 그 이상 '사람속'과 공존했다고 여겨진다. 두뇌 용량은 로부스투스보다 머리 크기가 큰 만큼 조금 더 커 500~550cm³ 정도이며, 얼굴도 조금 덜 튀어나왔다. 시상융기는 로부스투스가 머리 뒤쪽으로 약간 치우쳐 있으나, 보이세이는 중앙부를 차지하고 있다(그림 33).

이미 말한 바대로, 파란트로푸스 보이세이의 이빨, 턱, 광대뼈와 정

그림 33. 파란트로푸스 보이세이 표준화석 'OH 5' 복원품과 외모 상상도.

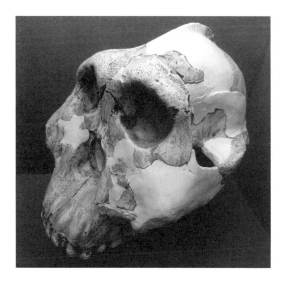

수리에서 보이는 여러 '특별히 강고한' 특징은 먹이 환경에 대한 극단적 적응 결과 만들어졌다고 여겨진다. 즉, 보이세이는 매우 질기고 딱딱한 품질 낮은 식물성 먹이를 주로 먹고 살 수밖에 없는 환경에서 생활하며, 씹는 기능이 극도로 발달하는 쪽으로 진화한 고인류 계보의 마지막에 다다른 종으로서, 특정 환경에 극단적으로 적응하며 과도하게 특화한 보이세이는 환경 조건의 급격한 변화에 대응할 수 없었기 때문에 결국 멸종했다고 설명하고 있다.

8

'사람속'의 시작

'사람속'의 등장

파란트로푸스가 진화의 막다른 골목에 다다른 계보였다면, 호모 사피엔스를 비롯한 '사람속', 즉 'Homo' 속은 어떤 다른 고인류로부터 기원했을 것이다. 그렇지만 '사람속'은 오스트랄로피테쿠스 중의 어떤 종에서 등장했을 것이라 짐작되고 있을 뿐, 앞서 살펴본 여러 고인류의 어떤 종과 조상–후손 관계에 있는지는 아직 확실하지 않다. 다만 분명한 점은 '사람속' 계보에 속하는 고인류가 늦은 시기의 오스트랄로피테쿠스와 파란트로푸스가 활동하던 200여 만 년 전이면 등장했다는 점이다. 이 최초의 '사람속'에 속하는 고인류는 호모 하빌리스라고 여기는 것이 1970년대 이래 널리 퍼진 생각이다. 그렇지만, 역시 이에 대해서도 호모 하빌리스를 하나의 종으로 보기 어렵다는 반론도 있으며, 또 이보다 더 일찍 등장한 '호모속'의 종이 있을 것이라는 주장도 있고, 최초의 호모로서 둘 이상의 종이 공존했다는 주장도 있다. 그러나 아무튼 새로운 고인류 '호모'는 적어도 200만 년 전 무렵 아프리카를 벗어나기 시작했다고 여겨진다. 아프리카를 벗어날 수 있었던 것은 앞서 등장한 어느 고인류보다 뛰어난 두뇌와 도구 제작 능력을 갖추고 있어, 유라시아 대륙의 새로운 환경에 충분히 적응할 수 있었기 때문이라고 설명되고 있다.

그런데 이른 시기의 '사람속'은 수십만 년 이상 여러 종의 고인류와 공존하고 있었으며(그림 15), 그러한 사실을 말해주는 직접적 물증이 발견되었다는 보고가 2024년 말 발표되었다. 즉, 150만 년 전 무렵의 어느 날 각각 파란트로푸스와 '사람속'에 속하는 서너 명의 고인류가 거의 같은 시점에, 길어봤자 수 시간 이내의 짧은 시차를 두고 불과 1m 정도 떨어진 거리를 두고 걸어갔음을 말해주는 발자국이 투르카나호수 가장자리의 쿠비포라에서 발견된 것이다(그림 20 참조). 아마도 이른 시기의 고인류들은 다른 종의 고인류가 존재함을 알고 있었을 것이다.

여러 종이 공존하고 있었으므로, '사람속'으로 분류할 만한 화석이지만 '사람속'에서는 보기 힘든 형질 특징이 있다거나 혹은 상대적으로 '원시적' 특징과 '발달한' 특징을 함께 갖추고 있다면, 해당 화석의 분류와 종의 판정은 인류 진화의 계보를 연구자가 어떻게 생각하는가에 따라 달라질 수 있다. 이런 사정은 이미 살펴본 앞 시기의 여러 고인류에서도 마찬가지지만, 특히 '사람속'이 등장한 200만 년 전 전후의 화석을 두고 이것이 과연 '사람속'으로 분류할 수 있는지, 만약 그렇다면 무슨 종으로 볼 수 있는지 하는 문제를 두고 많은 논란이 있어 왔다.

많은 사람에게 '사람속'에 속하는 고인류로는 아마도 호모 하빌리스, 호모 에렉투스와 네안데르탈인, 즉 호모 네안데르탈렌시스(*H. ne-anderthalensis*)[15] 정도가 떠오를 것이다. 그러나 이제 '사람속'에 속하는 고인류 종명은 10여 개 이상에 이르고 있다(그림 15). 물론 이 경

....

15 네안데르탈인을 가리키는 일반 명사로는 'neanderthal'과 'neandertal'이 같이 쓰인다. 이것은 왜냐하면 독일에서 골짜기를 뜻하는 어휘 'thal'이 현대에 들어와 'tal'로도 쓰이기 때문이다. 학명 표기는 원칙적으로 전통적 표기를 따르고 있지만, 이처럼 따르지 않는 사례도 더러 있다.

우에도 앞서 살펴본 바처럼 설정의 타당성이 의심받거나 아직 많은 점이 모호한 종들도 있으며, 모든 종이 그 중요성을 동등하게 인정받고 있는 것은 아니지만, 아무튼 '사람속'의 등장과 진화에 대한 설명도 매우 복잡해졌다.

이렇게 많은 '사람속' 종명 중에서, 이른 시기에 해당하는 화석들에는 호모 하빌리스 외에도 호모 에르가스터(*H. ergaster*), 호모 게오르기쿠스(*H. georgicus*), 호모 루돌펜시스(*H. rudolfensis*) 같은 이름이 붙었다. 그런데 호모 루돌펜시스는 〈그림 15〉에서 보는 바처럼 호모가 아니라 늦은 단계의 케냔트로푸스로 분류하는 이도 있다. 호모 에렉투스는 이들보다 조금 늦게 등장했다고 보이며, 길게 잡으면 180만 년, 짧게 잡아도 150만 년 정도 존속했다. 이 네 종을 제외하면, '사람속'의 나머지 모든 종은 호모 에렉투스가 살던 시기에 등장했으며, 또 그중에서 상당수는 에렉투스가 사라지기 전에 먼저 사라졌다.

에렉투스와 공존했던 종으로서는 네안데르탈처럼 익숙한 이름도 있으나, 호모 하이델베르겐시스(*H. heidelbergensis*), 호모 스타인하이멘시스(*H. steinheimensis*) 혹은 호모 날레디 같은 이름은 생소할 것이다. 이 셋 중에서 앞의 두 학명은 이미 잘 알려진 화석을 다시 분류한 것이지만, 호모 날레디는 종래 보지 못하던 특징을 지닌 화석이 발견되어 2015년 등장한 이름이다. 또한 화석에 대한 유전자 분석을 통해 그 존재가 처음 확인된 데니소바인(Denisovan)도 이런 종들과 공존했다.

호모 사피엔스는 이러한 여러 종보다 늦게 플라이스토세 중기 후반에 아프리카에서 등장했으며, 아프리카를 벗어나 유라시아 서부에서 중부에 걸친 지역에서 네안데르탈과 오랫동안 섞여 살았다. 동아시아에서 사피엔스는 에렉투스와 공존했을 뿐만 아니라, 동남아시아의 섬 지역에서는 호모 플로레시엔시스나 호모 루조넨시스(*H. luzonensis*) 같은 새로운 종들과도 불과 몇 만 년 전까지 함께 살았을 것이다. 이 장에서는 호모 하빌리스로부터 시작해 사피엔스 등장 무렵까지 존속했던 여러 종의 '사람속'에 대해 살펴보겠다.

호모 하빌리스와 루돌펜시스

'사람속'으로서 가장 이른 시기에 살았다고 여겨지는 호모 하빌리스는 대략 240만 년 전에 등장해 140만 년 전 무렵까지 존속했다고 여겨진다. 그러한 존속 연대에 대해서는 연구자에 따라 10만 년 정도의 폭으로 약간씩 다른 수치가 제시되기도 하지만, 아무튼 이러한 연대로부터 하빌리스는 오스트랄로피테쿠스와 파란트로푸스뿐 아니라 호모 에르가스터나 호모 에렉투스처럼 하빌리스보다 늦게 등장한 종들과도 공존했다고 여겨진다.

호모 하빌리스라는 학명이 인정받게 된 과정은 조금 복잡하다. 루이스 리키는 자신이 올두바이에서 발견한 'OH 7'이 오스트랄로피테쿠스보다 호모 사피엔스에 더 가까운 특징을 보여 준다고 판단해, 1964년에 이를 호모 하빌리스라는 새로운 종으로 보고하였다. 이것이 발견되기 전 올두바이에서는 180만 년 전 무렵의 석기가 이미 말한 진잔트로푸스와 같은 층에서 발견되었다. 리키는 석기가 진잔트로푸스가 남긴 것이 아니라 이보다 더 진화했으며 'OH 7'이 대표하는 고인류의 유물이라고 주장하였다. 호모 하빌리스라는 학명은 손재주가 있다는 뜻의 라틴어 어휘 'habilis'를 그대로 빌린 것으로서, 석기를 만들 만큼 손재주가 있는 이 종으로부터 사피엔스를 비롯한 이후의 모든 호모가 나왔다고 주장한 것이다.

그러나 이 주장은 차갑게 받아들여졌다. 부분화석으로 발견된 'OH 7'은 아직 미성년이었으므로, 화석의 특징이 반드시 새로운 종임을 말해 준다고 보기 어렵고, 아마도 오스트랄로피테쿠스 아니면 호모 에렉투스일 것이라는 반응이 지배적이었다. 심지어 아들인 리처드 리키마

저 이것을 오스트랄로피테쿠스라고 생각해 호모 하빌리스 대신에 오스트랄로피테쿠스 하빌리스(*Au. habilis*)로 부르기까지 했다. 사실 이 때까지 호모 하빌리스로 분류할 만한 화석은 극히 적었는데, 'OH 7'은 1959년부터 여러 해에 걸쳐 수습된 미성년 개체의 화석으로서, 이와 유사한 것으로는 1960년대에 부분화석으로 발견된 'OH 13', 'OH 16' 정도가 전부였다.[16] 올두바이를 제외한다면 스와트크란스와 스터크폰테인에서 심하게 부서진 머리뼈 파편만이 알려졌을 뿐이다. 그러므로 논란이 컸던 것은 이해할 만한 일이다.

이런 상황에서 1972년 잘 보존된 화석인 'KNM-ER 1470'을 케냐 북부 쿠비포라(Koobi Fora)에서 리키 부부가 발견하며, 호모 하빌리스에 대한 부정적 인식도 상당히 바뀌게 되었다. 처음 발표에서는 이 화석을 그저 '*Homo*' 속이라고 했지만, 곧 190만 년 전에 살던 가장 이른 시기의 '사람속' 종으로서 호모 하빌리스라고 분류해 발표하였다(그림 34). 이러한 발표와 더불어 호모 하빌리스가 오스트랄로피테쿠스에서 현생인류에 이르는 '사람속' 계보의 조상이라는 주장은 어느 정도 힘을 얻게 되었다.

호모 하빌리스를 대표하는 'KNM-ER 1470'은 오스트랄로피테쿠스와 비슷한 점도 있지만, 전반적인 얼굴 부위의 돌출 정도가 오스트랄로피테쿠스보다 현저히 줄어들었다. 더욱 중요하게도, 이것은 '사람속'에 특징적인 둥그런 모습의 머리를 하고 있으며 두뇌 용량은 오스트랄로피테쿠스보다 월등히 크다. 발표 당시, 미브 리키가 복원한 두뇌 용량은 755cm^{3}로서, 이것은 비슷한 몸집의 오스트랄로피테쿠스보다 50% 이상 더 큰 것이다. 이러한 차이점은 이 화석을 오스트랄로피테쿠스보다 진화한 종이라는 주장에 힘을 실어 주었으며, 오스트랄로피

....

16 'OH'는 'Olduvai Hominid'의 머리글자에서 온 부호지만 'Olduvai Hominin'의 머리글자도 되므로, 올두바이에서 새로 발견되는 화석들은 계속 'OH'로 시작하는 일련번호를 부여받고 있다.

테쿠스와 '사람속'이 공존했다는 생각을 받아들이게끔 하였다. 그런데 호모 하빌리스의 존재를 인정하다 해도, 호모 하빌리스로 분류된 화석들 사이에는 동일 종이 갖고 있어야 할 공통 특징을 잘 보기 어렵고, 두뇌 용량도 다른 '사람속'보다 월등히 작은 것들이 많다는 문제가 있다. 그 결과, 과연 이 화석들을 '호모'로 볼 수 있는가 하는 논란은 지금도 완전히 사라지지 않았다.

그런 논란은 1973년 'KNM-ER 1470'의 발견 지점 가까이에서 같은 시기에 살았다고 할 수 있는 'KNM-ER 1813'의 발견과 더불어 본격적으로 시작되었다(그림 34). 왜냐하면 이 화석은 무엇보다도 두뇌 용량이 510cm³에 불과해 호모 하빌리스의 기준이라고 했던 600cm³에 훨씬 미치지 못하며, 이빨과 얼굴도 매우 작고, 전체 크기도 평균적인 오스트랄로피테쿠스와 비슷한 정도이기 때문이다. 'KNM-ER 1813'은 올두바이에서 발견된 호모 하빌리스인 'OH 24'와 닮은 점이 있다는 이유에서 호모 하빌리스라고 발표되었으나, 두 화석은 오스트랄로피테쿠스와 파란트로푸스 사이의 차이를 연상시킬 정도로 대비되는 점도 보여 준다. 그러므로 과연 이 둘을 한 종으로 묶을 수 있는가, 만약 그렇다면 '사람속'으로 분류할 수 있는가, 만약 그렇지 않다면 둘은 같은 속인가 아닌가 하는 등등, 많은 질문이 쏟아지지 않을 수 없었다. 물론 이런 질문들에 대한 정답은 없으며 단지 여러 대안적 설명이 제시되었을 뿐이다.

그런 설명의 하나로서 관심을 끈 것은 'KNM-ER 1470'이 두뇌 용량이나 신체가 다른 것들보다 두드러지게 크므로 호모 하빌리스가 아닌 호모 루돌펜시스라는 보다 진화한 종으로 분류해야 한다는 의견이다. 그러나 호모 하빌리스를 독립 종으로 설정하는 이들은 그런 차이란 호모 하빌리스의 성적 이형성 때문에 나타난 것일 수 있다는 반론을 펴는 등, 찬반이 분분하다. 즉, 이 화석의 원시적 특징을 지적하며 '호모속'으로 분류할 수 없다고 보는 이들은 오스트랄로피테쿠스의 분류에

그림 34. 여러 각도에서 본 'KNM-ER 1470'(왼쪽)과 'KNM-ER 1813' (오른쪽).

대한 관점에 따라 오스트랄로피테쿠스 루돌펜시스(*Au. rudolfensis*)로 부르기도 하고, 혹은 안면의 편평한 형태가 케냔트로푸스 플라티옵스 와 닮았으므로 케냔트로푸스 루돌펜시스로 분류하기도 한다(그림 15 참조). 또 그런가 하면 'KNM-ER 1470'은 호모 하빌리스이고 'KNM-

ER 1813'은 오스트랄로피테쿠스 아프리카누스 혹은 호모 에렉투스라는 이도 있으며, 이런 모든 화석은 호모 에렉투스의 지역형일 뿐이라는 주장도 있다. 나아가 남아프리카에서 발견된 것들을 호모 가우텐겐시스(H. gautengensis)라는 새로운 종으로 분류한 주장도 2010년에 나타났다. 이렇듯 호모 하빌리스와 나아가 루돌펜시스의 실체와 정체성에 대해서는 논란이 큰데, '호모속'이 등장할 즈음의 화석에 대한 분류와 명명은 자세히 나누면 나눌수록 혼란만 키운다는 인상을 받게 된다.

호모 하빌리스의 기원에 대한 자료로서는 2013년 에티오피아 아파르 지방의 레디게라루(Ledi-Geraru)라는 곳에서 발견된 280만 년 전의 턱뼈 한 점이 제시된 바 있다. 이 화석은 오스트랄로피테쿠스와 호모 하빌리스를 이어 주는 증거라고 주장되었다. 함께 발견된 동물화석을 비롯한 환경 자료는 화석의 주인공이 급속하게 건조화한 환경에서 살았음을 시사해 주며, 아마도 그러한 환경변화가 '사람속'으로의 진화를 유발했으리라는 추측이 제시되었다. 그러나 이러한 결론을 그대로 받아들이기에는 아직 증거가 미약한데, 이미 말했듯, 300~200만 년 전에 해당하는 고인류 화석은 매우 드문 사정이라, 호모 하빌리스뿐 아니라 다른 여러 '호모속' 종의 기원과 진화 관계에 대해서는 아직 추측만 할 수 있는 형편이다. 최초의 '사람속'의 등장은 호모 사피엔스의 기원과도 맞물려 있는 문제로서, 인류의 기원에 못잖은 학계의 큰 관심거리지만, 해당 시기에는 여러 종의 고인류가 뒤섞여 살았다. 그에 따라 위에서 요약했듯, 이 시기의 화석에 대한 평가는 연구자에 따라 큰 차이를 보여 주며, 심지어 주어진 화석을 '호모'로 분류할 수 있는가 하는 기본적 문제를 두고서도 날카롭게 대립하는 일이 종종 있어 왔다.

다시 이상의 내용을 요약하면, 호모 하빌리스를 '사람속' 계보의 출발점이라고 하는 1960년대 이래의 주장은 1970년대 초에 힘을 얻었으나 다시 1980년대부터 새로운 증거와 더불어 조금씩 흔들리기 시작했다고 할 수 있다. 예를 들어, 1986년에 발견된 180만 년 전의 화석인

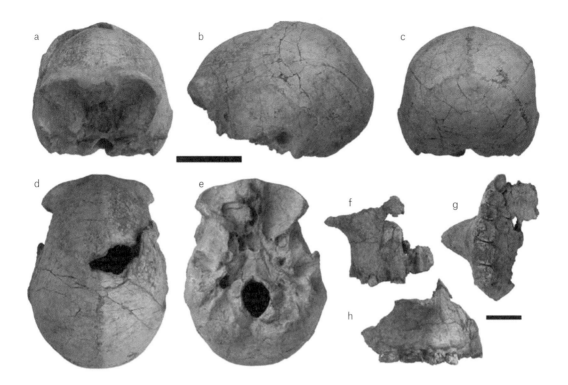

그림 35. 'KNM-ER 42700'
과 'KNM-ER 42703'. a-e는
'KNM-ER 42700'의 머리를
여러 방향에서 본 것이며, f-h
는 'KNM-ER 42703'의 위턱
뼈 조각이다. 가로 눈금의 길
이는 각각 2cm, 1cm이다.

'OH 62' 및 그 뒤에 발견된 'KNM-ER 3735'의 특징은 호모 하빌리스의 신체는 '사람속'보다 오스트랄로피테쿠스에 가까운 더 원시적인 모습이며 나무 위에서의 생활에서 완전히 벗어나지 않았다는 결론을 얻게 해 주었다. 그에 따라 하빌리스도 현대인에 이르는 '사람속' 계보의 조상이 아니라 줄기에서 벗어난 곁가지로서 파란트로푸스처럼 더 진화하지 못하고 사라졌다는 주장이 등장하였다.

그런데 2000년 케냐 북부의 일레렛(Ileret)이라는 곳에서 144만 년 전의 호모 하빌리스 'KNM-ER 42703'과 155만 년 전의 호모 에렉투스 'KNM-ER 42700'이 발견되었다(그림 35). 이것은 호모 에렉투스가 호모 하빌리스에서 기원했다는 생각을 의심하게끔 만드는 발견으로서, 이 두 종의 고인류가 동아프리카 지역에서 적어도 50만 년 정도 공존했음을 확인시켜 준 것이다. 그에 따라 '호모속' 계보에서 호모 하빌리스가 차지하는 의미도 그 이전 단계 고인류에서 본 바처럼 재검토해야 하는 문제가 되었으며, 호모 에렉투스가 호모 하빌리스에서 분기했을 수도 있지만 양자는 원래부터 다른 계보일 수 있다는 주장이 나타났다. 그러나 2015년에는 아프리카를 벗어난 최초의 고인류는 호모 하빌리스이며, 아시아에서 호모 하빌리스가 호모 에렉투스로 진화했고, 이 호모 에렉투스가 아프리카로 확산했다는 주장이 나오기도 했다. 이렇듯 호모 하빌리스가 인류 진화에서 차지하는 중요성과 위치에 대해서는 여러 주장이 끊임없이 나오고 있다.

호모 하빌리스 신체의 여러 특징은 얼굴이 앞으로 튀어나온 정도를 제외한다면 'OH 62'에서 보듯 오스트랄로피테쿠스와 그리 다르지 않다. 즉, 키와 몸무게는 평균 100~135cm, 32kg 정도로 서로 비슷하며, 키에 비해 팔이 긴 편이라는 점도 그러하다. 두뇌 용량의 평균치도 610cm^3 정도인데, 'KNM-ER 1470'처럼 큰 개체를 제외하면 평균치는 더 떨어질 것이다. 2015년 발표된 'KNM-ER 1470' 내부의 3차원 영상 분석 결과에서, 그 두뇌 용량은 729에서 824cm^3 사이로서 현대인의 절반 정도로 측정되었는데, 전술한 미브 리키의 측정치는 그 범위 내에 있다. 'KNM-ER 1470'의 두뇌 용량은 이것을 호모 하빌리스로 분류하고 '사람속' 계보에서 차지하는 하빌리스의 중요성을 강조하는 이들에게는 중요한 근거이다. 하지만, 이미 말한 바대로 하빌리스의 또 다른 대표인 'KNM-ER 1813'의 두뇌 용량은 510cm^{3}에 불과해 이와는 큰 차이가 있다.

이렇듯, 호모 하빌리스를 둘러싼 논란은 현재진행형이라고 할 만하다. 무엇보다도, 호모 하빌리스라고 꼽히는 화석의 명단은 이것을 종으로 인정하는 연구자 사이에서도 일치하지 않고 있으며, 화석을 하빌리스로 판단하는 이유 역시 제각각이다. 따라서 특정 화석이 오스트랄로피테쿠스인지, '사람속'인지, 또 '사람속'이라면 어떤 종으로 분류해야 하는지 등의 문제에 있어, 모든 연구자가 동의하는 결론은 나오지 않고 있다. 호모 하빌리스가 생각했던 바보다 유인원에 더 가까운 신체를 가졌다는 2007년 발표된 3차원 복원 연구는 분류군으로서 호모 하빌리스에 대한 의구심을 더 크게 만들었다. 이런 모든 문제점과 약점이 있지만, 그러나 호모 하빌리스는 200만 년 전보다 수십만 년 앞서 '사람속'이 등장했음을 포괄적이며 상징적으로 말해 주는 학사에서 중요한 학명으로서, '사람속' 등장 전후에 대한 여러 의문이 풀리기 전까지 그 계보의 출발점을 설명하며 늘 인용될 것이다.

호모 루돌펜시스

호모 루돌펜시스는 이미 말한 바처럼 'KNM-ER 1470'의 발견과 더불어 초기 '사람속'의 진화 및 그에 따른 종의 설정을 둘러싼 논란 과정에서 나타난 학명이다. 처음 이 학명은 1986년 'KNM-ER 1470'을 피테칸트로푸스 루돌펜시스(*Pithecanthropus rudolfensis*)로 부르자는 제안이 나타나며 비롯되었다. 이 제안에 대해 피테칸트로푸스라는 시대에 뒤떨어진 속 이름은 무시되었지만, 이것과 'KNM-ER 1813'을 다른 종이라고 보는 이들은 종명으로서 루돌펜시스라는 이름을 받아들여 'KNM-ER 1470'을 표준화석으로 삼는 호모 루돌펜시스라는 이름을 만들었고, 호모 하빌리스와 루돌펜시스라는 두 종의 고인류가 같이 살았다고 주장한 것이다. 그러나 호모 루돌펜시스를 설정한 근거는 미미하며, 이것을 호모가 아니라 오스트랄로피테쿠스나 케냔트로푸스로 여기는 연구자도 많다는 것은 앞서 말한 바대로이다.

그런데 1991년 말라위에서 발견된 240만 년 전의 아래턱 화석 한 점이 호모 루돌펜시스라고 보고되었다.[17] 이 화석은 루돌펜시스라고

....

17 이 화석은 독일 연구자들이 주도한 Hominid Corridor Research Project(HCRP) 국제 조사단이 말라위 북부의 우라하(Uraha)라는 곳에서 발견하여, 'UR 501' 혹은 'HCRP UR 501'이라고 부른다.

그림 36. 'KNM-ER 62000'은 얼굴 아래쪽 위턱과 코 부위가 보존된 화석이다. 사진은 화석을 각각 안쪽(a), 오른쪽(b), 아래쪽(c)과 위쪽(d)에서 보았을 때의 모습이며, 가로 눈금의 길이는 3cm이다.

주장된 다른 화석과 몇몇 특징에서 차이가 있는데, 보고자들은 그런 차이는 종으로서 호모 루돌펜시스는 여러 형질적 특징의 변이가 상당한 폭에 걸쳐 있음을 말해 준다고 주장하였다. 그러나 이 주장은 화석을 루돌펜시스로 분류한 다음, 그런 결론을 정당화하기 위해 내세운 주장이라는 비판을 받았다.

이후 2012년 8월 케냐에서 얼굴 부위 한 점과 아래턱 부위 두 점으로 구성된 200만 년 전의 화석 'KNM-ER 62000'이 새로운 호모 루돌펜시스 화석으로 보고되었다(그림 36). 보고자들은 이것이 비록 미성년의 개체 화석이지만 'KNM-ER 1470'과 여러 공통점이 있다고 주장하였다. 이들은 나아가 'KNM–ER 1470'과 'KNM-ER 1813' 사이에 보이는 차이는 동일한 종 내에서 보이는 성적 이형성 때문이 아니라 서로 종이 다르기 때문이라고 주장하였다. 즉, 'KNM-ER 1813'은 호모 하빌리스이지만, 'KNM-ER 1470'과 'KNM-ER 62000'은 호모 루돌펜시스로 분류해야 한다는 것이다. 'KNM-ER 62000'은 얼굴이 넓적한 모습이며 'KNM-ER 1470'과 함께 상대적으로 길이가 짧고 네모진 턱을 갖고 있다고 한다.

'KNM–ER 62000'이 살던 때 호모 에렉투스도 등장했다는 주장을 인정한다면, 200만 년 전 무렵 동아프리카에는 '사람속'에 속하는 세 종의 고인류, 즉 호모 하빌리스, 호모 루돌펜시스와 호모 에렉투스가 살고 있었다고 할 수 있다. 그러나 단편적인 화석으로 발견된 'KNM-

ER 62000'을 호모 루돌펜시스로 분류하는 것은 아직 널리 인정받지는 못하고 있는 듯하며, 아마도 오스트랄로피테쿠스일 수 있다는 견해도 강하다. 다시 말해, 호모 루돌펜시스를 정의할 수 있게끔 해주는 확실한 자료는 매우 불충분한 형편이다. 호모 루돌펜시스라고 주장된 화석들이 초기의 '사람속'일 가능성을 완전히 무시할 수는 없겠으나, 많은 연구자는 이것들이 단지 '사람속'에 가까운 모습의 오스트랄로피테쿠스일 수도 있다고 여기고 있다. 보다 확고한 자료가 나타나지 않는다면 루돌펜시스의 분류상 지위는 계속 불안정할 것이다.

9

'사람속'의 진화

호모 에렉투스

하빌리스와 루돌펜시스를 둘러싼 여러 의문이 어떻게 풀릴지 모르지만, 아무튼 우리 현대인에 한 걸음 더 가까운 모습의 '사람속'에 속하는 종이 200만 년 전보다 이전에 등장했다는 것은 이제 상식이 되었다. 도구 제작을 비롯해 상당한 문화적 능력을 갖춘 이 새로운 고인류는 아무리 늦어도 180만 년 전 이전에 아프리카를 벗어나 유라시아로 퍼져 나갔다고 여겨진다. 2018년에는 잘 알려진 호모 에렉투스 화석 지점인 중국 섬서(싼시; 陝西) 남전(란티엔; 藍田)현의 공왕령(궁왕링; 公王嶺) 지점에서 멀리 떨어지지 않은 곳에 발달한 두터운 황토 퇴적층 내의 212만 년 전 층에서 석기가 발견되었다는 보고가 나타났다. 이 석기를 만든 주인공은 아마도 호모 에렉투스일 것이다.

1980년대까지는 처음으로 아프리카를 벗어난 고인류를 모두 묶어 호모 에렉투스라고 불렀으며, 호모 에렉투스가 아프리카와 유라시아 대륙에 걸쳐 분포했다고 여겼다. 그렇지만 1990년대에 들어서며 아프리카에서 발견된 이른 시기의 호모 에렉투스 일부는 다른 종으로 분류해야 한다는 주장이 힘을 얻기 시작했다. 또 플라이스토세 중기의 일부 호모 에렉투스도 다른 종으로 다루어지고 있다. 따라서 호모 에렉투스는 시공적 분포에서 과거보다 제한적으로 분포한다고 여겨지고 있다고 할 수 있다.

호모 에렉투스 화석은 1887년 인도네시아 자바의 트리닐(Trinil)이란 곳에서 네덜란드인 의사 유진 듀보아(Eugene Dubois)가 처음 발견하였다. 그는 이 화석을 '똑바로 선 자세의 원숭이 사람'이라는 뜻으로 피테칸트로푸스 에렉투스(*Pithecanthropus erectus*)라는 학명으로 1894년에 보고하였다. 두 번째로 발견된 호모 에렉투스는 1929년 중국 북경(베이징; 北京) 근처의 주구점(저우커우티엔; 周口店)에서 발견되었다. 이것이 소위 북경원인(北京原人)이라 부르던 화석으로서, 중국 북경에서 발견된 사람이라는 뜻에서 시난트로푸스 페키넨시스(*Sinanthropus pekinensis*)라는 학명이 붙여졌다(그림 37). 화석이 발견된 주구점 제1지점에서는 현재에 이르기까지 계속 화석이 발견되고 있는데,

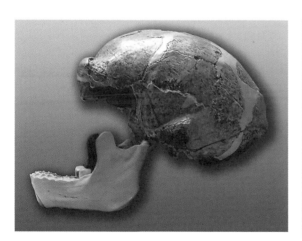

그림 37. '북경원인'. 제2차 세계대전 발발로 분실된 제1호 머리뼈 및 북경(베이징) 중국 국가박물관에 전시된 흉상.

그림 38. 1969년 인도네시아 자바 상기란에서 발견된 17호 화석(Sangiran 17) 모형. 이 화석은 인도네시아에서 발견된 호모 에렉투스 중에서 가장 보존 상태가 좋은 화석이다.

주구점은 고인류 화석이 매우 드물던 1920년대부터 이미 중요한 화석 지점으로서 그 이름이 널리 알려졌다. 피테칸트로푸스와 시난트로푸스는 일찍부터 인류의 진화 연구에서 중요성을 인정받았고 일반인에게도 낯설지 않은 이름이었다. 그러나 저명한 동물학자인 에른스트 마이어(Ernst Mayr)가 양자를 하나의 종으로 판단해 1950년 호모 에렉투스라는 학명을 부여하였다.

호모 에렉투스는 호모 사피엔스와 여러 면에서 비슷하게 생겼으나, 가장 큰 차이는 눈두덩 부분이 두드러지게 발달했고 따라서 위쪽에서 보았을 때 눈두덩 뒤쪽 관자놀이 부위가 양옆으로 쏙 들어간 듯한 모습이라는 점이다(그림 38). 이러한 해부학적 특징은 머리뼈가 심한 충격을 받았을 때 그 힘을 분산시켜 이겨내는 데 유리한 구조로서, 호모 에렉투스가 외부로부터의 물리적 충격을 많이 받는 생활을 했음을 말해 준다고 해석하고 있다. 시난트로푸스와 피테칸트로푸스를 호모 에렉투스로 묶은 것도 이러한 특징을 공유하고 있기 때문이다. 그렇지만 이 둘 사이에도 눈두덩 뒤쪽 부분이 축약된 정도에는 차이가 있다. 즉 인도네시아의 트리닐, 상기란(Sangiran)이나 응앙동(Ngangdong), 삼붕마칸(Sambungmacan)에서 발견된 화석은 중국에서 발견된 것들보다 이 부분의 폭이 더 많이 줄어든 모습이다. 과거에 호모 에렉투스로 분류되던 화석 중 일부를 다른 종으로 설정해야 한다는 주장은 이러한 차이를 포함한 몇몇 신체적 특징을 근거로 해서 나온 것이다.

호모 에렉투스 일부를 재분류하고 그렇게 새로 설정된 종이 진화 과정에서 어떤 의미를 지니는가 하는 문제는 고인류학 연구에서 '묶는 이'와 '나누는 이'의 대립과 시각 차이를 보여 주는 또 다른 예이기도 하다. '묶는 이'의 입장에서는 아프리카, 유럽 및 아시아 각지에서 발견되며 약간의 차이가 있지만 전반적으로 유사한 특징을 갖고 있는 화석들은 모두 '넓은 의미에서(sensu lato)' 호모 에렉투스로 묶을 수 있고, 따라서 에렉투스는 현대인의 직계 조상이라고 생각하게 된다. 하지만 '나누는 이'들은 그런 화석들은 모두 유사한 듯 보이지만 자세히 보면 지역에 따라 일정하고 반복적으로 공유하는 특징이 있으므로 그러한 지역 차이를 생각해 전형적인 특징이 보이지 않는 다른 화석들은 호모 에렉투스가 아닌 다른 종으로 다뤄야 한다고 주장하는 것이다. 호모 에렉투스를 이렇게 '엄격한 의미로(sensu stricto)' 정의할 때, 호모 에렉투스에는 '고전적' 호모 에렉투스인 자바와 주구점 발견 화석 및 그와 유사하게 생긴 동아시아 발견 화석만을 포함해야 하며, 나머지는 호모 에르가스터를 비롯한 다른 종으로 분류하게 된다. 그러한 입장의 한 극단적 예로서, 스와트크란스, 스터크폰테인, 드리몰렌 등 남아프리카 석회암 동굴에서 발견된 호모 에렉투스는 동아프리카 발견 화석과도 다르므로 이것들을 호모 가우텡겐시스로 분류해야 한다는 주장도 있다. 그러나 이것은 일부 연구자 사이에서만 주장되고 있다.

'묶는 이'의 관점에서 호모 에렉투스를 '넓은 의미에서' 정의한다면, 에렉투스에는 주구점과 자바의 '고전적' 화석뿐 아니라 호모 에르가스터로 일컬어지는 동아프리카 발견 화석이라든가 남아프리카의 소위 호모 가우텡겐시스는 물론, 호모 게오르기쿠스라고도 분류하고 있는 조지아 트빌리시 근처의 드마니시(Dmanisi)에서 발견된 일군의 화석들을 모두 포함할 수 있다. 이러한 화석들의 연대는 상당한 폭에 걸쳐 있으며, 자바 응앙동 화석은 심지어 플라이스토세 말기라고까지 보는 견해도 있다. 또 시기적으로 차이가 큰 것들이 한곳에서 발견되기도 한다. 아무튼 연대를 보수적으로 평가하더라도, '넓은 의미에서의' 호모 에렉투스는 동아프리카에서 최소한 200만 년 전에 등장했으며 180만 년 전 이전에 아프리카를 벗어났다고 할 수 있다. 또 '엄격한 의미로' 에렉투스를 정의해도, 에렉투스는 180만 년 무렵 이미 등장했다고 여겨진다. 다시 말해, 호모 에렉투스를 어떻게 정의할 것인가 하는 문제와 관계없이, 아무리 보수적으로 평가해도 인류는 적어도 180만 년 전보다 이전에 호모 에렉투스 단계에서 아프리카를 벗어나 유라시아로 확산했다고 할 수 있다.

'고전적' 호모 에렉투스의 대명사인 '북경원인'이 발견된 주구점에 대한 발굴은 안데르손이 고인류 화석의 존재를 확인한 1921년부터 실시되어, 1929년 제1호 머리뼈 화석이 발견되었다(그림 37). 이후 발굴은 중일전쟁으로 발굴이 중단되기 전 1937년까지 꾸준히 이루어져 약 40개체분에 달하는 화석과 다수의 석기가 채집되었다. 제2차 세계대전 이후 재개된 조사는 1960년대 문화혁명 동안 다시 일시 중단되었지만, 이후 크고 작은 규모의 조사가 계속 꾸준히 이루어져 왔다. 1987년 유네스코 세계유산으로 지정된 주구점 일대에서는 대략 6km에 걸쳐 모두 27개 지점에서 호모 에렉투스 및 사피엔스와 각종 동물의 화석과 석기가 발견되었다. 호모 에렉투스가 발견된 제1지점에는 40m 이상 두께의 퇴적층이 쌓여 있으며, 퇴적은 최소한 80만 년 전부터 시작해 40만 년 동안 계속되었다. 그동안 이곳에서는 모두 200개체분 이상의 호모 에렉투스 화석이 수습되었다고 한다.

화석 발견 이후, '북경원인'이 불을 사용했다는 증거가 발견되었다는 주장과 더불어 이곳은 더욱 유명해졌는데, 1980년대에는 그런 증거는 믿을 만하지 않다는 반론이 나오기도 했다. 그러나 2015년 제1지점 최하층에서 불과 관련된 확실한 증거가 확인되어 '북경원인'이 불을 사용했다는 주장이 다시 전면에 떠오르게 되었다. 그러나 여기서 불의 흔적이 발견되었다는 사실이 과연 불의 '사용'을 의미하는 것인지, 그렇다면 에렉투스가 불을 일으켰다는 것인지 하는 궁금증은 아직 해결되지 않았다. 아무튼 여기서 발견된 흔적은 불의 사용과 관련해 고인류 혹은 구석기 유적에서 발견된 가장 이른 시기의 증거 중 하나이다.

중국에서 호모 에렉투스는 여러 곳에서 발견되었다. 앞서 말한 섬서 남전 발견 화석은 주구점 최하층과 비슷한 플라이스토세 중기 초 혹은 전기 말의 연대라고 여겨진다. 이보다 더 이른 시기의 자료로서는 낱개로 발견된 이빨이나 머리뼈 조각들이 알려졌다. 더 늦은 시기의 것으로는 황해 연안인 절강(저장; 浙江) 화현(허시엔; 和縣)에서 1980년대에 발견된 40만 년 전 무렵의 두개골 화석 및 이와 비슷한 시기에 살았다고 추정되는 양자강(양쯔강; 揚子江) 중류의 호북(후베이; 湖北) 운양(윈양; 隕陽)에서 발견된 소위 운현인(隕縣人)을 비롯(그림 5), 무산인(巫山人), 남경인(南京人) 등의 플라이스토세 중기 화석들이 있다.

중국과 더불어 호모 에렉투스의 대표 산지인 인도네시아 자바에서는 앞에 언급한 몇 지점에서 화석이 발견되었다. 특히 1937년부터 상기란 마을 주변에 노출된 상기란돔이라 불리는 매우 두꺼운 퇴적층 내에서 잘 보존된 머리뼈가 발견되기 시작했다(그림 38). 그런데 자바 발견 화석들은 대부분 원래의 퇴적 맥락을 알기 어렵거나 혹은 퇴적층의 연대를 판단하기 어려운 상황에서 발견되었기 때문에, 화석에 얽힌 여러 의문점이 해결되지 않고 있다. 일부 연구자는 자바의 호모 에렉투스는 호모 에르가스터나 호모 하빌리스로 분류해야 한다고 주장하기도 하며, 호모 사피엔스로 진화했다는 과거의 생각에 찬성하는 사람도 아직 있다. 또한 21세기 들어 발견된 호모 플로레시엔시스가 이로부터 진화했다는 의견도 나타나는 등, 다른 종과의 진화적 관계에 대해서도 여러 주장이 나타났다.

자바 화석의 연대와 관련해, 상기란에서는 적어도 160만 년 전 이전 180만 년 전까지도 연대를 소급할 수 있는 층에서도 화석이 발견되었으며, 또 130~100만 년 전의 층에서도 여러 점이 발견되었다고 한다. 이러한 이른 시기의 화석과 대비되는 화석으로는 1931년에서 1933년 사이에 응앙동의 솔로 강 주변에서 수습한 것들이 있다. 이곳에서 화석들이 수습된 퇴적층의 연대는 54~14만 년 전으로 측정된다는 보고가 있었으나, 불과 5만 년 전에 형성되었다는 결론도 나타나 상당히 혼란스러운 상황이었다. 그런데 2020년 정밀한 연대측정 결과, 화석의 나이는 117 KY에서 108 KY에 걸쳐 있는바, 약 11만 년 전이라는 보고가 나타났다. 이 연대는 응앙동 화석이 현재까지 알려진 최후의 호모 에렉투스로서, 호모 사피엔스를 비롯한 여러 호모 종 고인류와 같이 살고 있었음을 말해 준다. 그런데 우리나라를 비롯해 동아시아의 몇몇 구석기 유적에서는 유럽이나 아프리카 혹은 서아시아에서 호모 에렉투스 단계의 고인류가 사용하던 석기를 불과 수만 년 전까지도 계속 만들었음이 밝혀지고 있다. 응앙동 화석의 '늦은' 연대와 더불어, 그런 정황은 고인류 확산의 종착점이었을 태평양 서안 지역을 비롯한 유라시아 각지의 오지에서는 에렉투스가 상당히 늦게까지 생존했을 가능성을 시사하는 것은 아닐지 모르겠다.

호모 에렉투스는 유럽에서도 발견되었다고 여겨지기도 했으나, 현재 호모 에렉투스로 분류되는 유럽 발견 화석은 없다. 예를 들어 스페인 북부 부르고스(Burgos) 지방의 석회암지대에 있는 아타푸에르카(Atapuerca)의 여러 수직굴에서는 1976년부터 '사람속' 화석이 발견되기 시작했는데, '코끼리 구덩이(Sima del Elefante)'라는 이름의 수직굴에서 발견된 턱뼈와 이빨은 120~110만 년 전으로 연대가 측정되어 한때 호모 에렉투스로 알려졌다. 또 그 옆의 '그란돌리나(Gran Dolina)'에서 석기와 함께 발견된 80만 년 전 화석도 호모 에렉투스라고 여겨지기도 했다(그림 39). 이 화석들은 유럽에서 발견된 가장 이른 시기의 화

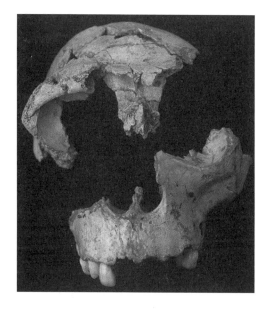

그림 39. 아타푸에르카 그란 돌리나 수습 '호모 안테세소르' 화석. 사진에 보이는 두 편의 화석은 'ATD6-15'(위)와 'ATD6-69'로서, 동일한 개체에 속하지 않는다.

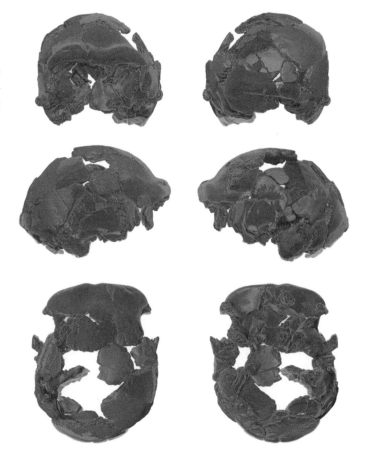

그림 40. 디지털 기법으로 복원된 '호모 세프라넨시스'. 사진은 실제 복원된 화석 사진에 디지털 영상을 겹친 것이다.

석이라고 할 만하며, 이곳 '뼈구덩이(Sima de los Huesos)'에서 발견된 60~30만 년 전의 화석과 함께 모두 호모 안테세소르(*Homo antecessor*)로 분류하는 주장이 나왔다(호모 하이델베르겐시스 및 네안데르탈 항 참조). 한편, 1991년 이탈리아 세프라노(Ceprano)에서 발견된 한 점의 머리뼈도 '넓은 의미에서' 에렉투스에 포함시킬 만한 것으로서, 호모 세프라넨시스(*Homo cepranensis*)라는 이름으로 2003년에 보고되었다(그림 40). 보고자는 이것은 호모 에렉투스나 호모 하이델베르겐시스와 여러 점이 다르며, 100만 년 전 무렵 아프리카에서 유럽으로 건너온 집단이 있음을 시사해 준다고 주장하였다. 그러나 이 화석의 연대는 판단하기 어려운데, 만약 그 연대가 45만 년 전이라는 평가가 옳다면 아마도 후기 호모 에렉투스 혹은 호모 하이델베르겐시스의 지역형이라고 볼 수도 있다. 아프리카에서도 호모 에렉투스로 분류된 화석이 일찍부터 발견되었으나, 앞서 말한 바대로 이제 이것들은 거의 모두 호모 에르가스터로 분류되고 있다(그림 41; 호모 에르가스터 항 참조).

호모 에렉투스 화석에서 보이는 특징의 하나는 몸집이 그 이전에 등장한 고인류보다 확연하게 커졌다는 점이며, 이것은 호모 에르가스터의 특징이기도 하다. 그렇지만 올두바이 등지에서 발견된 이른 시기의 호모 에렉투스 화석 중에는 상당히 왜소한 개체도 있다. 따라서 에렉투스/에르가스터의 중요한 특징이 신체 크기의 증가이긴 하지만, 크기 분포도를 그려보면 변이의 폭도 크다.

이러한 신체 크기의 증가와 더불어 두뇌 용량도 뚜렷이 커지는 소위 대뇌화 경향도 뚜렷하다. 만약 조지아 드마니시에서 발견된 화석들을 에렉투스에 포함시킨다면, 에렉투스 중에는 두뇌 용량이 600cm^3 내외로 작은 것도 있다. 그러나 대다수의 호모 에렉투스는 1,000cm^{3}를 넘어 현대인의 두뇌 용량 분포 범위 내에 속하는데, '북경원인'의 두뇌 용량은 1,250cm^3 혹은 그 이상에 달하고 있다. 호모 에렉투스 이전의 고인류나 이와 공존한 오스트랄로피테쿠스/파란트로푸스의 두뇌 용량은 800~900cm³를 넘지 않는다(그림 14).

두뇌 용량의 큰 증가는 문화적 능력도 크게 발달했을 가능성을 짐작하게 해 준다. 물론 두뇌 용량과 지능 혹은 문화적 능력이 반드시 비례관계에 있는 것은 아니겠으나, 그 개연성은 얼마든지 있다. 호모 에렉투스가 남긴 구석기 유적에서는 세련된 형태의 주먹도끼 같은 도구가 발견되며, 무리를 지어 움직이는 대형 초식동물을 조직적으로 사냥했고, 또 언제부터인가 불을 사용하는 등, 종래 볼 수 없던 새로운 차원의 사회문화적 활동의 증거가 발견되고 있다. 이러한 문화적 수단의 증대는 음식물 섭취에서 이빨과 턱이 감당해야 했던 물리적 부담을 줄여주었다고 짐작할 수 있는데, 그에 따라 어금니와 작은어금니 및 턱의 크기도 작아졌다.

그렇지만, 호모 에렉투스의 신체 전반에 대해서는 아직도 확실히 모르는 점이 꽤 많다. 이것은 전신 화석이 드물기 때문인데, 다만 단편적으로 발견되는 머리뼈 이외 부분의 화석을 보면 신체 부위의 크기나 발달 정도가 꽤 넓은 폭에 걸쳐 분포하고 있다. 예를 들어, 다 자란 개체는 키가 130cm 정도에 불과한 사례도 있으나 180cm 가까운 큰 키도 드물지 않았다고 추정된다. 이러한 정도의 큰 폭을 보여 주는 신체 변이는 고인류 화석 분류와 명명에 대한 여러 상식을 무너뜨리며 그러한 차이가 발생한 이유를 생각하게 해주고 있다. 그런 차이는 성적 이형성을 말해 주는 것일 수도 있으나, 그러한 정도의 차이를 보일 정도로 호모 에렉투스의 성적 이형성이 컸던 것인지 단언할 수는 없다. 혹은 그런 차이가 개체의 나이나 영양 상태를 반영한다면, 개체의 성장 속도나 환경 조건의 차이와의 인과관계를 설명해야 하지만 이에 대해서도 아직 잘 모르고 있다.

한편, 호모 에렉투스가 현대인처럼 음성언어를 갖고 있었을 가능성에 대해서도 확언하기 어렵다. 당연하지만, 화석만으로는 언어를 사용했는지 알 수 없다. 그런데 고고학 자료는 늦어도 플라이스토세 중기의 중반 무렵이면 호모 에렉투스가 조직적으로 사냥을 했음을 시사해 준다. 그러한 사회적 협동은 성원 사이의 충분한 의사소통을 전제로 하므로, 어떤 형태로건 호모 에렉투스가 언어를 사용했을 것이라고 해석할 여지가 있다. 그 반면, 석기의 종류와 개별 석기의 형태가 150만 년 이상에 걸친 긴 시기 동안 거의 변하지 않았다는 점은 석기 제작을 학습하고 전달할 능력을 갖추지 못했기 때문이라고도 해석할 수 있다. 그러한 능력이 없다는 것은 언어 구사의 전제조건이라고 할 수 있는 추상과 상징 능력을 갖추지 못했음을 시사하므로, 호모 에렉투스는 언어를 사용하지 못했다고 생각할 수도 있다. 그러나 침팬지나 피그미 침팬지는 뛰어난 학습 능력과 음성을 사용한 의사소통을 보여 주므로, 더 뛰어난 지능을 갖고 있다고 생각되는 호모 에렉투스 단계의 고인류가 초보적 수준의 음성언어를 구사하지 않았을까 추측할 만도 하다.

호모 에르가스터와 호모 게오르기쿠스

앞서 본 바대로, 여러 의문과 논란은 있지만 우리 현대인에 한 걸음 더 가까운 모습의 고인류가 200만 년 전 이전에 아프리카에서 등장했으며, 얼마 뒤에 유라시아로 퍼져 나갔다는 것은 하나의 상식이 되었다. 유라시아로 확산한 주인공은 호모 에렉투스로 여겨지지만, 1990년대부터 아프리카에서 발견된 이른 시기의 호모 에렉투스는 호모 에르가스터로, 또 유럽 발견 늦은 시기 호모 에렉투스는 호모 하이델베르겐시스로 분류되는 경향이 자리 잡고 있다. 물론 이 두 종에는 다른 지역에서 발견된 유사한 화석도 포함된다. 다시 말해, 한때 호모 에렉투스라고 뭉뚱그려지던 화석들은 이제 크게 호모 에렉투스, 호모 에르가스터 및 호모 하이델베르겐시스로 나뉜 것이다. 또한 이 셋처럼 널리 인정받지 못하지만, 몇몇 화석에 대해서는 또 다른 학명과 진화 계보가 주장

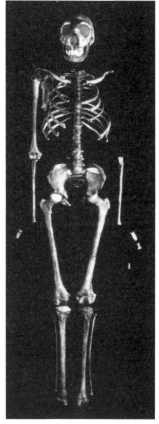

그림 41. 호모 에르가스터 학명을 낳게 한 아래턱뼈 화석 'KNM-ER 992' 및 가장 잘 보존된 고인류 화석의 하나로서 에르가스터를 대표하는 'KNM-WT 15000'.

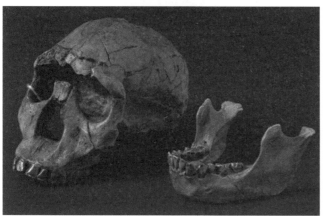

되기도 했는데, 호모 게오르기쿠스와 호모 안테세소르가 그 예이다.

　　호모 에르가스터라는 학명은 '일하는 사람'이라는 뜻의 그리스어 어휘를 빌려온 것이다. 이 새로운 이름은 1975년 나타났는데, 그 표준 화석은 1971년에 리처드 리키가 투르카나호수 서안 지역에서 발견한 150만 년 전 무렵의 아래턱뼈 화석 'KNM-ER 992'이다(그림 41). 이후 투르카나와 쿠비포라에서 발견된 몇몇 화석도 이 종으로 분류되었다. 호모 에르가스터 설정을 지지하는 이들은 이 종에 속하는 개체는 신체 크기와 형태가 전반적으로 같은 시기의 다른 화석에 비해 현대인에 더 가까운 특징을 보여 준다고 주장하고 있다. 그 반면, 그러한 특징이 있지만 호모 에르가스터는 새로운 종이라기보다 단지 호모 에렉투스의 아프리카 지역형일 뿐이라는 반론도 설득력을 갖고 있다. 조지아의 드마니시에서 발견된 고인류 화석은 아프리카 밖에서 발견된 것 중 가장 이른 시기의 자료인데, 호모 에르가스터 설정에 찬성하는 이들은 이 드마니시 화석도 호모 에르가스터에 포함시키고 있으며, 따라서 아프리카를 벗어난 최초의 고인류는 호모 에렉투스가 아니라 호모 에르가스터라고 하고 있다.

드마니시에서는 5점의 머리뼈 화석이 발견되었다(그림 42). 그런데 이것들은 과연 동일한 종에 속하는지 믿기 어려울 정도로 큰 차이를 보여 준다. 이 화석들을 에르가스터로 분류하는 이들은 주로 아프리카에서 발견된 자료를 기준으로 삼아 그러한 차이는 모두 호모 에르가스터의 형태적 변이의 범위 내에 있다고 주장하는 것이다. 그렇지만, 한편에서는 이 화석들에서 보이는 다양성 그 자체는 호모 에르가스터에게서 볼 수 없으므로 새로운 종으로 분류하는 충분한 근거가 될 수 있다는 반론을 펴고 있다. 그러한 입장에서, 동일 개체임이 밝혀진 1991년 발견 아래턱과 2001년 발견 머리뼈를 표준화석으로 삼는 조지아 사람이라는 뜻의 호모 게오르기쿠스라는 학명이 2002년 제시되었다. 호모 게오르기쿠스 설정의 지지자들은 호모 게오르기쿠스가 호모 하빌리스에서 에렉투스로 나아가는 진화 과정의 중간단계에 있는 종으로서, 호모 에렉투스가 등장하고 얼마 동안 공존했다고 주장하고 있다. 그러나 2013년에는 드마니시 화석을 호모 에르가스터나 호모 게오르기쿠스로 분류하는 것은 잘못이며, 에렉투스로 분류해야 한다는 주장이 설득력 있게 제시되었다. 이러한 세 갈래 주장은 현재도 서로 대립하고 있다. 즉 드마니시 화석은 연구자에 따라 호모 에렉투스, 호모 에르가스터 혹은 호모 게오르기쿠스로 분류하고 있으며, 다른 고인류 종과의 진화 관계도 달리 설명하고 있다.

드마니시를 둘러싼 논란은 차치하고, 호모 에르가스터를 대표하는 화석은 1984년 투르카나호수 서안에서 발견된 'KNM-WT 15000'이다(그림 41). 화석의 연대는 150만 년 전이다. 이 아주 잘 보존된 전신 화

그림 42. 고인류는 180만 년 전이면 이미 드마니시에 살고 있었다. 드마니시 고인류는 그림에서 보듯 후대의 호모 에렉투스나 사피엔스보다 현저히 왜소하다. 사진은 2002년 보고된 드마니시 화석 'D4500'(a)를 케냐에서 발견된 비슷한 시기의 화석인 'KNM-ER 3833'(b), 'KNM-ER 3733'(c), 'KNM-ER 1470'(d) 및 'KNM-ER 1813'(e)와 비교하고 있다. (a), (b), (c) 세 화석은 머리와 안면의 형태 등에서 차이점도 있으나 닮은 점이 상대적으로 더 많아, (d), (e)와 차이가 있다. 이러한 차이점과 닮은 점을 두고 하나의 종 내에서 발생할 수 있는 변이로 볼 수 있는가에 대한 판단에 따라 분류와 학명이 달라진다.

석은 한동안 '투르카나 소년(Turkana Boy)'이라는 애칭으로 불렸으나, 1990년대부터는 발견 지점의 이름을 따라 '나리오코토메 소년(Nariokotome Boy)'이라고 불린다. 이빨의 성장선을 분석한 결과, 화석의 주인공은 매우 빠르게 성장해 9~12살 정도에 죽었다고 여겨지며, 아직

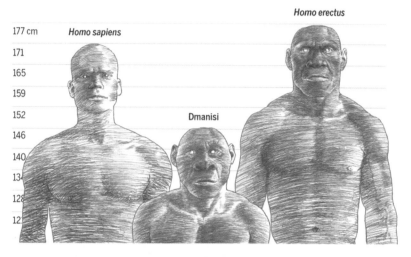

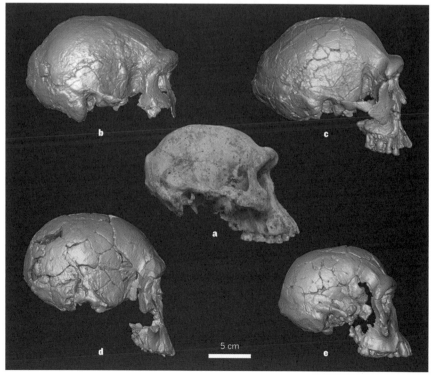

어린 나이임에도 복원된 키는 160cm 정도로서 다 자랐다면 180cm에 달했으리라고 추정된다. 큰 키와 다리 및 좁은 어깨와 엉덩이의 날씬한 신체는 화석 발견 지역의 현재 주민과 비슷한 모습이었을 것이다. 이러한 형태는 신체 표면적을 최대화함으로써 체온을 쉽게 발산할 수 있게 해 주는 이점이 있는데, 덥고 건조한 사바나 초원 환경에 적응한 결과라고 해석하고 있다.

이 화석에서 볼 수 있는 호모 에르가스터의 긴 다리는 나무에 오르는 행위에는 그리 적합하지 않지만, 장거리를 수월하게 걸어 다니기에는 아주 적합한 조건이었을 것이다. 다시 말해 호모 에르가스터는 지상 생활에 완벽하게 특화한 적응을 완성한 것이다. 현대인과 유사한 또 다른 특징으로서, 이빨은 호모 하빌리스나 루돌펜시스 혹은 같은 시기의 오스트랄로피테쿠스보다 훨씬 작다. 이것은 크고 강한 이빨과 턱이 필요 없는 먹이를 먹었거나 씹기 쉽게 조리해 먹었다고 추측할 수 있게 해 준다. 음식을 조리했다는 것은 불을 사용했을 가능성이 있음을 뜻한다. 고인류가 불을 사용했음을 보여 주는 어느 정도 믿을 만한 증거는 전술한 주구점을 포함해 대략 100만 년 전 이후의 유적에서 보고되고 있으며, 그보다 이른 시기의 몇몇 유적에서는 다만 간접적 정황 증거가 보고되었을 뿐 아직 확실한 증거는 발견되지 않았다. 그렇지만, 많은 연구자는 에렉투스/에르가스터 단계에 불의 사용은 일상화했을 것이라 여기고 있다.

이러한 신체 형태와 치아가 보여주는 현대인과의 중요한 유사성과 달리, 에르가스터는 두뇌 용량이 루돌펜시스와 비슷해 평균 860cm³ 정도이다. 〈그림 14〉는 인류의 두뇌 용량이 뚜렷이 증가하는 것은 진화 과정의 늦은 시기에 들어서 일어났음을 보여 준다. 이런 현상은 아마도 출산에 따르는 사망 위험을 낮추기 위한 적응의 결과라고 추측되고 있다. 즉, 두뇌 용량이 커지려면 자연히 머리가 커져야 하는데, 머리가 커지면 출산 시에 산모와 영아가 사망할 위험도 그만큼 더 높아졌을 것이다. 에르가스터는 영아의 머리 크기가 작아 머리가 옆으로 놓인 상태로 산도를 빠져나올 수 있을 정도로서, 그렇게 머리 크기를 작게 유지함으로써 사산과 산모의 사망 위험 가능성을 낮출 수 있었으리라고 추정하고 있다.

호모 하이델베르겐시스

고인류가 아프리카를 벗어난 시점이 언제인지에 따라, 그 이주의 물결은 동쪽으로만 향하지 않고 알프스와 스칸디나비아로부터 내려온 빙하가 아직 덮지 못한 유럽 지역으로도 향했을 것이다. 그러나 유럽에서는 100만 년 이상의 연대를 가진 뚜렷한 에렉투스/에르가스터 화석은 확인되지 않았다. 앞서 언급한 아타푸에르카 화석들에는 2008년 '앞선 사람'이라는 의미의 호모 안테세소르라는 학명이 붙여졌는데, 명명자들은 이것은 이주해 온 호모 에렉투스가 호모 하이델베르겐시스로 진화하는 과정을 보여 주며, 호모 사피엔스의 조상이라고 주장하였다(그림 39). 이 주장은 아직도 계속되고 있는데, 많은 연구자는 호모 안테세소르를 인정하지 않고 호모 하이델베르겐시스에 포함하고 있다.

원래 호모 하이델베르겐시스라는 학명은 1907년 독일 하이델베르그시 동남쪽에 있는 마우어(Mauer) 마을에서 발견된 턱뼈에 붙여진 이름으로서 처음 나타났다. 그러나 이 학명은 지금 호모 에렉투스와 유사하지만 호모 사피엔스의 특징도 보여 주고 있으며, 대략 80만 년 전에서 40만 년 전 사이에 분포하는 아프리카 북부, 유럽, 아시아에서 발견된 여러 화석을 묶어 가리키는 이름이 되었다. 즉, 이 시기의 화석 중에는 호모 에렉투스의 특징을 지니고 있어 '넓은 의미의' 에렉투스로 부를 수도 있으며 동시에 현대인에 가까운 특징을 보여 주는 것들이 있는데, 이런 것들을 새로운 종으로 보기에 충분한 조건을 갖추었다고 보는 '나누는 이'의 주장이 받아들여진 것이다. 학명으로서는 그러한 특징을 갖고 있는 마우어 화석에 붙여진 이름을 채택해 확대 적용하게 된 것이다. 그러한 개념의 정리로부터, 호모 에렉투스와 사피엔스는 직접적인 진화 관계가 없고 호모 하이델베르겐시스로부터 호모 사피엔스와 네안데르탈이 비롯되었다는 주장이 나타났다.

다시 말해, 아타푸에르카를 비롯해 유럽에서 발견된 플라이스토세 중기의 화석 중에서 호모 에렉투스와 사피엔스의 특징을 함께 볼 수 있는 것들을 에렉투스와 별도로 분류해야 한다는 주장이 힘을 얻으며, 늦은 시기의 호모 에렉투스로 여겨지던 화석들은 호모 에렉투스와 호모 하이델베르겐시스로 나누어졌으며, 호모 사피엔스는 호모 에렉투스가 아니라 호모 하이델베르겐시스로부터 기원했다는 설명이 제시되었다. 즉, 호모 하이델베르겐시스가 호모 에렉투스에게서 기원했을 가능성은 있지만 아무튼 에렉투스는 진화의 곁가지로 사라졌다는 것이다. 이러한 개념 정리 이전까지, 호모 하이델베르겐시스로 분류되는 화석들을 가리켜 '옛 (호모) 사피엔스(archaic [Homo] sapiens)'라고 부르기도 했으나, 이제 이 이름은 듣기 어렵다(그림 43).

호모 하이델베르겐시스 화석은 세계 각지에서 발견되었다. 유럽과 지중해 연안에서 발견된 것으로는 보존 상태가 뛰어난 그리스 페트랄로나(Petralona) 동굴 발견 화석이 그 대표라고 할 만하며, 그 외에도 영국 스완스콤(Swanscombe), 복스그로브(Boxgrove) 및 하피스버그(Happisburgh), 프랑스 아라고(Arago) 동굴, 헝가리 뵈르테스쵤뢰스(Vértesszöllös), 에티오피아 보도다르(Bodo d'Ar), 로디지아 브로큰힐(Broken Hill; 카브웨[Kabwe]라고도 함), 탄자니아 느두투호수(Lake Ndutu), 이스라엘 게쉐르베노트야아고브(Gesher Benot Ya'agov) 등지에서 발견된 화석이 잘 알려진 것들이다.

중국에서 발견된 화석에도 호모 하이델베르겐시스가 포함되어 있으며, 그러한 예로는 소위 '금우산인(金牛山人)', 대리인(大理人), 마패

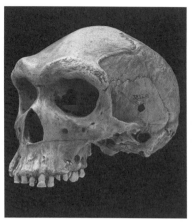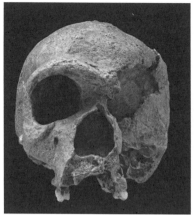

그림 43. 플라이스토세 중기의 고인류 화석. 각각 카브웨 1(짐바베), 스타인하임(독일), 페트랄로나(그리스)에서 발견된 것들이다.

인(馬壩人) 등을 들 수 있다.[18] 중국에서는 이 화석들을 각각 독자적인 종이라고 하기도 하며, 에렉투스-사피엔스 과도기의 호모 혹은 초기 호모 사피엔스라고 하기도 한다. 그런데, 2018년 흑룡강성 하얼빈에서는 보기 드문 뜻밖의 '발견'이 보고되었다. 즉, 1933년 동강(둥쟝; 東江) 철교 공사 중 발견되었지만 일제 관헌 모르게 숨겨 놓았던 화석이 다시 세상에 알려진 것이다. '대리인'과 비슷한 점도 많이 갖고 있다고 하는 이 화석은 속칭 '용인(龍人)'이라 알려졌고, 이를 라틴어로 번역한 '호모 롱이(*Homo longi*)'라는 이름으로 2021년 학계에 소개되었다. 이 화석의 분류상 위치에 대해서는 다음 장에서 살필 소위 '데니소바인'이라는 주장을 비롯해 의견이 분분하지만, 현재로서는 호모 하이델베르겐시스로 취급되는 경향이 있다. 〈그림 15〉에서, 호모 하이델베르겐시스 아래에 괄호로 이 학명이 표시된 것은 호모 하이델베르겐시스의 분포가 동아시아에까지 이르렀을 가능성이 논의되고 있음을 반영

....
18 '금우산인(金牛山人)'은 한반도에서 그리 멀지 않은 요녕(랴오닝; 遼寧) 영구(잉커우; 營口)의 금우산(진뉴산; 金牛山)에서 발견되었으며, 그 연대는 약 30만 년 전으로 알려졌다. 운남(윈난; 云南) 대리(따리; 大理)에서 발견된 대리인(大理人)은 그 연대가 20만 년 전에서 10만 년 전 사이로 추정되며 '*Homo daliensis*'로 보고되었다. 마패인(馬壩人)은 광동(광둥; 廣東) 소관(샤오관; 韶關)시 마패진(마빠전; 馬壩鎭)에서 발견되어 '*Homo mabaensis*'로 보고되었다. 최신 자료에 따르자면 화석의 연대는 대략 13만 년 전(135~129.5 KY)이라고 한다.

하고 있다.

자료가 그리 많지는 않으나, 호모 하이델베르겐시스는 평균 키와 몸무게가 남성과 여성이 각각 175cm에 62kg, 157cm에 51kg 정도이며, 두뇌 용량은 1,200cm³ 내외이다. 이러한 수치는 현대인 평균치의 90% 이상으로서, 신체 여러 특징도 호모 사피엔스에 가깝다. 그렇지만, 얼굴 형태는 아직 호모 에렉투스를 많이 닮아 눈두덩이 두껍게 발달했고 이마도 납작한 모습이다. 호모 하이델베르겐시스 및 그와 같은 시기의 화석들은 방법의 한계로 인해 일종의 연대측정 사각지대에 놓여 있으므로, 대부분 그 정확한 연대를 알기 어렵다. 그런데 다행히도 연대를 40만 년 전으로 확정할 수 있는 포르투갈의 아로에이라(Aroeira) 동굴 발견 화석은 현대인에 가까운 특징과 이전 단계 고인류의 특징을 함께 갖추고 있고 형태적 다양성이 높았음을 말해 준다. 이것은 여러 지역 집단이나 종 사이에 유전자 교류가 없었다면 발생하기 어려운 현상일 것이다. 아로에이라에서는 화석과 함께 아슐리안 석기와 불을 사용한 확실한 흔적이 발견되었는데, 이러한 두 가지의 중요한 문화적 증거가 이 시기 유적에서 화석과 함께 발견된 것은 이곳이 첫 사례이다. 플라이스토세 중기에 가속적으로 이루어진 인류의 진화는 발달한 도구와 불의 사용의 급속한 확산을 고려하지 않는다면 설명할 수 없을 것이다.

한편, 〈그림 15〉에는 호모 하이델베르겐시스 옆으로는 호모 스타인하이멘시스라는 종이 네안데르탈 아래 왼쪽으로 약간 치우쳐 표시되어 있다. 이 학명은 1933년에 독일 서남부에 있는 스타인하임(Stein-heim an der Murr)이란 마을에서 발견된 잘 보존된 머리뼈 화석에 붙여진 학명이다. 이 학명은 그리 자주 입에 오르내리지 않았지만, 화석만큼은 호모 하이델베르겐시스의 주요 화석 중 하나로 여겨져 왔다. 그런데 2016년 호모 하이델베르겐시스는 호모 사피엔스의 조상이 아니라는 주장이 나타났는데, 그러한 주장의 연장선상에서 스타인하임 화석은 초기 형태의 네안데르탈이라는 주장이 제기되었다. 그 결과, 오랫동안 잊혔던 학명인 호모 스타인하이멘시스가 뜻밖에도 되살아났으며, 이를 독자적인 종으로 설정할 가능성이 논의되기 시작했다. 다만 이에 해당하는 화석은 아직 1933년 수습된 한 점에 그치고 있다.

아프리카의 호모 하이델베르겐시스는 한때 '호모 로데지엔시스(*Homo rhodesiensis*)라고 불렸다. 이것은 1921년 북로디지아(현 잠비아) 카브웨에 있는 브로큰힐 광산에서 발견된 화석을 보고하며 나타난 학명으로서, 한동안 통용되었다. 이제 이 이름은 호모 하이델베르겐시스로 대체되었는데, 2020년 호모 로데지엔시스의 표준화석이라고 할 수 있는 '카브웨 1'의 연대가 대략 30만 년 전(324~274 KY)이라는 분석 결과가 발표되었다. 호모 로데지엔시스와 마찬가지로, 주 18에 소개한 '대리인'이나 '마패인' 등에 붙여진 학명이나 인도네시아 솔로(Solo)에서 발견된 화석에 붙여진 '호모 솔로엔시스(*Homo soloensis*)'라는 학명도 이제는 듣기 어려우며, 해당 화석들은 호모 하이델베르겐시스로 묶이고 있다.

이렇게 앞서 소개한 호모 안테세소르와 호모 세프라넨시스 및 중국 등지에서 제시한 몇몇 학명의 정당성을 뒷받침하는 증거는 사실 미약하다. 학명이나 진화 계보의 설정이 학계의 큰 호응을 얻지 못해도 계속 새로운 주장이 나오는 것은 고인류 화석 연구에서는 그만큼 연구자의 주관이 강하게 작용하고 있음을 뜻한다. 동시에, 고인류학 연구도 다른 여러 분야와 마찬가지로 내셔널리즘의 영향을 피하지 못하고 있으며, 연구를 위한 지원을 얻으려면 세간의 이목을 끄는 뉴스거리가 필요한 세태를 반영하고 있기도 하다.

호모 사피엔스, 네안데르탈과
새로 알려진 고인류

호모 사피엔스 등장 전후의 사정

앞 장에서 이야기한 아타푸에르카의 여러 화석 산출 지점의 하나인 소위 '뼈구덩이' 수직굴에서는 30만 년 전보다 앞서 살던 고인류의 화석 1,600여 점이 발견되었다. 그중에서 연대가 43만 년 전이라 여겨지는 머리뼈의 주인공은 아마도 둔기로 머리를 맞아 사망했다고 여겨지는데, 이것은 '사람속' 개인 사이에 폭력이 자행되었음을 보여 주는 가장 이른 시기의 증거일 것이다. 이것을 비롯해 잘 보존된 여러 점의 머리뼈는 두뇌 용량에서 호모 네안데르탈렌시스나 현대인과 구분할 수 있는 특별한 차이가 없다. 비록 얼굴 중심부가 앞으로 돌출한 듯한 모습이라던가 길고 좁은 치골 및 굵은 손가락뼈처럼 네안데르탈에서 보이는 몇몇 특징이 있는 화석이라고 해도, 네안데르탈로 분류할 수 있을 정도까지는 아니라고 한다(그림 44).

이 사례에서 보듯, 플라이스토세 중기의 고인류 화석은 해부학적 특징에서 넓은 폭의 변이를 보여 준다. 즉, 특정 종의 '전형적' 특징을

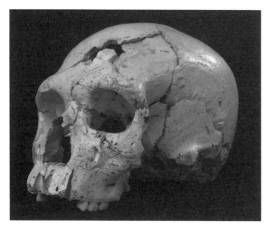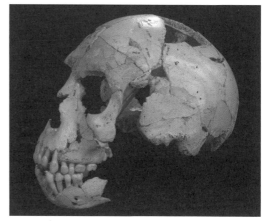

그림 44. 아타푸에르카 '뼈구덩이'에서 발견된 제17호 및 제9호 화석은 네안데르탈과 사피엔스의 형질을 함께 갖추고 있다. 제17호는 특히 눈두덩 부위가, 제9호는 안면 형태와 이빨에서 네안데르탈의 특징이 뚜렷하다.

갖춘 화석도 많이 있으나, 종의 구분이 쉽지 않은 화석들도 자주 발견되고 있다. 그러므로 앞서 이른 시기의 화석 연구에서 살핀 바와 마찬가지로, 플라이스토세 중기 이후 호모 사피엔스가 등장할 무렵 혹은 그 전후의 고인류 화석에 대해서도 종의 분류라던가 분류된 화석 사이의 관계에 대해서는 뚜렷한 결론 없이 다양한 주장만이 제시되곤 했다.

린네가 제창한 호모 사피엔스란 학명은 현재 우리 현대인 및 외형적으로 우리와 같은 모습을 한 현대인의 직접적인 조상, 즉, 생물학적 의미에서의 현대인을 가리킨다. 19세기부터 고인류 화석이 본격적으로 연구되며 오랫동안 호모 사피엔스로 분류한 화석은 소위 '크로마뇽인'이나 '그리말디인'처럼 현대인의 해부학적 특징이 확실히 드러나는 것들이었다. 나머지 고인류, 즉 호모 사피엔스와 뚜렷한 차이를 보여주는 '자바인'이나 '북경원인' 같은 호모 에렉투스뿐 아니라, 유럽 각지에서 발견되는 네안데르탈도 호모 사피엔스가 등장하기 전에 멸종했다고 여겨졌다.

그렇지만, 20세기 후반기가 되며 네안데르탈과 사피엔스 사이에는 차이와 못잖게 공통점도 많다는 생각이 퍼지게 되었다. 1970년대부터는 네안데르탈의 특이한 형질은 빙하기 유럽의 극한 환경에 적응한 결과라고 생각하게 되었으며, 호모 사피엔스는 현대인과 네안데르탈이라는 두 아종으로 구성되어 있다는 생각이 주류 학설이 되었다. 이 말은, 즉 호모 사피엔스는 'Homo sapiens sapiens'와 'Homo sapiens neanderthalensis'가 포함된다고 여기게 되었으며, 정확한 시간적 경계가 모호하긴 하지만 양자가 존재했던 시기도 겹칠 수 있다고 생각하기 시작했다(그림 45).

그런데 20세기가 끝날 즈음, 유럽과 지중해 연안에서 늦은 시기의 네안데르탈과 사피엔스는 실제로 상당한 시간 동안 공존했음이 밝혀졌다. 또한 네안데르탈의 분포 범위도 지중해 연안에서 중앙아시아를 거쳐 아시아 내륙 깊숙한 시베리아 알타이 지역에까지 걸쳐 있음이 확인되었다. 이러한 발견과 더불어, 호모 하이델베르겐시스를 독자적인 종으로 여기는 관점도 확산하며, 네안데르탈과 사피엔스를 별개의 종으로 다루는 생각이 점차 우세해졌다. 이에 따라 현재 'Homo sapiens'와 'Homo neanderthalensis'는 독자적 분류군으로 다루어진다.

이렇게 양자를 별개의 종으로 다루어야 한다는 생각은 21세기 들어 전혀 예상하지 못했던 호모 플로레시엔시스, 호모 날레디 및 호모 루조넨시스로 명명된 새로운 고인류가 발견되며 더 확고하게 된 듯하다. 즉, 불과 수만 년 전까지도 지구상에는 '호모속'에 속하는 여러 종의 고

그림 45. 사피엔스와 네안데르탈은 눈두덩과 코에서 큰 차이가 있으며, 후자는 정수리와 후두부도 튀어나온 듯한 모습이다.

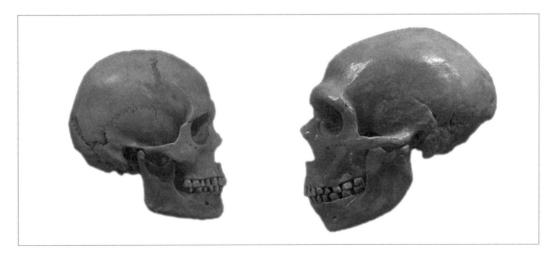

인류가 살고 있다고 생각해야 하게 된 것이다.

　한편, 화석에서 유전자를 추출하고 분석할 수 있게 됨에 따라, 네안데르탈과 사피엔스 사이의 관계가 생각보다 밀접했을 뿐만 아니라, 현대인의 유전자에는 네안데르탈로부터 물려받은 유전자가 포함되어 있음이 확인되었으며, 특히 그 비율은 동아시아에 거주하는 집단에게서 높게 나타났다. 나아가 네안데르탈과 사피엔스는 소위 '데니소바인'의 유전자도 물려받았음이 확인되었다. 물론, 유전자 분석은 유전자가 화석에 보존되어 있어야 가능하지만, 특히 호모 사피엔스와 관련한 연구에서는 유전자 분석에 힘입어 여러 새로운 사실이 드러나고 있다. 분석 기술의 발전에 힘입어, 고유전자 연구는 종과 종 사이의 관계라던가 심지어 외형적 특징에 근거한 종의 설정이 타당한가에 대한 검토도 가능하게 해줌으로써, 화석의 분류와 진화 관계에 대해 새로운 사실을 밝혀 주며 궁극적으로 연구 관점 자체를 변화시켜 줄 것이다.

　마지막 장에서는 우리 현대인이 속한 호모 사피엔스를 비롯, 사피엔스와 밀접한 관계임이 밝혀진 네안데르탈인 및 이제 서서히 실물 화석이 발견되고 있는 소위 '데니소바인'에 대해 살펴보고, 동남아시아와 아프리카에서 보고된 새로운 고인류들에 대해 정리해 보겠다.

호모 사피엔스

인류 진화사 연구에서, 의미 있는 시간적 깊이를 지닌 호모 사피엔스로서 처음 발견된 화석은 소위 '크로마뇽인'이다. 1868년 발견된 '크로마뇽인'은 지중해로 흘러 들어가는 프랑스 도르도뉴(Dordogne)강의 지류인 베제레(Vézére)강가에 있는 크로마뇽(Cro-Magnon)이란 작은 마을의 동굴에서 발견되었다. 도르도뉴 지방에서는 강을 따라 노출된 절벽과 주변 일대의 석회암 산지에 크고 작은 석회암 동굴과 바위그늘

이 많이 있으며, 그런 곳에서는 19세기부터 구석기 유물과 고인류 화석이 발견되었다. 이후 유럽 각지에서는 호모 사피엔스 화석과 구석기 시대 유물 및 동굴벽화가 속속 발견되며 구석기 고고학과 고인류학은 발을 내딛기 시작했다.

크로마뇽인으로 대표되는 유럽의 호모 사피엔스는 그 키가 160~180cm 정도에 이르며, 현대인처럼 이마와 턱이 잘 발달한 모습이다. 두뇌 용량에서도 현대인의 평균치보다 큰 것도 드물지 않아 1,600cm^3 가까이 이르기도 하는 등, 현대인과 다를 바 없는 모습으로서, 19세기 사람들에게도 현대인의 직접적 조상이라고 여기기에 아무 문제가 없었다. 호모 사피엔스는 같이 발견되고 있던 네안데르탈보다 그 키가 10~30cm 정도 더 컸는데, 그러나 골격의 구조와 얼굴 등에서 차이가 보이며 골격에서 유추할 수 있는 근육은 후자가 훨씬 더 발달한 양상이었으므로, 양자는 서로 다른 종으로 인식하게 되었다. 나아가 화석과 함께 발견되는 석기의 특징이나 동물 화석을 볼 때 사피엔스가 네안데르탈보다 늦게 나타났다고 생각하게 되었다.

1970년대까지도 네안데르탈로부터 호모 사피엔스가 진화했다는 설명은 교과서에 실리던 생각이었다. 그러나 20세기 말이 가까워지며 호모 사피엔스가 아프리카에서 등장해 유라시아로 확산했다는 생각이 자리 잡게 되었으며, 21세기가 시작할 즈음에는 호모 사피엔스는 아마도 20만 년 전 무렵 동아프리카에서 처음 나타났을 것이라고 여기게 되었다. 이것은 오모 분지의 오모 제1유적(Omo 1)에서 약 20만 년 전(195 KY) 무렵의 화석이 발견되고, 아와쉬 분지의 헤르토(Herto)라는 곳에서도 16만 년 전 무렵의 화석이 발견되는 등, 이른 시기의 호모 사피엔스가 동아프리카에서 발견되었기 때문이다. 이렇게 발견된 호모 사피엔스 화석은 눈두덩의 형태 등에서 몇몇 원시적 특징이 아직 남아 있지만, 모두 현대인의 기본적 특징을 갖고 있다. 또한 이들의 뒤를 이어, 아파렌시스로 유명한 라에톨리에서는 12만 년 전의 사피엔스 화석이, 멀리 남아프리카에서는 남아프리카공화국과 스와질랜드 국경에 있는 보더 동굴(Border Cave)에서도 그 비슷한 시기(115 KY)의 화석이 발견되었다. 이에 따라 12만 년 전 무렵이면 호모 사피엔스가 아프리카 각지로 확산해 나갔다고 여기게 되었다. 또한 아프리카 최남단 대서양 해안에 있는 클라지스강 하구 동굴(Clasies River Mouth Cave)에서 9만 년 전 무렵의 화석이 발견되어, 이때가 되면 아프리카 모든 곳으로 사피엔스가 확산했다고 생각하게 되었다.

그런데 2017년 아프리카 북단에 위치한 모로코 지중해 연안의 제벨이르후드(Jebel Irhoud)라는 곳에서 약 30만 년 전의 호모 사피엔스 화석이 세련된 석기들과 함께 발견되었다. 아래턱과 얼굴 부위 조각으로 구성된 화석이 수습된 층의 연대측정치 중심값은 286 KY이며, 화석과 함께 발견된 정교한 중기석기시대 유물이 수습된 부위의 연대는 316 KY로 판명되어, 그 연대가 약 30만 년 전임이 드러났다. 이 화석이 호모 사피엔스의 기원지라고 여겨져 왔던 동아프리카에서 서쪽으로 멀리 떨어져 발견되었다는 사실과 함께, 이러한 자료로부터 이제 호모 사피엔스가 30만 년 전보다 훨씬 이른 시기에, 아마도 40만 년 전이나 이보다도 앞선 시점에 이미 동아프리카에서 등장해 아프리카 각지로 퍼졌고, 일찍부터 정교한 석기를 제작했다고 생각하게끔 되었다.

등장 이후 호모 사피엔스는 빠른 속도로 퍼져 나갔으며, 플라이스토세가 끝나기 전 남극 대륙을 제외한 지구상의 모든 곳에 자리를 잡았다. 그러한 호모 사피엔스의 확산은 다른 어떤 포유동물에게서도 볼 수 없는 빠른 속도로 일어난 것으로서, 높은 지능과 문화적 능력이 없었다면 발생할 수 없는 일이었다. 문화적 능력을 상징적으로 보여 주는 예술 활동의 증거는 플라이스토세 중기 말의 네안데르탈 관련 유적에서도 그 흔적이 보이긴 하지만, 본격적인 예술 행위의 증거는 사피엔스가 남긴 동굴벽화의 형태로 나타난다. 동굴벽화는 유명한 알타미라 혹은 라스코 동굴처럼 서유럽에서 많이 발견되었으나, 2010년대 말부터 인도네시아 석회암 동굴에서 발견된 벽화가 플라이스토세에 그려진 것임이 속속 밝혀지고 있다. 2024년에는 술라웨시 남부의 동굴에서 일종의 서사화라고 할 수 있는 내용의 벽화가 약 51,000년 전에 그려진 것임이 밝혀지기도 했다.

호모 사피엔스가 남쪽으로 확산해 남아프리카 대서양 해안까지 도착할 무렵이면, 북쪽으로는 이미 아프리카를 벗어나 유라시아로 퍼져 나갔다. 아프리카에 가까운 지중해 동안의 레반트 지역에서는 스쿨(Skhul), 카프제(Qafzeh), 타분(Tabun), 샤니다르(Shanidar) 등의 동굴 지점에서 1930년대부터 사피엔스와 네안데르탈 화석이 석기와 함께 발견되기 시작했다. 오늘날 레반트에서 발견된 가장 이른 시기의 사피엔스 화석은 이스라엘의 미슬리야동굴(Misliya Cave)에서 알려졌으며, 그 연대는 위의 몇 동굴에서 발견된 화석보다 훨씬 이른 시기로서 연대측정치는 194 KY에서 177 KY 사이, 즉 약 18~19만 년 전이라고 보고되었다. 한편, 레반트 지역에서 동남으로 400km 정도 떨어져 아라비아반도 내륙에 있는 알우스타(Al Wusta)라는 곳에서는 2018년 85,000년 전의 호모 사피엔스 화석이 발견되었다. 이러한 증거는 MIS 6에서 5단계에 걸친 플라이스토세 중기 말에서 후기 초 동안 지중해에서 페르시아만에 이르는 지역에 호모 사피엔스가 이미 도착했음을 말해 준다. 아마도 그 당시 이 지역에는 호모 사피엔스와 함께 호모 하이델베르겐시스나 네안데르탈도 살고 있었을 것이다.

그런데, 아프리카에서 지중해를 건너면 바로 갈 수 있는 유럽에서는 2010년 무렵까지도 레반트 지역보다 상당히 늦은 시기의 호모 사피엔스 화석만이 알려졌을 뿐이다. 즉, 그 당시까지 알려진 가장 이른 시기의 호모 사피엔스 화석은 영국해협에 연한 영국 데본 토케이(Torquay)에 있는 켄츠동굴(Kents Cavern)이라는 곳에서 1989년에 발견된 한 점의 턱뼈 화석이었다. 발견 이후 이것의 연대는 39,000년 전이라고 알려졌으나, 2011년 44,200~41,500년 전의 연대가 새로 얻어졌다고 한다. 이 4만 년 무렵의 연대는 독일과 프랑스에서 동굴벽화가 그려지기 시작한 시점과 얼추 비슷한 시점이다. 이와 비슷한 시기의 화석으로, 루마니아의 루마니아 '뼈동굴(Peștera cu Oase)'이란 곳에서 2002년에 발견된 턱 화석도 그 연대가 42,000~37,000년 전 사이로 알려졌다. 그러나 호모 사피엔스가 남겼다고 여겨지는 구석기 유물은 이런 화석의 연대보다 적어도 4~5천 년 앞서 동유럽 남부에서 발견되므로, 호모 사피엔스는 대략 5만 년 전 무렵 레반트에서 육로를 통해 유럽으로 퍼져 나갔을 것으로 여겨졌다.

그러나 호모 사피엔스의 확산을 다시 생각하게끔 하는 발견으로서, 호모 사피엔스는 유럽 동남부에 위의 화석들보다 적어도 15만 년 앞서 도착했다는 보고가 2019년에 나타났다. 즉, 1978년 그리스 남부의 아피디마(Apidima) 동굴이라는 곳에서 발견된 2점의 머리뼈 화석 중 호모 사피엔스라고 확인할 수 있는 '아피디마 1'은 그 연대가 21만 년 전이라는 것이다. 그렇다면 호모 사피엔스는 종래의 생각보다 훨씬 이른 시점에, 즉 21만 년 전보다도 훨씬 앞서 아프리카를 벗어나 각지로 퍼져 나갔다고 생각할 수 있다.

그런데, 아프리카에서 기원한 호모 사피엔스가 구대륙 각지로 퍼져 나간 사건은 한 차례에 그치지 않았을 것이다. 현대인을 대상으로 한 유전자 분석에 따르자면, 현재 지구상에 살고 있는 모든 사람은 6만 년 전 무렵 아프리카를 벗어난 작은 규모의 호모 사피엔스 집단의 후손이라고 한다. 다시 말해, 6만 년 전 무렵이면 이미 그전에 아프리카를 벗어난 호모 사피엔스 집단들의 후손을 비롯한 여러 지역 집단이 구대륙 전체에 걸쳐 존재했지만, 이때 새로 아프리카를 벗어난 하나의 소집단에서 비롯된 후손만이 현재까지 살아남아 현대인을 이루고 있다는 것이다. 이것은 또 한국인을 비롯한 모든 현대 동아시아인은 전술한 중국이나 동남아시아에서 발견된 이른 시기의 호모 사피엔스로부터 비롯된 것이 아니라, 더 늦게 도착한 사피엔스 집단의 후손이라는 뜻이다.

　호모 사피엔스의 확산을 말해 주는 이른 시기의 자료로는 아직 '아피디마 1'이 유일하지만, 유럽에 호모 사피엔스가 종래의 생각보다 더 일찍 도착했음을 말해 주는 자료는 점점 더 늘어나고 있다. 즉, 프랑스 남부의 론(Rhône)강 유역에 있는 만드랭(Mandrin)동굴에서 발견된 1점의 호모 사피엔스 치아는 분석 결과 연대가 54,000년 전임이 밝혀졌다는 보고가 2022년 나타났으며, 2024년 1월에는 독일 라니스(Ranis)의 라니스성 지하에서 발견된 호모 사피엔스는 45,000년 전의 화석임이 보고되었다. 이 라니스 화석은 북위 50도선 이북에서 발견되었는데, 해당 지점은 당시 대륙 빙하의 가장자리에 있어 오늘날 시베리아 최북단과 같은 환경으로서, 호모 사피엔스가 가혹한 극지환경에서도 충분히 적응할 수 있는 문화적 능력을 이미 갖추었음을 말해 준다. 또한 만드랭 화석은 알프스 빙하가 물러났던 빙간기에 호모 사피엔스가 이곳에 들어와 네안데르탈과 함께 살았을 것임을 말해 준다.

　한편, 서남아시아와 동아시아 사이의 광대한 지역에서는 호모 사피엔스의 확산을 말해 주는 증거가 잘 발견되지 않고 있다. 그러나 아무튼 호모 사피엔스는 10만 년 전이면 이미 동아시아에 도착했다고 보인다. 그러한 가장 이른 시기의 호모 사피엔스 화석은 중국 남부지방에서 발견되고 있다. 즉, 광서(광시; 廣西) 유강(류쟝; 柳江)에서 발견된 화석은 139,000년에서 111,000년 전 사이의 연대로 보고되었으며, 지인동(즈런둥; 智人洞) 동굴에서 발견된 화석은 10만 년 전 이상이라고 보이며, 주로 많은 수의 치아로 구성된 호남(후난; 湖南)성 도현(타오시엔; 道縣) 당비촌(탕베이춘; 塘碑村)에서 발견된 화석의 연대는 12만 년에서 8만 년 전 사이로 보고되었다.

　중국과 인접한 동남아시아 지역에서 현재까지 발견된 가장 이른 시기의 화석은 라오스의 탐파링(Tam Pà Ling) 동굴에서 알려진 머리뼈와 다리뼈 각 한 점으로서, 그 연대는 각각 7만 년 전(70±3 KY) 및 7.7만 년 전(77±9 KY) 전후로 측정되었으며, 함께 발견된 포유동물 이빨 한 점에서는 최고 86,000년 전의 연대가 얻어졌다. 따라서 인도지나반도에도 호모 사피엔스가 적어도 7만 년 전 무렵에는 도착했을 것이다. 라오스 동부의 안남산맥(Annamite 혹은 Annamese Mountains)에는 탐파링과 유사한 조건을 갖춘 동굴이 많이 있어, 앞으로도 더 많은 발견이 있을 것으로 기대된다. 또한 2017년에는 수마트라의 리다아제르(Lida Ajer)라는 곳에서 발견된 호모 사피엔스 치아에서 73~63 KY의 연대가 얻어졌다고 보고되었다.

동남아시아에 도착한 호모 사피엔스는 빙하기에도 바다를 사이에 두고 아시아 대륙과 떨어져 있던 오스트레일리아로 확산했을 것이다. 그러한 증거로서, 오스트레일리아에서도 유라시아 대륙에서 가장 멀리 떨어진 동남쪽의 뉴사우스웨일즈(New South Wales) 서남부에 있는 멍고(Mungo) 국립공원에 분포하고 있는 플라이스토세 고호수 가장자리의 사구 지대에서 1968년 호모 사피엔스 화석이 처음 발견되었으며, 몇 해 뒤 다시 2개체분의 화석이 발견되었다. 이 중에서 처음 발견된 '멍고호 1호(Lake Mungo 1; LM1 혹은 WLH1)'와 3호(LM3 혹은 WLH3) 화석이 중요하다. 'LM1'은 여성으로서, 장례를 치르며 실시한 의례 행위로서 시신을 화장한 흔적이 보이며, 그 연대는 42,000년 전으로 여겨진다. 1974년 발견된 'LM3'는 남성이며 매장을 하며 시신에 적철광을 뿌린 흔적이 발견되었다. 이 화석의 연대는 한때 6만 년 전이라고 소개되었지만, 서로 다른 방법으로 측정한 결과는 6만 년 전에서 2만 6천 년 전 사이에 걸치고 있어 그 정확한 연대는 논란거리이다. 현재는 'LM1'의 연대에 근접한 측정치가 지지받고 있는 듯하다.

호모 사피엔스의 진화와 관련해 1930년대부터 반세기가 넘도록 뜨거운 쟁점이 되었던 중요한 화제로서, 모든 호모 사피엔스 집단은 아프리카에서 기원한 호모 사피엔스의 후손으로서 퍼져나간 것인가, 아니면 여러 곳에서 비슷한 시기에 동시다발적으로 등장한 것인가 하는 문제가 있다. 이 서로 대립하는 두 입장은 대체설(Replacement Model) 혹은 아프리카기원설(Recent Out of Africa Hypothesis) 대 다지역기원설(Regional Continuity Model 혹은 Multiregional Hypothesis)이라고 한다. 이러한 대립은 또 '나누는 이' 대 '묶는 이'의 대립적 관점과도 어느 정도 연관된 문제로서, 화석자료의 의미에 대한 기본적 인식에서의 차이를 반영하고 있다. 이른 시기의 화석 연구가 자료 부족이라는 문제가 있다면, 호모 사피엔스는 자료가 상대적으로 많아 다양한 해석이 가능하다는 점 때문에 의견 대립이 날카롭게 계속되었다고도 할 수 있다. 다지역기원설은 특히 중국학계가 선호해 왔으며 아직도 그런 목소리가 들리고 있는데, 앞서 언급한 화석을 비롯한 상대적으로 이른 시기의 몇몇 화석을 증거로 중국이 여러 호모 사피엔스 기원지 중의 하나라고 주장하고 있다. 그러나 유전자 연구는 화석의 형태를 주장의 근거로 삼고 오랫동안 지속되었던 그러한 논쟁을 사라지게끔 하였다.

네안데르탈

6만 년 전에 아프리카를 벗어나 현대인의 조상이 되는 집단이 동아시아에 언제 도착했으며, 도착한 다음에는 어떤 일이 발생했는지 하는 질문에 대해서는 누구도 답할 수 없다. 그러나 유전자 연구는 특히 동아시아 현대인에게 사피엔스가 아닌 다른 두 종의 고인류 유전자가 상당히 남아 있음을 밝혀주었다. 즉, 6만 년 전보다 훨씬 이전에 종 차원에서 서로 다른 집단에 속한 남녀 개체 사이에서 생식이 이루어졌으며, 그로부터 물려받은 다른 종의 유전자가 현대인에게까지 내려오고 있다는 것이다. 이 말은 모든 현대인이 6만 년 전 아프리카를 벗어난 한 사피엔스 소집단의 후손이라는 말과 상충하는 것처럼 들린다. 그러나 이 말은 단지 현대인의 유전자 모집단에는 사라진 고인류와의 생물학적 교류의 흔적을 말해 주는 유전자가 남아 있다는 뜻에 그치며, 그들의 후손이 종으로서 이어지지는 않았다. 현대인의 기원과 확산에 대한 이러한 이해는 21세기 들어 네안데르탈 화석에서 유전자를 추출해 분석할 수 있게 되며 가능하게 되었다.

19세기부터 유럽 각지에서 발견되던 네안데르탈은 1980년대에 이르러 지중해 동안에서 중앙아시아를 거쳐 시베리아 남부 알타이 지방에 이르기까지 초원과 산록지대를 따라서도 화석이 발견되었다. 호모 사피엔스와 네안데르탈, 호모 에렉투스 및 호모 하이델베르겐시스 사이의 상호 관계에 대해서는 여러 가정과 주장이 끊임없이 제기되었지만, 네안데르탈의 기원에 대해서는 아마도 호모 하이델베르겐시스나 호모 에렉투스로부터 기원해 이들과 공존했을 것이라는 의견이 20세기 말 제시된 이후 뚜렷한 반론도 지지도 나오지 않고 있다. 이것은 다시 말해 잘 모르겠다는 뜻에 다름 아니다. 그러나 그 종말에 대해서는 유럽과 레반트 지역에서 화석이나 석기 자료에서 사피엔스와 공존하거나 혹은 양자가 시간의 흐름에 따라 교대로 발견됨을 보여 주는 자료가 많이 발견되었다. 그 결과, "최후의 네안데르탈"을 발견하는 과제가 일종의 학문적 경쟁 대상이 되었다는 느낌도 받게 된다. 20세기에 이루어진 연대측정에서는 레반트에서 네안데르탈은 3만 년 전 이후까지, 또 이베리아반도에서는 4만 년 전 이후까지도 살고 있었다는 결과가 얻어졌으나, 2010년대 후반 이후의 여러 연구에 따르자면 유럽에서 가장 늦은 시기의 네안데르탈 화석의 연대는 대체로 95% 확률에서 41,000년 전에서 39,000년 전 사이에 모여 있어, 대략 4만 년 전 조금 지나 네안데르탈은 유럽에서 완전히 사라졌다고 보인다. 그러나 중동이나 중앙아시아에서도 같은 때 네안데르탈이 사라졌는지에 대해서는 무어라 말할 수 없으며, 몽골이나 중국 내몽고 지방의 구석기 자료를 볼 때 이 시점보다 조금 더 오래 존재했을 가능성도 없지 않다고 생각되기도 한다. 그렇다면, 네안데르탈은 후술할 '데니소바인' 및 사피엔스와도 한동안 공존했을 수 있다.

　네안데르탈 화석은 구대륙에 고르게 분포했던 것이 아니며, 플라이스토세 중기 말에서 후기 말에 걸쳐 유라시아 대륙의 특정 지역에서만 살던 일종의 지역형 고인류이다. 많은 화석이 유럽과 지중해 동안에서는 발견되었지만, 동아시아에서는 보이지 않으므로 동아시아에서는 그리 관심거리가 되지 않는 고인류였다. 그런데 1856년 발견된 최초의 네안데르탈 화석 팔뼈에서 채취한 시료로부터 1997년 미토콘드리아 DNA를 추출해 분석한 결과, 호모 사피엔스와 네안데르탈은 상당히 오래전에 계보가 갈라졌고 양자는 종 차원에서 구분돼야 한다는 결과가 발표되었다. 이때부터 네안데르탈은 동아시아의 고인류 연구와 관련해서도 중요한 의미를 갖게 되었다.

　호모 사피엔스와 네안데르탈의 관계와 관련한 연구로서, 2006년에는 네안데르탈과 현대인이 706 KY, 즉 약 70만 년 전 무렵까지는 하나의 계보로서 내려오다가 늦어도 37만 년 전 무렵에 계보가 갈라졌다는 고유전자 분석 결과가 발표되었다. 2009년에는 6점의 네안데르탈 화석 시료의 미토콘드리아 DNA 분석 결과로부터 그러한 계보 관계가 다시 확인되었으며, 이어 2010년에는 네안데르탈과 현대인 두 집단은 104만 년 전 다른 계보와 분리되어 하나의 계보로 내려왔음이 밝혀졌다. 이 분석에서 밝혀진 더욱 중요한 사실로서, 호모 사피엔스와 네안데르탈은 466 KY 무렵, 즉 약 47만 년 전에 계보가 갈라졌고, 후자는 2만 5천 년 전 무렵 멸종했을 것이라는 결론이 얻어졌다. 앞서 언급한 바처럼, 실물로 발견된 "최후의 네안데르탈" 화석들은 이보다 앞선 연대인데, "최초의 네안데르탈" 실물 화석들의 연대는 연대측정 방법의 한계로 정확히 말하기 어려우나 대체로 40만 년 전 무렵으로 여겨진다.

　2010년 발표된 유전자 분석에서 밝혀진 사피엔스/네안데르탈과 104만 년 전에 분리했다고 하는 가상의 집단에 대해서는 분석용 시료

화석이 발견된 시베리아 알타이 지방에 있는 '데니소바(Denisova)' 동굴의 이름을 붙여 '데니소바인(Denisovan)'이라고 부르게 되었다. 전술한 바대로 데니소바인과 네안데르탈의 유전자는 동아시아인에게 특히 더 많이 남아 있다. '데니소바인'은 뼈에서 추출한 유전자로만 알려진 고인류였지만, 최근 들어 그 실물 화석도 서서히 발견되고 있다.

이러한 유전자 연구 결과는 '사람속'에 속하며 서로 다른 종으로 분류되는 화석들이 때로는 많은 특징을 공유하고 있는 이유를 어느 정도 이해할 수 있게 해준다. 그런데 화석을 대상으로 하는 고유전자 연구에서는 분석 시료의 대표성을 알 수 없으며, 분석에서 제시된 결론과 실물 화석이 얼마나 일치하는가에 대한 검증은 쉽지 않다는 점에 유의할 필요가 있다. 한편, 흥미롭게도 샤니다르에서 발견된 6세 정도의 어린아이 화석에서 추출한 유전자에서는 화석의 주인공이 다운증후군을 앓고 있었음이 확인되었다고 2024년 발표되었다. 이 발견은 병약한 아이를 길러낸 네안데르탈의 사회생활에 대해 새로운 관점에서 인식해야 할 필요가 있음을 말해 주고 있다.

대부분의 네안데르탈 화석은 10만에서 4만 년 전 사이에 속하지만, 연대를 불문하고 1856년에 처음 발견된 화석부터 시작해 네안데르탈은 현대인과 매우 대조적인 모습이었기 때문에 곧 유명해졌다. 네안데르탈의 특징으로는 코가 매우 넓고 크며, 얼굴은 입을 비롯해 아래쪽 부위가 전반적으로 튀어나왔고 눈두덩이 크고 두꺼우며, 머리는 길고 좁아 위로 솟아오른 듯한 모습이고, 사지는 몸무게에 비해 상대적으로 짧으나 근육이 잘 발달해 상대적으로 힘을 잘 쓸 수 있었으며, 상체의 가로 단면은 현대인과 비교할 때 원통형에 가깝다는 점 등이 꼽힌다.

이러한 신체의 특징은 극지방과 유사한 추운 환경에 적응한 결과라고 해석되고 있다. 먼저, 큰 코를 갖게 된 것은 뇌의 대사를 돕기 위해서라는 것이다. 코 옆 가까이에는 뇌에 산소를 공급하는 동맥이 지나가는데, 추운 곳에서 숨을 들이쉬면 비강을 통과하는 찬 공기 때문에 뇌로 전달되는 혈액의 온도가 낮아져 혈류가 원활해지지 않으므로, 급격한 혈액의 온도 저하는 뇌의 대사를 방해한다. 그러므로 추운 환경에서 살던 네안데르탈에게는 뇌의 대사를 원활히 유지하기 위해 동맥혈류의 온도를 일정하게 유지하는 것이 중요했을 텐데, 비강과 동맥이 서로 거리를 두고 있으면 그러한 효과를 기대할 수 있고 또 차가운 공기가 비강에서 머무르는 시간이 길어져 공기 온도가 조금이라도 올라감으로써 혈류에 충격을 덜 주게 된다는 것이다. 즉, 크고 넓은 코는 추운 환경에 적응한 결과라는 것이다. 또 턱과 정수리는 코와 밀접한 관계를 지니므로 안면과 두개골 상부가 앞으로 돌출하게 되었다는 것이다. 아울러 짧은 사지와 원통형 몸집은 신체 중심부에서 말단까지의 거리를 줄여 줌으로써 추운 기후에서 체열 손실을 방지하는 효과를 주는바, 이 역시 환경에 적응한 결과로 해석하고 있다. 나아가 극심한 환경조건으로 일상생활은 매우 힘들 수밖에 없었기 때문에 힘든 노동을 견딜 수 있는 튼튼한 사지 골격을 갖추게 되었다고 여겨진다. 실제로 많은 네안데르탈 화석에서는 가혹한 환경에서 생활하며 입은 신체적 손상의 흔적을 찾을 수 있어, 일상에서 마주쳐야 했던 환경조건이 혹독했음을 시사해 준다.

이러한 신체적 특징은 오랫동안 네안데르탈을 '야만인'으로 여기게 하는 데 일조하였다. 즉, 이들은 머리 나쁘고 힘만 센 사람들로서, 거친 조건에서 무지막지한 생활을 했을 것이라고 상당수의 전문가조차 은연중 생각하고 있었다. 그러나 네안데르탈이 살던 유적에 대한 치밀한 조사가 축적되며, 네안데르탈을 다루는 요즈음의 연구에서는 네안데르탈을 야만인이 아니라 환경에 잘 적응했으며 사피엔스에 못잖은 문화적 능력을 갖추었던 집단이라고 여기고 있다. 이들의 멸종은 네안데르탈의 인구 규모가 작았기 때문에, 시간의 흐름에 따라 발생한 자연선택의 과정에서 어쩔 수 없이 소멸의 길로 들어선 것이라고 해석되고 있다.

네안데르탈의 독특한 신체는 빙하 주변부에 살던 집단뿐만 아니라 환경조건이 가혹하지 않던 레반트나 다른 지역에서 발견된 화석에서도 보인다. 따라서 네안데르탈은 빙하기 동안 유럽에서 극지방과도 같은 환경에 적응하며 독특한 신체적 특징을 갖추게 되었고, 그후 지중해 연안과 내륙 아시아로 확산했을 것으로 추측할 만하다. 그런 과정에서는 호모 사피엔스 집단과 접촉하게 되었을 텐데, 이미 말한 바대로 유전자 분석은 네안데르탈과 사피엔스 남녀가 만나 2세를 생산했음을 말해 준다. 그 결과, 유라시아 거주 현대인에게는 네안데르탈의 유전자가 작게는 전체 유전자의 1%에서 많게는 7.9% 정도까지 남게 되었고 아프리카 거주 현대인에게서도 0.3~0.5% 정도 그 흔적이 보이며, 역으로 네안데르탈 화석에서도 호모 사피엔스의 유전자가 검출되었다는 보고가 2024년 발표되었다.

네안데르탈과 사피엔스 사이에 생물학적 접촉이 있었다는 2010년의 첫 보고는 데니소바 동굴에서 발견된 손가락뼈를 시료로 한 분석에서 얻어졌다. 2016년에는 이 뼈에서 얻은 유전자 구성에서의 차이를 계량적으로 분석하여 종의 분기 시점을 추정하는 소위 '유전자 시계' 분석 결과, 이곳에서 그러한 접촉은 10만 년 전에 있었다는 발표가 나왔다. 그러나 두 종 사이의 생식은 우발적으로 한 차례만 발생했던 것이 아니라 여러 곳에서 여러 차례 일어났으며, 최초의 접촉도 아마 꽤 오래전에 이미 있었을 것이라고 한다. 현대인 유전자에 포함된 네안데르탈 유전자의 분석에서는 그런 접촉이 여러 차례 있었으며, 호모 사피엔스 유전자 모집단에 네안데르탈의 유전자가 유의미한 수준으로 이입된 마지막 시점은 65,000~47,000년 전 사이일 가능성이 크다는 연구도 나타났다. 아마도 호모 사피엔스와 네안데르탈 집단은 서로 그리 다르지 않은 방식으로 살았을 것이므로, 네안데르탈이 사라지기 전까지 두 집단 사이의 접촉은 자연스레 자주 발생했을 것으로 짐작된다.

데니소바인

앞서 말한 바처럼 데니소바 동굴에서는 네안데르탈과 사피엔스 사이의 접촉에 대한 증거만 얻어진 것이 아니라, '데니소바인'의 존재가 알려졌으며, 이 멸종 고인류의 유전자는 현대인에게까지 전해져 내려오고 있다. 특히 멜라네시아인, 오스트레일리아 원주민 및 필리핀 네그리토 원주민의 유전자에는 약 5% 정도의 '데니소바인' 유전자가 포함되어 있다는 것이다. 일부 연구자들은 '데니소바인'에 '*H. denisova*' 혹은 '*H. altaiensis*'라는 학명을 붙였지만, 이 두 학명은 실제 분류할 수 있는 화석이 없는 것이나 마찬가지라 거의 사용되지 않으며, 그 대신 '데니소바인'이라는 일반 명사가 널리 쓰인다.

데니소바 동굴에서는 '데니소바인' 화석이 작은 뼈 조각으로서 모두 7점 검출되었다. 이것을 제외한다면, '데니소바인'의 유전자를 갖고 있는 화석은 현재까지 중국이 점령한 티베트 하하(샤허; 夏河)현의 석회암지대에 있는 백석애(바이쉬야; 白石崖) 용동 및 라오스의 안남산맥에 있는 땀응우하오(Tam Ngu Hao) 동굴 단 두 곳에서 발견되었다. 티베트 바이쉬야 동굴은 라마교 사원으로 사용되던 곳으로서, 1980년 절의 승려가 많은 뼈 조각을 수습해 보관하고 있었다. 그중에서 어금니 두 점이 붙어 있는 한 점의 아래턱뼈 조각의 유전자를 분석한 결과, 2019년 '데니소바인'으로 밝혀졌고, 그 연대는 165,000년 전으로 측정되었다(그림 46). 2024년에는 다시 한 점의 갈비뼈 조각이 '데니소바

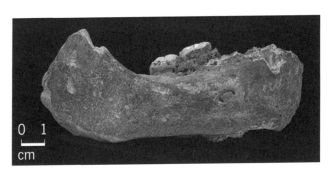

그림 46. 티베트 발견 '데니소바인' 아래턱.

인'으로 분류되었는데, 그 연대는 턱 조각보다 훨씬 뒤인 48,000년에서 32,000년 전 사이로 보고되었다. 라오스 화석은 여자 어린아이의 왼쪽 아래 어금니로서, 그 연대는 164,000년에서 131,000년 전 사이로 측정되었다.

이렇듯, '데니소바인'의 정체를 보여 주는 뚜렷한 화석은 이제 겨우 발견되기 시작하고 있다. 중국에서 발견된 화석 중에 이에 속하는 것도 있을 것이라는 생각은 아직 추측에 머무르고 있다. 2024년 발표된 한 유전자 분석 연구에 따르면, '데니소바인'은 285 KY에서 25 KY 사이, 즉, 약 28~29만 년 전에서 2~3만 년 전 사이에 살았으며, 그 공간적 분포는 아시아를 벗어나지 않았으리라고 한다. 어쩌면 한반도에도 '데니소바인'의 자취가 남아 있을지 모른다.

호모 플로레시엔시스

호모 플로레시엔시스는 21세기에 들어 아시아에서 새로 밝혀진 '사람속'으로서, 2003년 인도네시아 동쪽 플로레스 섬의 '리앙부아(Liang Bua)' 동굴에서 발견되었다. 여기에서는 모두 12개체분의 화석이 발견되었으며, 잘 보존된 머리뼈가 포함된 화석번호 'LB-1'이 표준화석이다. 처음 보고에서는 화석의 연대가 95,000년에서 12,000년 전 사이에 걸쳐 있으며, 특히 'LB-1'의 연대가 대략 17,000년 전이라고 보고되어 많은 이들을 놀라게 하였다. 그러나 2016년 새로운 분석 결과 화석들은 대략 10만에서 6만 년 전 사이의 연대임이 판명되었다. 한편, 석기는 19만 년 전에서 5만 년 전에 걸치는 여러 층에서 발견되었다. 플로레시엔시스는 5만 년 전 무렵 사피엔스가 이 섬에 도착하며 사라졌다고 여겨진다.

'LB-1'은 나이 30세 정도의 여성으로서, 키와 몸무게가 불과

106cm, 30kg에 지나지 않는다. 이런 작은 체구 때문에 호모 플로레시엔시스는 잘 알려진 판타지 소설의 제목이자 거기에 등장하는 종족의 이름인 '호빗'이라는 애칭으로 대중에게 소개되었다. 그런데 작은 크기의 몸집보다 더 큰 관심거리는 그 두뇌 용량이 현대인의 3분의 1보다도 작고 오스트랄로피테쿠스보다도 작아 400cm³에 불과하다는 점이다(그림 47).

이러한 작은 몸집과 두뇌 용량은 '사람속'에게서 전혀 기대하지 않았던 특이한 형질로서, 발견이 보고되자마자 바로 종의 기원과 진화 과정에 대한 논란을 불러일으켰다. 특히 플로레스는 빙하기에도 계속 고립된 섬으로 남아 있었으므로, 특이한 형질을 지닌 플로레시엔시스의 기원에 대해 여러 상반된 주장이 나타났으며, 심지어 새로운 종이 아니라는 의견도 매우 강하게 제시되었다.

그 기원에 대한 한 가지 설명은 섬에 처음 도착한 조상이 원래 왜소한 체구였을 것이라는 생각이었다. 즉, 호모 플로레시엔시스는 호모 하빌리스 아니면 그 정도로 작은 체구의 호모 에렉투스 이전 단계의 어떤 종에서 기원했을 것이라는 가설이다. 또 다른 의견으로서, 동물학 연구가 말해 주듯, 포식자가 없는 작은 섬에서 부족한 식량자원을 갖고 오랫동안 고립된 채 생활하는 동물에게는 진화 과정에서 도서 왜소증(island dwarfism)이라는 현상이 발생하는데, 호모 플로레시엔시스 역시 그러한 현상을 말해 준다는 주장도 나타났다. 즉, 조상이 작아서가 아니라 섬에 도착한 고인류가 왜소해진 결과 그러한 특질을 지니게 되었다는 것이다. 한편 이런 의견들과는 반대로 호모 플로레시엔시스가 새로운 종이 아니라는 의견도 여럿 제시되었다. 반대론자들은 화석이 소두증(小頭症)이나 크레틴병 혹은 다운증후군 같은 모종의 병리학적 문제로 제대로 성장하지 못해 비정상적으로 왜소화한 호모 사피엔스에 불과하다고 주장해 왔는데, 이런 주장을 펴는 이들은 특히 머리와 사지 형태가 병리학적 이상을 보인다는 점을 지적하고 있다. 이

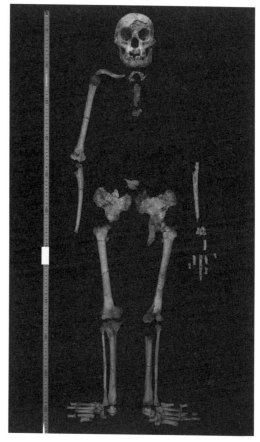

그림 47. 호모 플로레시엔시스의 표준화석인 'LB-1'. 전신사진에 보이는 줄자의 전체 길이는 약 110cm이다. 플로레시엔시스의 키는 인도네시아 주민 평균치보다 작은 것은 물론이며, 현재 플로레스 섬에 거주하는 플로레스피그미 사람들 평균치의 70%를 겨우 넘는 수준으로 미국 4세 아동의 평균 정도에 지나지 않는다.

렇게 화석 발견 이후 한동안 호모 플로레시엔시스에 대한 찬반 의견은 분명히 갈렸다. 필자는 2007년 여름 인도네시아 현지에서 개최된 호모 플로레시엔시스 학술회의에 참가할 기회가 있었는데, 당시 받은 인상으로는 결정적 자료가 발견되기 전까지 의견 대립이 팽팽하게 계속될 것 같다는 생각이 들었다.

그런데, 시간이 흐르며 도서왜소증 가설을 뒷받침하는 간접 증거로서 왜소화 현상으로 크기가 대륙에 서식하는 동종 코끼리의 30% 수준으로 크게 줄어든 피그미 코끼리 화석이라던가 플라이스토세 중기 초의 구석기 자료가 섬에서 발견되기 시작했다. 이어 2013년에는 리앙부아에서 70여km 떨어진 마타멩게(Mata Menge)에서 호모 플로레시엔시스의 조상이 될 만한 약 70만 년 전의 턱뼈와 6점의 이빨이 발견되었으며 곧 다시 팔뼈가 발견되었다.

2024년 8월에는 이 마타멩게 화석이 호모 플로레시엔시스보다 더 왜소한 체구의 성인이라는 사실이 발표되었으며, 그와 함께 호모 플로레시엔시스의 기원에 대한 도서왜소증 가설은 이제 가설이 아니라 가장 유력한 설명이 되었다. 즉, 그 조상은 호모 에렉투스로서, 호모 에렉투스는 늦어도 100만 년 전 플로레스 섬에 도착했고 그 이후 길어야 30만 년밖에 되지 않는 짧은 시간 내에 급속하게 왜소화해 호모 플로레시엔시스로 진화했다고 여길 수 있게 되었다. 즉, 리앙부아에서 발견된 호모 플로레시엔시스는 왜소화한 호모 에렉투스의 후손이라고 할 수 있게 된 것이다. 이러한 설명에 대해, 호모 플로레시엔시스가 병리 현상을 보이는 호모 사피엔스에 지나지 않는다는 주장을 굽히지 않고 고수하던 연구자들의 반론은 아직 나오지 않았다.

호모 날레디

호모 날레디는 발견 경위나 위치 및 발견된 화석 자체의 양이나 질 모든 점에서 가히 믿기 어려운 놀라운 발견이 아닐 수 없다. 날레디는 2013년 9월 전문가가 동굴을 탐사하던 중 화석을 발견함으로써 그 존재가 알려졌으며, 2015년 9월 모두 15개체분의 화석 1,550점이 수습되었다고 발표되었다(그림 48). 화석이 발견된 곳은 '인류의 요람 세계문화유산' 지구에 있는 '떠오르는 별(Rising Star)'이라는 이름의 석회암 동굴로서, 지하 용동이 복잡하게 얽혀 있다. 화석은 그 지역의 소토어로 '별들의 방(Dinaledi Chamber)'이라고 하는 용동에서 처음 발견되었으므로 학명은 이 이름을 따서 지어졌다.

화석 발견 지점은 상식적으로 도저히 그런 발견을 상상할 수 없는

그림 48. 호모 날레디. 위 사
진은 화석번호 'LES 1'을 여
러 방향에서 본 것이다. 첫 보
고문에 실린 이 사진(아래)에
는 모두 737점의 뼈가 너비
120cm의 테이블 위에 놓여
있다.

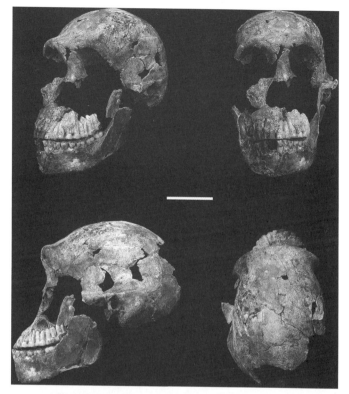

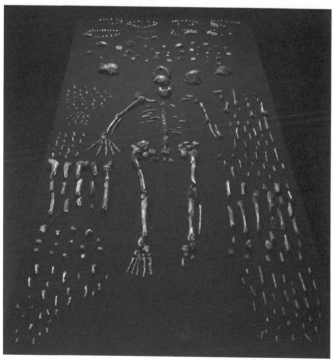

위치에 있다. 용동은 바로 위의 지표로부터 지하 30m, 가장 가까운 동굴 입구에서는 80m 깊이에 있는데, 동굴로 한참 들어간 다음 15m 정도 높이의 수직 암벽을 올라가 그 위에서 다시 최소폭이 20cm밖에 되지 않는 갈라진 틈을 타고 수직으로 12m 하강해야 다다를 수 있다. 용동 그 자체는 길이 10m 정도로서, 폭은 통로 부분의 가장 좁은 곳이 25~50cm이고, 십자로 갈라져 뻗어 나가는 끝 쪽에서 넓어져 사방 2m 안팎이다. 이렇게 도달하기조차 어려운 깊은 지하공간에서 다수의 고인류 화석이 완벽하게 보존된 상태로 발견된 것은 불가사의한 일이 아닐 수 없다. 2013년 11월 시작된 조사와 정리 과정은 인터넷으로 실시간 중계되었으며, 처음 발견 지점 이외의 용동에서도 화석이 수습되고 있다.

화석이 거의 완벽하게 보존된 상태에서 수습되었기 때문에, 호모 날레디의 모든 신체적 특징은 잘 파악할 수 있게 되었다. 특히 '네오(Neo)'라 명명된 표준화석은 놀랄 만큼 완벽하게 보존된 상태로 발견되었다. 많은 개체가 이런 깊숙한 동굴에 잘 보존된 이유에 대해, 보고자들은 인위적으로 사체를 매장했기 때문이라는 견해를 발표했다. 그러나 그보다는 사체가 부패하지 않고 미라화되었고 그런 상태에서 지하수 등의 자연적 요인이 작용해 용동에 모이게 되었을 수 있다는 반론이 나왔다. 이에 대한 재반론으로서, 2021년에 보고자들은 그런 주장을 뒷받침하는 근거는 없으며 인위적 매장의 결과라는 주장을 다시 반복하였다. 만약 이것이 사실이라면, 이것은 가장 이른 시기의 매장행위의 증거이다. 그렇지만 이로써 화석 보존의 이유에 대한 궁금증이 해소된 것은 아니며, 유적 형성 과정에 대한 총체적 설명을 비롯해 여러 질문에 대한 답이 얻어져야 한다.

호모 날레디를 새로운 종으로 인정함에는 논란의 여지가 없는데, 화석에서는 원시적인 특징과 발달한 특징이 함께 있다. 원시적 특징으로서는 우선 두뇌 용량이 작다는 점을 들 수 있는데, 용량은 불과

465~610cm³ 사이로 오스트랄로피테쿠스 정도이다. 또한 휘어진 손가락이며, 어깨, 몸통, 엉덩이와 넓적다리뼈 상단 등의 모습도 오스트랄로피테쿠스나 호모 하빌리스를 닮아 있다. 그러한 체질은 다른 어느 '사람속'보다도 나무에 오르거나 매달리기에 훨씬 더 잘 적응한 모습이다. 이빨의 크기에서도 앞니보다 어금니와 작은어금니가 상대적으로 더 발달했다는 점도 원시적 특징이다. 그렇지만 손목, 손, 다리와 발은 네안데르탈이나 현대인과 닮아 장거리를 걷거나 뜀에 잘 적응했으며, 치아도 크기가 전반적으로 줄어들었고, 어금니 윗면의 교합을 위한 요철 구조가 비교적 단순하고, 턱도 크지 않은 점은 상대적으로 진화한 특징이라고 평가하였다. 평균 키와 몸무게는 143.6cm, 39.7kg로서 왜소하다. 신체의 전체 크기와 형태 및 머리의 모습은 작은 체구의 '사람속'으로 평가할 만하며, 호모 하빌리스, 호모 에렉투스 혹은 호모 루돌펜시스 등 이른 시기 '사람속'에 가깝다고 평가하였다(그림 49).

화석에서 보이는 원시적 특징으로 그 연대는 이러한 초기 '사람속'과 비슷할 가능성이 높지만, 일부 진화한 특징을 보면 그보다 늦을 수 있다고 예상되었다. 그런데 2017년 6월 발표된 화석의 연대는 335 KY에서 236 KY, 즉 대략 33~34만 년 전에서 23~24만 년 전 사이로서, 예상보다도 훨씬 늦은 시기임이 판명되었다. 화석의 특징과 어울리지 않는 이러한 연대는 화석의 진화적 위치와 그 의미에 대해 새로운 궁금증과 의문을 자아내고 있다. 보고된 연대는 호모 날레디가 아마도 늦은 시기의 호모 하이델베르겐시스 혹은 네안데르탈이나 사피엔스를 비롯한 여러 종의 '사람속'과 공존했을 것임을 말해 준다. 그렇다면 과연 이 종이 이러한 당대의 '사람속'들과 어떤 관계에 있을 것이며, 호모 에렉투스라던가 호모 에르가스터 등과는 어떠한 진화적 관계에 있는가 하는 점을 비롯해 밝혀야 할 문제가 하나둘이 아니다. 앞으로 어떤 평가가 내려질지 모르지만, 아무튼 호모 날레디는 인류의 진화는 하나의 단계에서 다음 단계로 직선적으로 나아간 것이 아니라 여러 종이

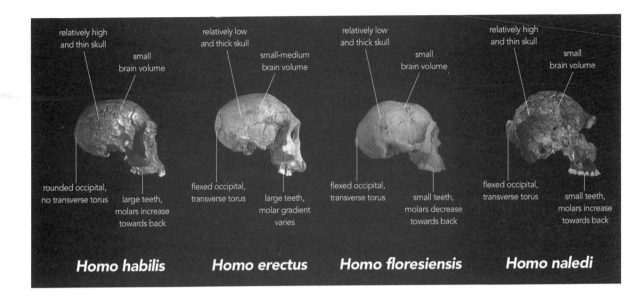

relatively high
and thin skull

small
brain volume

rounded occipital,
no transverse torus

large teeth,
molars increase
towards back

Homo habilis

relatively low
and thick skull

small-medium
brain volume

flexed occipital,
transverse torus

large teeth,
molar gradient
varies

Homo erectus

relatively low
and thick skull

small
brain volume

flexed occipital,
transverse torus

small teeth,
molars decrease
towards back

Homo floresiensis

relatively high
and thin skull

small
brain volume

flexed occipital,
transverse torus

small teeth,
molars increase
towards back

Homo naledi

그림 49. 호모 날레디와 머리가 작은 다른 '사람속'인 호모 하빌리스, 호모 에렉투스/게오르기쿠스 및 호모 플로레시엔시스와의 비교.

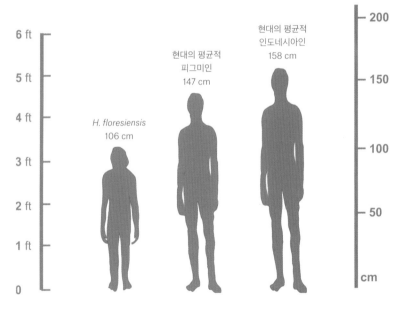

공존하며 매우 복잡하게 전개된 과정임으로서, 단정적이며 손쉬운 결론을 내려서는 안 됨을 거듭 말해 준다.

호모 루조넨시스

호모 플로레시엔시스 화석에 이어 호모 날레디가 발견되자, 고인류학계는 호모 사피엔스와 매우 다른 모습의 고인류가 그리 멀지 않은 과거에 호모 사피엔스와 더불어 살고 있었음을 새삼 실감하게 되었다. 나아가 다양한 생태학적 적소가 모자이크를 이루고 있는 동남아시아에서 새로운 종의 발견이 이루어질 가능성에 대한 기대도 높아지게 되었다. 2019년 10월에 발표된 호모 루조넨시스 화석 발견 보고는 그러한 기대를 충족시켜 주는 발견이었다.

루조넨시스 화석은 필리핀 루손섬 북쪽의 칼라오(Callao) 동굴에서 발견되었다. 2010년 이곳에서는 발뼈 한 점이 발견되었는데, 대략 67,000년 전에서 5만 년 전 사이의 사피엔스 화석으로 여겨졌다. 이후 12점의 화석이 추가로 발견되었는데, 화석은 성인 2인과 미성년 1인에게서 유래한 이빨과 손가락, 발가락 및 넓적다리뼈 조각으로 구성되어 있다. 보고자들은 이 13점의 화석이 보여 주는 특징은 사피엔스와 다르며 이른 시기의 고인류와 닮았다고 판단해 새로운 종인 호모 루조넨시스로 보고한 것이다. 발견된 화석이 아직 단편적이기 때문에 루조넨시스의 신체와 얼굴 등에 대해서는 무어라 말하기 힘들다. 그렇지만, 이빨에서는 사피엔스, 에렉투스, 파란트로푸스의 특징이 모두 보이는 한편, 손과 발은 마치 오스트랄로피테쿠스를 닮아 심지어 발가락은 오스트랄로피테쿠스와 구분할 수 없을 정도라고 한다. 이러한 형질의 조합은 어느 종에서도 볼 수 없는 특징이므로, 이 화석들을 새로운 종으로 설정함에 아무 문제가 없다고 한다(그림 50).

2023년에 보고된 바에 따르자면, 화석에서는 134±14 KY, 즉 대략 12~15만 년 전의 연대가 측정되어, 생각보다 훨씬 더 이른 시기의 화석임이 밝혀졌다. 루조넨시스 보고가 있기 전에 발표된 논문에 따르자면, 루손에서 발견된 가장 이른 시기의 유적의 연대는 771에서 631

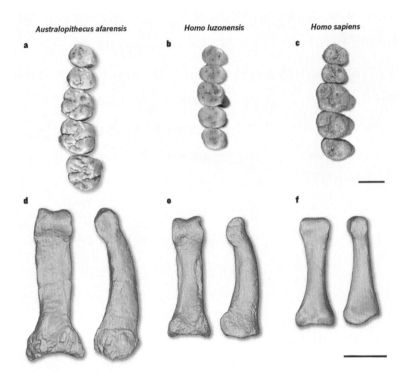

Australopithecus afarensis *Homo luzonensis* *Homo sapiens*

그림 50. 호모 루조넨시스 어금니 및 오스트랄로피테쿠스 아파렌시스와 호모 사피엔스와의 비교. 어금니/작은어금니의 비교에서, 루조넨시스의 작은 크기와 상면의 요철은 사피엔스를 비롯한 '사람속'에 속하는 종의 특징이며, 더 크고 요철이 더 복잡한 아파렌시스를 비롯한 초기 고인류와 대조를 이룬다. 발가락뼈 사진은 아래와 옆쪽의 3D 스캔으로서 그 전체 형태와 휘어짐은 아파렌시스와 매우 유사하며 사피엔스의 큰 차이를 보여준다. 사진의 가로선 길이는 1cm이다.

KY, 즉 약 77만 년 전에서 63만 년 전 사이에 있다고 하므로, 화석의 연대가 플라이스토세 중기 말로 드러난 것은 놀랍지 않다. 동굴에서 발견된 뼈의 90%는 사슴 뼈로서, 보고자들은 맹수 포식자가 이 섬에 없었다는 이유를 들어, 이 뼈들은 호모 루조넨시스가 사슴을 사냥해 자신들의 생활근거지로 갖고 온 결과로 남았다고 주장하였다.

그런데 현재까지 알려진 증거만으로 과연 호모 루조넨시스라는 새로운 종을 설정할 수 있는지 의심스럽다는 조심스러운 의견을 피력하는 연구자도 상당히 많이 있는 듯하다. 그런데 모든 연구자는 여기서 발견된 오스트랄로피테쿠스를 닮은 발가락뼈에 대해서는 깊은 흥미와 관심을 표시하고 있다. 이것은 왜냐하면 그러한 특징을 보여 주는 고인류는 대략 200만 년 전 이전에 사라졌고, 이후 그런 특징은 어느 화석에서도 다시 보이지 않기 때문이다. 아무튼 호모 루조넨시스의 분류상 지위가 앞으로 어떻게 판가름 날지 모르지만, 루조넨시스 화석은

인류의 진화가 얼마나 복잡하고 다양한 과정이었는가를 다시금 강조
해 주는 발견이라고 하겠다.

맺음말

구약성경 창세기 첫머리를 장식하는 천지창조와 사람의 탄생에 대한 설명은 기독교의 영향 아래 있던 서양에서 오랫동안 진리로 여겨졌다. 그러나 19세기 중반 무렵이면 적어도 지식인 사회에서는 이것은 과학적 사실이 아님을 깨닫게 되었으며, 그러한 깨달음과 더불어 사람은 도대체 어떻게 나타났는가 하는 궁금증을 다루는 체계적 학문으로서의 고인류학이 서서히 발전하기 시작했다. 그렇게 등장한 고인류학의 연구사는 새로운 증거가 발견될 때마다 새로운 답과 더불어 새로운 질문이 끊임없이 던져지는 과정이었다. 즉, 새로운 고인류가 있음을 알게 됨으로써 궁금증의 한 가닥이 풀리는가 하면, 종 사이의 관계라던가 등장의 배경이나 시점에 대한 새로운 궁금증이 만들어지곤 했던 일이 반복되었다.

인류의 기원과 진화를 둘러싼 수많은 질문은 아직 밝혀져야 할 과제로 남아 있다. 물론 새로운 분석 방법의 등장과 발전은 그런 어려움을 헤쳐 나감에 도움이 되어 왔으며, 특히 21세기 들어 화석으로부터 유전자를 추출해 분석할 수 있게 됨에 따라 고인류학 연구는 큰 도움을 얻게 되었다. 이제 연구자들은 수만 년 전의 퇴적층에서도 당시 그곳에 살던 인류의 유전자를 찾아내고 있으며, 동물 뼈로 만든 목걸이 조각에서 그것을 매었던 사람의 유전자도 찾아내 분석하고 있다. 그렇지만 그렇다고 해서 모든 문제가 해결된 것은 아니다. 고유전자 연구를 선도하고 있는 어느 저명한 연구자는 2018년 발간된 저서에서 고고학과 언어학에서 늘 고민하는 문제의 하나인 집단의 이주라던가 언어의 분화 같은 중요한 사건의 발생 시점을 파악하는 작업은 곧 유전자 분석을 통해 해결할 수 있을 것인 만큼, 따라서 고고학자와 언어학자들은 그러한 주요 사건들이 발생한 시간표를 만드는 괴로운 작업에서 해방될 것이니 다른 연구 주제를 고민하라는 호언장담을 펼쳤다. 그러나 여러 해가 지났지만, 그 말은 아직도 꿈으로 남아 있다.

물론 이렇게 고유전학이 대두하며 인류의 진화, 특히 호모 사피엔스의 진화와 관련한 중요한 사실들이 밝혀지고 있으며, 앞으로 더 많은 것이 밝혀지고 또 새로운 질문이 던져질 것이다. 예를 들어, 2024년 5월 발표된 어느 연구에 따르자면, 네안데르탈 유전자를 호모 사피엔스가 갖게 된 것은 대략 47,000년 전에 시작해 6,800년 동안 지속된 '한 차례의 유전자 교류 사건(pulse)'의 결과라는 것이다. 그런가 하면, 서유럽의 넓은 지역에 걸쳐 분포하고 있는 후기 구석기시대의 소위 그라베티안 문화는 석기 자료의 종류와 구성을 비롯한 물질문화의 내용이 매우 동질적이지만, 그와 관련된 고인류 화석의 유전자를 분석한 결과 그 주인공들은 여러 다른 주민집단임이 밝혀졌다. 이러한 발견은 그러한 이질적 집단들이 동질적인 문화를 공유하게 된 이유를 설명하라는 과제를 고고학 연구자에게 던져주고 있다.

고고학 발굴에서 체계적으로 수습한 사람 뼈로부터 유전자를 추출해 분석한 보고는 2010년 처음 나타났다. 그로부터 13년이 지난 2023년 4월 24일 발표된 한 통계에 따르자면, 기술의 발전과 더불어 분석비용과 시간이 크게 줄어들며 분석 사례는 기하급수적으로 늘어나 모두 10,067건에 이르고 있다는 것이다. 증가 추세를 생각할 때, 2024년 9월 말 현재 분석 사례는 아마도 15,000건이나 20,000건 혹은 그 이상에 달하지 않을까 모르겠다. 물론 이러한 사례 중 절대다수는 홀로세, 즉 12,000년 전 이후의 인골에 대한 분석으로서, 화석의 희귀함과 유전자 보존의 문제 때문에 플라이스토세 고인류 화석의 분석 결과는 상대적으로 낮은 비중을 차지하고 있다. 또한 아시아에서 발견된 화석을 대상으로 한 분석도 그리 많은 수가 아니다. 비록 그렇긴 하지만, 고유전학 연구는 화석의 형태와 그로부터 유추할 수 있는 기능적 특징의 분석에 초점을 맞추고 있는 전통적 고인류학 연구를 보완해 줌으로써 인류의 진화에 대해 새로운 사실을 계속 밝혀 줄 것이다.

우리는 아직 인류가 처음 등장한 과정에 대해서도 확실히 알지 못하고 있으며, 아프리카에서 유라시아로 확산한 과정이나 확산 이후 각지의 사정이 어떠했는지에 대해서도 마찬가지로서, 현대인과 직결되는 호모 사피엔스의 등장과 확산 및 지역화 과정이라고 예외는 아니다. 그렇지만 한 가지 확실히 알게 된 것은 인류의 등장에서부터 시작해 이후 계속된 진화의 과정은 계통수를 그리듯 간단명료하게 설명할 수 있는 단순한 과정이 아니라는 사실이다.

즉, 고인류학 연구는 우리에게 인류의 진화란 하나의 종을 다른 종이 반복적으로 대체한 과정도 아니었으며, 종과 종 사이의 진화적 관계는 점과 점 사이에 줄을 긋듯 명쾌하게 설명하기 어려움을 분명히 깨닫게 해주었다. 그 과정을 나무의 성장에 비유한다면, 그것은 씨앗에서 튼 싹이 자라며 가지도 무성히 뻗어 나가지만 단지 원줄기만이 계속 굵고 높게 중심 기둥으로 자라나고 나머지는 모두 곁가지로 도태해 버리는 과정이 아니었다는 것이다.

인류의 진화란 그렇게 단순하고 명쾌한 그림과는 거리가 먼 과정이었다. 즉, 인류의 진화란 공존하던 고만고만한 여러 종 중에서 환경에 더 성공적으로 적응한 하나 혹은 여러 개의 종이 다시 하나 혹은 여러 새로운 종으로 진화해 새로운 단계로 나아가는 일이 반복적으로 일어나는 과정이라고 생각하게 되었다. 이런 과정은 마치 여러 종류의 풀이 무성하게 자라 우거진 덤불을 이루고 있다가 그중에서 하나 혹은 소수의 풀이 더 번성하게 자라며 새로운 모습의 덤불을 이루는 일이 반복되는 과정에 어느 정도 비유할 수 있겠다. 고인류학 조사와 연구가 계속되며, 우리의 조상과 옛 친척들이 어떤 모습이었고 어떻게 살았는지, 또 그렇게 복잡하게 진행된 인류의 진화는 어떤 과정이었는지, 그림의 윤곽과 내용은 조금씩 점점 더 뚜렷해질 것이다.

참고 및 추천 문헌

아래에서는 관심 있는 독자를 위해 원고 작성에 참고한 자료 중에서 책에서 다룬 내용을 더 이해함에 도움이 될 만한 몇몇 문헌을 열거하였다. 새로운 발견과 학설이 계속 제시되고 있으므로, 특정 주제에 관심 있는 독자는 수시로 인터넷 검색으로 찾아보기를 권한다.

인류 진화 전반

Aiello, L. 2002. *An Introduction to Human Evolutionary Anatomy.* Academic Press, New York.

Grün, R., *et al.* 2023. *Direct dating of human fossils and the ever-changing story of human evolution. Quaternary Science Reviews* volume 322.

Henke, W., and I. Tattersall (eds.) 2007. *Handbook of paleoanthropology: Phylogeny of hominids.* Springer, London.

Stringer, C., and P. Andrews. 2012. *The Complete World of Human Evolution* (Second Edition). Thames and Hudson, New York.

Tattersal, I. 2022. *Understanding Human Evolution.* Cambridge University Press, Cambridge.

White, T. 2003. Early Hominids: Diversity or Distortion? *Science* 299(5615):1994-1997.

Wood, B. 2005. *Human Evolution — A Very Short Introduction.* Oxford University Press, Oxford.

Wood, B. (ed.) 2015. *Wiley-Blackwell Student Dictionary of Human Evolution.* Wiley-Black, Hoboken.

Https://humanorigins.si.edu/education/introduction-human-evolution
이 웹 주소에서는 미국 스미소니안 국립자연사박물관의 인류 진화 관련 최신 정보를 볼 수 있으며, 2024년 11월 말 확인한 마지막 업데이트 날짜는 2024년 11월 16일이다.

진화와 환경

Andersen, B. G., and H. W. Borns, Jr. 1994. *The Ice Age World: An Introduction to Quaternary History and Research with Emphasis on North America and Northern Europe During the Last 2.5 Million Years.* Scandinavian University Press, Oslo,

Oslo. Bromage, T., and F. Schrenk. 1999. *African Biogeography, Climate Change and Human Evolution.* Oxford University Press, Oxford.

Vrba, E. S., G. H. Denton, T. C. Patridge and L. H. Burckle. 1996. *Paleoclimate and Evolution with Emphasis on Human Origins.* Yale University Press, New Haven.

사헬란트로푸스

Brunet, M., *et al.* 2002. A new hominid from the Upper Miocene of Chad, Central Africa. *Nature* 418(6894):145-151.

Brunet, M. *et al.* 2005. New material of the earliest hominid from the Upper Miocene of Chad. *Nature* 434(7034):752-755.

Macchiarelli, R., *et al.* 2020. Nature and relationships of *Sahelanthropus tchadensis*. *Journal of Human Evolution* 149:1-11.

오로린

Almécija, S., *et al.* 2013. The femur of *Orrorin tugenensis* exhibits morphometric affinities with both Miocene apes and later hominins. *Nature Communications*, Article number: 2888. DOI: 10.1038/ncomms3888

Richmond, B. G., and W. L. Jungers. 2008. *Orrorin tugenensis* femoral morphology and the evolution of hominin bipedalism. *Science* 319:1662-1665.

Senut, B., *et al.* 2001. First hominid from the Miocene (Lukeino Formation, Kenya). *Comptes Rendus de l'Académie des Sciences, Série IIA - Earth and Planetary Sciences* 332(2):137-144.

Thorpe, S., *et al.* 2007. Origin of human bipedalism as an adaptation for locomotion on flexible branches. *Science* 316:1328-1331.

아르디피테쿠스

Gibbons, A. 2009. A New Kind of Ancestor: *Ardipithecus* Unveiled. *Science* 326:36-40.

Sarmiento, E. E. 2010. Comment on the Paleobiology and Classification of *Ardipithecus ramidus*. *Science* 328:1105.

Stanford, C. B. 2012. Chimpanzees and the Behavior of *Ardipithecus ramidus*. *Annual Review of Anthropology* 41:139-149.

Suwa, G, *et al.* 2009. The *Ardipithecus ramidus* skull and its implications for hominid origins. *Science* 326:68, 68e1-68e7.

White, T. D., *et al.* 2009. *Ardipithecus ramidus* and the paleobiology of early hominids. Science 326:75-86.

Wood, B., and T. Harrison. 2011. The evolutionary context of the first hominins. *Nature* 470:347-350. DOI: 10.1038/nature09709

오스트랄로피테쿠스와 파란트로푸스

Asfaw, B., *et al.* 1999. *Australopithecus garhi*: a new species of early hominid from Ethiopia. *Science* 284:629-635.

Berger, L. R., *et al.* 2010. *Australopithecus sediba*: a new species of Homo-like Australopith from South Africa. *Science* 328:195-204.

Constantino, P. J., and B. A. Wood. 2007. The Evolution of *Zinjanthropus boisei*. *Evolutionary*

Anthropology 16(2):49-62.

Domínguez-Rodrigo, M., and L. Alcalá. 2016. 3.3-Million-Year-Old Stone Tools and Butchery Traces? More Evidence Needed. *PaleoAnthropology* 2016:46-53.

Granger, D. E., *et al*. 2015. New cosmogenic burial ages for Sterkfontein Member 2 Australopithecus and Member 5 Oldowan. Nature 522:85-88. DOI: 10.1038/nature14268

Haile-Selassie, Y., *et al*. 2012. A new hominin foot from Ethiopia shows multiple Pliocene bipedal adaptations. *Nature* 483:565-570. DOI: 10.1038/nature10922

_____. 2015. New species from Ethiopia further expands Middle Pliocene hominin diversity. *Nature* 521:483-488. DOI: 10.1038/nature14448

_____. 2019. A 3.8-million-year-old hominin cranium from Woranso-Mille, Ethiopia. *Nature* 573:214-219. DOI: 10.1038/s41586-019-1513-8

Harmand, S. *et al*. 2015. 3.3-million-year-old stone tools from Lomekwi 3, West Turkana, Kenya. *Nature* 521:310-315. DOI: 10.1038/nature14464

Kelley, J., and G. Schwartz. 2012. Life-History Inference in the Early Hominins *Australopithecus* and *Paranthropus*. *International Journal of Primatology* 33(6):1332-1363.

Martin, J. M., *et al*. 2020. Drimolen cranium DNH 155 documents microevolution in an early hominin species. *Nature Ecology and Evolution* 5:38-45.

Parins-Fukuchi, C., *et al*. 2019. Phylogeny, ancestors and anagenesis in the hominin fossil record. *Paleobiology* 45(2):378-393.

Plummer, T., *et al*. 2023. Expanded geographic distribution and dietary strategies of the earliest Oldowan hominins and *Paranthropus*. *Science* 379(6632):561-566.

Spoor, F. 2015. Palaeoanthropology; the middle Pliocene gets crowded. *Nature* 521:432-433. DOI: 10.1038/521432a

Stammers, R. C., *et al*. 2018. The first bone tools from Kromdraai and stone tools from Drimolen, and the place of bone tools in the South African Earlier Stone Age. *Quaternary International* 495:87-101.

Ward, C. V., M. G. Leakey, and A. Walker. 2001. Morphology of *Australopithecus anamensis* from Kanapoi and Allia Bay, Kenya. *Journal of Human Evolution* 41:255-368.

Williams, F. L. 2015. Dietary proclivities of *Paranthropus robustus* from Swartkrans, South Africa. *Anthropological Review* 78(1):1-19.

Wood, B., and J. Constantino. 2007. *Paranthropus boisei*: Fifty Years of Evidence and Analysis. *Yearbook of Physical Anthropology* 50:106-132.

'사람속'의 등장과 진화

Asfaw, B., *et al*. 2002. Remains of *Homo erectus* from Bouri, Middle Awash, Ethiopia. *Nature* 416:317-320. DOI: 10.1038/416317a

Daura, J., *et al*. 2017. New Middle Pleistocene hominin cranium from Gruta da Aroeira (Portugal). *Proceedings of the National Academy of Sciences* 114(13):3397-3402.

Gore, R. 1997. Dawn of humans: the first Europeans. *National Geographic* 192:96-113.

Lewis, D. 2022. Ancient skull uncovered in China could be *Homo erectus*. *Nature* 612:200-201. DOI: 10.1038/d41586-022-04142-0

Meyer, M., *et al.* 2014. A mitochondrial genome sequence of a hominin from Sima de los Huesos. *Nature* 505:403-406. DOI: 10.1038/nature12788

Rightmire, G. P. 2008. *Homo* in the Middle Pleistocene: hypodigms, variations and species recognition. *Evolutionary Anthropology* 17:8-21.

Rightmire, G. P., D. Lordkipanidze and A. Vekua. 2006. Anatomical descriptions, comparative studies and evolutionary significance of the hominin skulls from Dmanisi, Republic of Georgia. *Journal of Human Evolution* 50:115-141.

Shen, C., X. Zhang and X. Gao. 2016. Zhoukoudian in transition: Research history, lithic technologies, and transformation of Chinese Palaeolithic archaeology. *Quaternary International* 400:4-13.

Wood, B. 2014. Human evolution: Fifty years after *Homo habilis*. *Nature* 508: 31-33. DOI: 10.1038/508031a

Zhu, Z., *et al.* 2018. Hominin occupation of the Chinese Loess Plateau since about 2.1 million years ago. *Nature* 559(7715):608-612. DOI: 10.1038/s41586-018-0299-4

호모 날레디

Berger, L. R., *et al.* 2015. *Homo naledi*, a new species of the genus *Homo* from the Dinaledi Chamber, South Africa. *eLife* 4:e09560. DOI: 10.7554/eLife.09560

Dirks, P., *et al.* 2017. The age of *Homo naledi* and associated sediments in the Rising Star Cave, South Africa. *eLife* 6:e24231. DOI: 10.7554/eLife.24231

Stringer, C. 2015. Human Evolution: The many mysteries of *Homo naledi*. *eLife* 4:e10627. DOI: 10.7554/eLife.10627

네안데르탈과 현대인

Finlayson, C. 2000. *Neanderthals and Modern Humans*. Cambridge University Press, Cambridge.

Gibbons, A., 2024. Neanderthals and moderns mingled early and often. *Science* 385(6705):132-133.

Harvati, K., *et al.* 2019. Apidima Cave fossils provide earliest evidence of Homo sapiens in Eurasia. *Nature* 571:500-504. DOI: 10.1038/s41586-019-1376-z

Lieberman, D. B., D. B. McBratney and G. Krovitz. 2002. The evolution and development of cranial form in *Homo sapiens*. *Proceedings of the National Academy of Sciences* 99:1134-1139.

Oktaviana, A. A., *et al.* 2024. Narrative cave art in Indonesia by 51,200 years ago. *Nature* 631:814-818. DOI: 10.1038/s41586-024-07541-7

Richter, D., *et al.* 2017. The age of the hominin fossils from Jebel Irhoud, Morocco, and the origins of the Middle Stone Age. *Nature* 546:293-296. DOI: 10.1038/nature22335

Smith, F. H., I. Janković and I. Karavanić. 2005. The assimilation model, modern human origins in Europe, and the extinction of Neandertals. *Quaternary International* 137:7-19.

Stringer, C. 2002. Modern human origins: progress and prospects. *Philosophical Transactions of the Royal Society of London* 357B:563-79.

Stringer, C., and D. Gamble. 1994. *In Search of the Neanderthals*. Thames and Hudson, London.

Sykes, R. W. 2020. *Kindred: Neanderthal Life, Love, Death and Art*. Bloomsbury Sigma, London.

Thorne, A., and M. Wolpoff. 1992. The multiregional evolution of modern humans. *Scientific American* 266:76-83.

Westaway, K. E., *et al.* 2017. An early modern human presence in Sumatra 73,000-63,000 years ago. *Nature* 548:322-325. DOI: 10.1038/nature23452

데니소바인

Demeter, F., Zanolli, C., Westaway, K. E., *et al.* 2022. A Middle Pleistocene Denisovan molar from the Annamite Chain of northern Laos. *Nature Communications* 13, Article number: 2557. DOI: 10.1038/s41467-022-29923-z

Douka, K. 2019. Age estimates for hominin fossils and the onset of the Upper Palaeolithic at Denisova Cave. *Nature* 565(7741):640-644. DOI: 10.1038/s41586-018-0870-z

Gibbons, A. 2019. First fossil jaw of Denisovans finally puts a face on elusive human relatives. *Science* 364(6439):418-419.

_____. 2024. The most ancient human genome yet has been sequenced – and it's a Denisovan's. *Science* 385(6706):240-241.

Jacobs, Z., *et al.* 2019. Timing of archaic hominin occupation of Denisova Cave in southern Siberia. *Nature* 565:594-599. DOI: 10.1038/s41586-018-0843-2

Krause, J., Fu, Q., Good, J. M., Viola, B., *et al.* 2010. The complete mitochondrial DNA genome of an unknown hominin from southern Siberia. *Nature* 464:894-897. DOI: 10.1038/nature08976

Shang, D., *et al.* 2020. Denisovan DNA in Late Pleistocene sediments from Baishiya Karst Cave on the Tibetan Plateau. *Science* 370(6516):584-587.

Welker, F., and H. Xia. 2024. Eating habits of Denisovans on the Tibetan Plateau revealed. *Nature*. DOI: 10.1038/d41586-024-02160-8

Xia, H. *et al.* 2024. Middle and Late Pleistocene Denisovan subsistence at Baishiya Karst Cave. *Nature* 632:108-113. DOI: 10.1038/s41586-024-07612-9

플로레시엔시스

Argue, D., *et al.* 2006. *Homo floresiensis*: Microcephalic, pygmoid, *Australopithecus*, or *Homo*?. *Journal of Human Evolution* 51(4):360-374.

Falk, D., *et al*. 2009. LB1's virtual endocast, microcephaly and hominin brain evolution. *Journal of Human Evolution* 57(5):597-607.

Jacob, T., *et al*. 2006. Pygmoid Australomelanesian Homo sapiens skeletal remains from Liang Bua, Flores: Population affinities and pathological abnormalities. *Proceedings of the National Academy of Sciences of the United States of America* 103(36):13421-13426.

Kaifu, Y., *et al*. 2015. Descriptions of the dental remains of *Homo floresiensis*. *Anthropological Science* 123(2):129-145.

_____. 2024. Early evolution of small body size in *Homo floresiensis*. *Nature Communications* 15, Article number 6381. DOI: 10.1038/s41467-024-50649-7

Lyras, G. A. 2008. The origin of *Homo floresiensis* and its relation to evolutionary processes under isolation. *Anthropological Science* 117:33-43. DOI: 10.1537/ase.080411

Morwood, M. J., *et al*. 2005. Further evidence for small-bodied hominins from the Late Pleistocene of Flores, Indonesia. *Nature* 437:1012-1017. DOI: 10.1038/nature04022

Sutikna, T., *et al*. 2016. Revised stratigraphy and chronology for *Homo floresiensis* at Liang Bua in Indonesia. *Nature* 532:366-369. DOI: 10.1038/nature17179

Tucci, S., *et al*. 2018. Evolutionary history and adaptation of a human pygmy population of Flores Island, *Science* 361(6401):511-516.

루조넨시스

Détroit, F., *et al*. 2019. A new species of *Homo* from the Late Pleistocene of the Philippines. *Nature* 568(7751):181-186. DOI: 10.1038/s41586-019-1067-9

Ingicco, T., *et al*. 2018. Earliest known hominin activity in the Philippines by 709 thousand years ago. *Nature* 557(7704):233-237. DOI: 10.1038/s41586-018-0072-8

Mijares, A. M., *et al*. 2010. New evidence for a 67,000-year-old human presence at Callao Cave, Luzon, Philippines. *Journal of Human Evolution* 59(1):123-132.

Tocheri, M. W. 2019. Previously unknown human species found in Asia raises questions about early hominin dispersals from Africa. *Nature* 568:176-178. DOI: 10.1038/d41586-019-01019-7

Wade, L. 2019. New species of ancient human unearthed - *Homo luzonensis*, from the Philippines, may have been a small-bodied tree climber. *Science* 364(6436):108.

그림 목록 및 출처

추이.

출전 https://upload.wikimedia.org/wikipedia/commons/f/f7/Five_Myr_Climate_Change.svg

그림 14. 고인류 두뇌 용량의 변화.

출전: Tattersal, I. 2023. Endocranial volumes and human evolution. Figure 1. F1000Research 12:565. DOI:10.12688/f1000research.131636.1

그림 15. 화석으로 알려진 고인류.

출전: Tattersal, I. 2023. Endocranial volumes and human evolution. Figure 2. F1000Research 12:565. DOI:10.12688/f1000research.131636.1

그림 16. 여러 각도에서 본 사헬란트로푸스 화석 및 복원도. © Didier Descouens

출전: https://www.smithsonianmag.com/science-nature/sahelanthropus-tchadensis-ten-years-after-the-disocvery-2449553/

그림 17. 오로린 투게넨시스 화석.

출전 https://in.pinterest.com/pin/orrorin-tugenensis--505529126900937852/

그림 18. 아르디피테쿠스 카다바. © Yohannes Haile-Selassie

출전 https://becominghuman.org/hominin-fossils/ardipithecus-kadabba/

그림 19. '아르디' 화석과 복원도.

출전 https://www.researchgate.net/figure/Ardi-from-bones-to-flesh-A-ARA-VP-1-500-partial-skeleton-of-Ardipithecus-ramidus-B_fig1_235351215

그림 20. 오스트랄로피테쿠스/케냔트로푸스 화석 산출 지점 분포도.

출전 https://johnhawks.net/weblog/guide-to-australopithecus-species/

그림 21. 아프리카에서 발견된 여러 고인류의 존속 시간표.

출전: https://en.wikipedia.org/wiki/Australopithecus_deyiremeda

그림 22. 2019년 에티오피아 발견 오스트랄로피테쿠스 아나멘시스(MRD). © Dale Omori / Cleveland Museum of Natural History; Nature

출전 https://www.archaeology.org/issues/361-1911/artifact/8078-artifact-ethiopia-hominin-cranium

Haile-Selassie, Y., *et al.* 2019. A 3.8-million-year-old hominin cranium from Woranso-Mille, Ethiopia. *Nature* 573(7773):214-219

그림 23. 오스트랄로피테쿠스 아파렌시스를 대표하는 '루시' 화석.

출전 https://en.wikipedia.org/wiki/Lucy_%28Australopithecus%29

https://en.wikipedia.org/wiki/Lucy_%28Australopithecus%29#/media/File:Lucy_Skeleton.jpg

그림 24. '루시' 복원도와 오스트랄로피테쿠스 아파렌시스의 치열 및 어금니 표면의 현미경 사진.

출전 https://pages.vassar.edu/realarchaeology/2017/02/26/diet-of-australopithecus-afarensis/

그림 25. 일명 '작은 발'이라 불리는 남아프리카공화국 스터크폰테인에서 발견되어 화석번호 'StW 573'이 부여된 오스트랄로피테쿠스 머리뼈 화석. © Jason Heaton

출전 https://commons.wikimedia.org/w/index.php?curid=39442649

그림 26. 오스트랄로피테쿠스 바렐가잘리(좌) 및 오스트랄로피테쿠스 데이레메다(우).
© Mission Paléoanthropologique Franco-Tchadienne; Yohannes Haile-Selassie
출전 https://australian.museum/learn/science/human-evolution/australopithecus-
bahrelghazali/
https://becominghuman.org/hominin-fossils/australopithecus-deyiremeda/

그림 27. 케냔트로푸스 플라티옵스(화석번호 KNM-WT 40000).
출전 https://en.wikipedia.org/wiki/Kenyanthropus#/media/File:Kenyanthropus_platyops
_IMG_2945-white.jpg
https://en.wikipedia.org/wiki/Kenyanthropus#/media/File:Kenyanthropus_platyops_I
MG_2946-white.jpg

그림 28. 오스트랄로피테쿠스 아프리카누스로서 가장 유명한 소위 '타웅의 아기'(왼쪽)와
'플레부인(Mrs. Ples)'의 화석과 복원 상상도.
출전 https://en.wikipedia.org/wiki/Taung_Child#/media/File:Australopithecus_african
us_-_Cast_of_taung_child.jpg
https://upload.wikimedia.org/wikipedia/commons/8/86/Australopithecus_africanus_fac
e2_%28University_of_Zurich%29.JPG
https://www.modernhumanorigins.com/africanus.html

그림 29. 오스트랄로피테쿠스 가르히의 표준화석 'BOU-VP-12/130'과 전시된 복제품.
출전 https://australian.museum/learn/science/human-evolution/australopithecus-garhi/

그림 30. 오스트랄로피테쿠스 세디바. © *Science*
출전 Balter, M. 2010. Candidate Human Ancestor From South Africa Sparks Praise and
Debate. *Science* 328(5975):154-155. p.154
Berger, L. *et al.* 2010. *Australopithecus sediba*: A New Species of Homo-Like
Australopith from South Africa. *Science* 328(5975):195-204. Figure 1.
Dirks, P. *et al.*, 2010. Geological Setting and Age of *Australopithecus sediba* from
Southern Africa. *Science* 328(5975):205-208. Figure 3.

그림 31. 파란트로푸스 에티오피쿠스로 분류되는 'Omo 18'과 'KNM-WT 17000'. © William
J. Sanders (Omo 18)
출전 Omo 18 https://www.researchgate.net/publication/281368612. Figure 25.
KNM-WT 17000https://www.sciencephoto.com/media/507879/view/paranthropus-
aethiopicus-knm-wt-17000-

그림 32. 파란트로푸스 로부스투스 화석과 복원 상상도. © Roman Yevseyev (상상도).
출전 SK48: https://commons.wikimedia.org/wiki/File:Paranthropus_Robustus_-
_Transparent_Background.png
DNH 155: Martin *et al.*, doi: 10.1038/s41559-020-01319-6. Figure 2.
상상도: https://www.sci.news/othersciences/anthropology/dnh-155-paranthropus-
robustus-09035.html

그림 33. 파란트로푸스 보이세이 표준화석 'OH 5'의 복원품과 복원 상상도. © Cicero Moraes

(상상도)

출전 https://en.wikipedia.org/wiki/Paranthropus_boisei#/media/File:Australophithecu s_boisei_(cast),_Olduvai_Gorge_-_Springfield_Science_Museum_-_Springfield,_MA_- _DSC03368.JPG

그림 34. 'KNM-ER 1470'과 'KNM-ER 1813'.

출전 https://media.cheggcdn.com/study/636/63639a0c-d172-46a0-8568-6abfe1bd6200/ image

https://commons.wikimedia.org/wiki/File:Homo_rudolfensis_%28KNM-ER_1470_cast% 29_and_Homo_habilis_%28KNM-ER_1813_cast%29_at_G%C3%B6teborgs_Naturhistoris ka_Museum_8595.jpg

그림 35. 'KNM-ER 42700'과 'KNM-ER 42703'. © *Nature*

출전 Spoor, F. *et al*. 2007. Implications of new early Homo fossils from Ileret, east of Lake Turkana, Kenya. *Nature* 448:688-691, Figure 1.

그림 36. 'KNM-ER 62000'. © *Nature*

출전 Leakey, Meave, *et al*. 2012. New fossils from Koobi Fora in northern Kenya confirm taxonomic diversity in early *Homo. Nature* 488:201-204. Figure 1.

그림 37. 〈북경원인〉. © José-Manuel Benito Álvarez; Gary Todd

출전 https://en.wikipedia.org/wiki/Peking_Man#/media/File:Peking_Man_ reconstruction.jpg

그림 38. 1969년 인도네시아 자바 상기란에서 발견된 17호 화석(Sangiran 17) 모형.

출전 https://australian.museum/learn/science/human-evolution/homo-erectus/

그림 39. 아타푸에르카 그란돌리나 수습 '호모 안테세소르' 화석. © Javier Trueba / Madrid Scientific Films

출전 https://australian.museum/learn/science/human-evolution/homo-antecessor/ #gallery-thumbnail

그림 40. 디지털 기법으로 복원된 '호모 세프라넨시스'.

출전 Di Vincenzo, F. *et al*. 2017. Digital reconstruction of the Ceprano calvarium (Italy), and implications for its interpretation. *Scientific Reports* 7, 13974 (2017). Figure 5. DOI: 10.1038/s41598-017-14437-2

그림 41. 'KNM-ER 992' 및 'KNM-WT 15000'.

출전 https://australian.museum/learn/science/human-evolution/homo-ergaster https://www.turkanabasin.org/turkanaboy/

그림 42. 'D4500'(a), 'KNM-ER 3833'(b), 'KNM-ER 3733'(c), 'KNM-ER 1470'(d), 'KNM- ER 1813'(e).

출전 사진 Spoor, F. 2013. Small-brained and big-mouthed, *Nature* 502:452-453. Figure 1. 그림 DOI: 10.1126/science.aal0416

그림 43. 플라이스토세 중기의 고인류 화석.

출전 https://humanorigins.si.edu/evidence/human-fossils/species/homo-heidelbergensis

그림 44. 아파푸에르카 '뼈구덩이' 발견 화석. © Javier Trueba / Madrid Scientific Film

출전 https://www.livescience.com/46409-hominin-skulls-from-spanish-cave-photos.html

그림 45. 사피엔스와 네안데르탈.

출전 https://upload.wikimedia.org/wikipedia/commons/thumb/8/88/Sapiens_neanderth
al_comparison_en_blackbackground.png/640px-Sapiens_neanderthal_comparison_en_bla
ckbackground.png

그림 46. 티베트 발견 '데니소바인' 아래턱. © Dongju Zhang/Lanzhou University

출전 Gibbons, A. 2019.

그림 47. 호모 플로레시엔시스의 표준화석인 'LB-1'.

출전 https://australian.museum/learn/science/human-evolution/homo-floresiensis/
https://www.princeton.edu/news/2018/08/02/modern-flores-island-pygmies-show-no-
genetic-link-extinct-hobbits

그림 48. 호모 날레디. © John Hawks *et al.*

출전 Berger, L. R., *et al.* 2015. Figure 1.

https://en.wikipedia.org/wiki/Homo_naledi#/media/File:Elife-24232-fig5-v1_LES1_cra
nium_(Homo_naledi).jpg

그림 49. 호모 날레디, 호모 하빌리스, 호모 에렉투스/게오르기쿠스 및 호모
플로레시엔시스와의 비교.

출전 Stringer 2015. Figure 1.

그림 50. 호모 루조넨시스 어금니 및 오스트랄로피테쿠스 아파렌시스와 호모 사피엔스와의
비교. © Callao Cave Archaeologgy Project; Nature

출전 Wade 2019; Tocheri 2019. Figure 1.

찾아보기